U0542711

政府新闻学译丛　　　　　　主　编：叶　皓　方延明

# 媒体伦理
## MEDIA ETHICS

【英】马修·基兰　编
Edited by Matthew Kieran

张培伦　郑佳瑜　译

南京大学出版社

## 图书在版编目(CIP)数据

媒体伦理／(英)基兰编；张培伦，郑佳瑜译.—南京：南京大学出版社,2009.7
(政府新闻学译丛)
ISBN 978-7-305-06247-6

Ⅰ.媒… Ⅱ.①基…②张…③郑 Ⅲ.传播学：伦理学—研究 Ⅳ.G206-05

中国版本图书馆 CIP 数据核字(2009)第 127135 号

Matthew Kieran
**Media Ethics**
Copyright © 1998 by Matthew Kieran
Simplified Chinese Edition Copyright © 2009 by NJUP
Authorised translation from the English language edition
published by **Routledge, a member of the Taylor & Francis Group**
Copies of this book sold without a Taylor & Francis sticker on the cover are unauthorized and illegal.
All rights reserved
江苏省版权局著作权合同登记 图字：10-2008-082 号

本书封面贴有 Taylor & Francis 公司防伪标签，无标签者不得销售。

| | |
|---|---|
| 出 版 者 | 南京大学出版社 |
| 社 址 | 南京市汉口路 22 号 邮 编 210093 |
| 网 址 | http://www.NjupCo.com |
| 出 版 人 | 左 健 |
| 书 名 | 媒体伦理 |
| 编 者 | (英)马修·基兰 |
| 译 者 | 张培伦 郑佳瑜 |
| 责任编辑 | 王其平 |
| 照 排 | 南京紫藤制版印务中心 |
| 印 刷 | 丹阳市兴华印刷厂 |
| 开 本 | 787×960 1/16 印张 13 字数 229 千 |
| 版 次 | 2009 年 7 月第 1 版 2009 年 7 月第 1 次印刷 |
| 印 数 | 1—4000 |
| ISBN | 978-7-305-06247-6 |
| 定 价 | 35.00 元 |

发行热线 025-83594756
电子邮箱 Press@NjupCo.com
　　　　 Sales@NjupCo.com(市场部)

＊ 版权所有，侵权必究
＊ 凡购买南大版图书，如有印装质量问题，请与所购图书销售部门联系调换

# 《政府新闻学译丛》总序

叶 皓

现代社会,媒体潜移默化地根植于人们的生活和世界的每个角落,在反映世界的同时又在塑造世界。媒体的地位日益提升,政府与媒体的联系越来越紧密,社会管理的各个领域都需要借助媒体,这在全世界都成为一种趋势,并且这种趋势还将随着媒体的发展不断得到深化。在中国,越来越多的媒体事件,折射出政府应对媒体方面还存在很多薄弱环节。提高政府的媒介素养已经成为非常重要的现实课题。但以往国内的各个学科中,公共关系学从社会组织、企业的角度来研究应对媒体、开展公关的技巧;新闻学与传媒产业联系紧密,定位于新闻专业人员的培养;传播学主要研究传播的概念、理论、方法,以及不同的传播领域、传播行为。它们都没有站在政府的角度,专门针对政府与媒体的关系开展研究。我们在国内首先提出建立政府新闻学学科,就是为了填补这一空白,以超越传统学科的视野,去研究中国政治生活领域迫切需要解决的问题。

相比较而言,西方国家新闻传播业发达,政府与媒体的博弈有着长久的历史,在政府应对媒体领域的实践与研究都远远走在我们前面。

在实践方面,正确掌握与媒体打交道的方法和技能,已经成为西方各国政府官员从事公共管理不可或缺的重要素养。正如英国前首相布莱尔所言:我们今天的大部分工作量,不管是按重要程度计,按时间计,按精力计,除了最核心的决策之外,其他几乎都是在和媒体打交道。美国为代表的西方国家在与媒体的不断博弈中,逐渐掌握娴熟的操控媒体的方法,形成一套应对媒体的机制。美国政府官员普遍具有强烈的媒体意识,将媒体作为政治营销、新闻执政、对外扩张的重要工具,时刻防范受到媒体的攻击。他们吸收传播学研究成果,运用拟态环境、议程设置和框架分析等专业理论,指导与媒体打交道的活动;建立专门传播机构,包括美国新闻署等管理部门和美国之音等媒体,处理媒体事务,操控新闻报道;借助传媒专业力量,雇用公关、广告等专业人员和公关公司,开展各种政府公关活动;采取各种专业手段,包括聘请枪手、故意泄密、制造新闻、公关媒体、民意测验、政治施压,让媒体和记者成为自己的工具。

在理论研究方面,学者尼模和可斯指出:"很少人是从亲身经验认识政治的。对大多数人来说,他们的政治现实是经过大众传媒及群体传播的中介而出现。"因此,政治与媒体的关系很早就引起了西方学者的关注。由此产生的政治传播研究,在美、英等国受到相当程度的重视。美国为代表的政治传播学研究主要关注政治传播的效果和行为,研究政治对传播的控制与影响;欧洲的批判传播学者以西方马克思主义为指导,开展大众媒介政治经济学批判。目前,美英不少大学新闻学院已开设政治传播学博士专业,有的大学还设有政治传播学研究中心。

面对信息公开的要求和全球传播的大背景,我国政府亟待提高应对媒体、与媒体打交道的能力,特别是要在国际传播中通过媒体发出自己的声音,树立自己的国际形象。为此,借鉴西方国家的先进经验是必不可少的。《政府新闻学译丛》的编辑出版,正是要通过翻译、引进国外优秀研究成果,为读者提供全新的观察视角和研究思路。所选著述,基本上都是在国外已广为流传,受到公众好评的佳作。虽然西方学者的研究采用的是经验主义的和实证的、定性的和批判的研究方法,是在一定的政治体制框架内进行的,不能涵盖政府应对媒体的各个领域、各种情况,但我们相信,这些他山之石,一定能帮助我们以更加开放的视野和胸襟,去建设一个民主、文明、富强、和谐的中国社会。

# 媒体伦理

新闻记者应该是公正客观的吗？民众知情权与个人隐私权间，应该如何取得平衡呢？媒体应该如何被规范？媒体公关幕僚以及支票簿新闻是否有其存在的正当理由？

媒体的角色和责任一直都是公共辩论的议题。本书集合了思想家、学者以及媒体专家，共同讨论记者与媒体所面对的新闻伦理和道德问题，并检视真理、美德、隐私、权利、冒犯、伤害等等基本概念，以及构成上述概念的基础，也就是自由。

各篇作者揭示的议题包括公正与客观、政治新闻的伦理、隐私权与媒体非法入侵的规范，以及新闻检查的正当性等等。他们探讨新闻与公关活动间的关系、波斯湾战争中的战事报导和军事宣传、媒体对性与暴力的描绘、图像新闻学以及小报媒体。本书的其中一章是由贝尔所撰写，谈及负责任的新闻报导（responsible journalism）和波士尼亚的战地报导。

合著者：阿卡德（David Archard）、贝尔（Martin Bell）、贝尔西（Andrew Belsey）、卡罗尔（Noël Carroll）、克拉姆（Ian Cram）、埃利斯（Anthony Ellis）、富兰克林（Bob Franklin）、格雷厄姆（Gordon Graham）、基布尔（Richard Keeble）、基兰（Matthew Kieran）、麦克奈尔（Brain McNair）、米奇利（Mary Midgley）、皮林（Rod Pilling）、沃伯顿（Nigel Warburton）。

编者简介：基兰是利兹大学的哲学讲师，他是《媒体伦理：哲学取径》一书的作者，并与他人合著了《变迁中的价值之规范》，该书是为广播标准委员会（Broadcasting Standards Commission）所作的报告。他发表过的文章包括媒体伦理、美学、伦理学、社会哲学等领域。

# 目　录

绪论 ································································ i
1  新闻与伦理：两者能共存吗？ ··························· 1
　　绪言 ························································· 1
　　新闻作为一种产业 ········································ 3
　　新闻伦理 ···················································· 8
　　共存？ ······················································ 11
2  投入式的新闻工作 ········································ 14
3  客观、公正与合乎道德的新闻工作 ···················· 22
　　绪言 ························································ 22
　　诠释的主观性 ············································· 24
　　评价的主观性 ············································· 26
　　对于诠释的客观限制 ···································· 28
　　对于评价的客观限制 ···································· 30
　　客观性、公正性与有道德的新闻工作 ··············· 33
4  欺骗的问题 ················································· 35
　　公然指责的乐趣 ·········································· 35
　　动机的复杂性 ············································· 37
　　斯特雷奇圣战 ············································· 37
　　先驱者、计划与人格 ···································· 39
　　理想化的可能性 ·········································· 40
　　一致性有可能做到多理想？ ··························· 41
　　什么，是我？ ············································· 42
　　优先性难题 ··············································· 43

一致性与谴责 …………………………………… 44
　　结论 …………………………………………… 46
5 **新闻、政治与公共关系：道德评价** ……………… 47
　　绪言 …………………………………………… 47
　　传播政治学 …………………………………… 49
　　政治传播经营术：政治公关的伦理 ……………… 52
　　游说 …………………………………………… 54
　　政治新闻的伦理 ………………………………… 55
　　结论 …………………………………………… 60
6 **萨达姆神话：新军国主义及人情趣味新闻的宣传功能** … 63
　　海湾战争神话的形成 …………………………… 63
　　踢开越战症候群，建构萨达姆神话 ……………… 64
　　媒体眼中的神话战争 …………………………… 65
　　新军国主义与媒体报导的宣传功能 ……………… 66
　　媒体所制造的防卫神话 ………………………… 68
　　萨达姆神话的塑造 ……………………………… 69
　　哈拉比亚的神话 ………………………………… 69
　　巴佐夫特矛盾情节 ……………………………… 71
　　人情趣味新闻的宣传功能 ……………………… 72
　　希特勒萨达姆 …………………………………… 73
　　狂人萨达姆 ……………………………………… 75
　　陷入大众文化结构中的萨达姆 ………………… 76
　　媒体报导对库尔德神话的建构 ………………… 77
　　萨达姆如何被转化成一个顽皮的小孩 …………… 78
　　结论 …………………………………………… 79
7 **隐私、公共利益与好色大众** …………………… 80
　　公开贩售：何谓侵犯隐私权 …………………… 80
　　公众人物并不被赋予隐私权利 ………………… 85
　　为了公共利益而损失的个人隐私 ……………… 87
　　八卦新闻与公共利益 …………………………… 89
　　结论 …………………………………………… 93
8 **超越卡尔库特：英格兰与威尔士境内对私人利益的法律与法律外的保护措施** …………………… 94
　　绪言 …………………………………………… 94

隐私权的重要性 ………………………………………… 96
　　法律对私人利益的保障 ………………………………… 96
　　《卡尔库特第一报告》与《卡尔库特第二报告》：改革刍议 … 101
　　梅杰政府的响应 ………………………………………… 102
　　法律之外的保障措施：媒体守则 ……………………… 103
　　隐私权及《欧洲人权与基本自由公约》 ……………… 105
　　结论 ……………………………………………………… 106

9　驯服八卦媒体：市场、公众人物与媒体规范 …………… 108
　　自吹自擂与自我规范 …………………………………… 108
　　八卦小报与市场压力 …………………………………… 110
　　托辞之言 ………………………………………………… 112
　　老板的压力真的是一种规范力量吗？ ………………… 113
　　改革自律体系的公正之道 ……………………………… 114
　　结语：自律的代价与奖赏 ……………………………… 118

10　电子暗房时代的影像新闻伦理 …………………………… 120
　　新的影像技术与旧技术有差别吗？ …………………… 121
　　新闻影像技术的伦理 …………………………………… 123
　　影像证据 ………………………………………………… 125
　　欺骗手段 ………………………………………………… 126
　　滑坡效应？ ……………………………………………… 128
　　到底为什么要有那些传统看法？ ……………………… 129

11　媒体是（合乎道德的）信息吗？ ………………………… 131
　　导论 ……………………………………………………… 131
　　写实主义 ………………………………………………… 133
　　避世主义 ………………………………………………… 138
　　催眠主义 ………………………………………………… 141

12　事实与虚构中的性与暴力 ………………………………… 147
　　规范色情刊物 …………………………………………… 147
　　伤害与色情文学 ………………………………………… 148
　　伤害原则 ………………………………………………… 152
　　色情刊物与创造性 ……………………………………… 153
　　媒体伦理 ………………………………………………… 156

13　新闻检查与媒体 …………………………………………… 158
　　言论何时可以被限制？ ………………………………… 161

### 4　媒体伦理

　　伤害 ················································· 162
　　渎神、诅咒、粗鄙、不雅与猥亵用语 ············ 165
　　冒犯 ················································· 165
**参考书目** ············································· 172
**索引** ·················································· 180

# 绪　　论

对于如何理解与塑造我们的世界观，媒体明显有着强大与复杂的影响力。从新闻报导与新闻调查，到肥皂剧、舞台剧与电影，皆提供我们信息与娱乐，并试图强化我们对世界的理解。因此，媒体时常以间接的方式参与且影响了我们的信念、价值以及基本信仰。因此很自然地，由于我们世界中媒体的大量出现并且也产生重大影响，所以便出现了一些需要探讨的伦理与社会问题。

事实上，关于这一类问题的公共讨论越来越多，通常是由于对媒体某些明显的错误行为的愤慨态度所引起。对偏见、媒体犬儒主义、操纵媒体、侵犯隐私等指责，对电视媒体的负面或歪曲效果之忧虑，以及对媒体规范或检查的适当形式之激烈争论，皆以前所未有的频率成为新闻头条。这一本选集的目的，在于集中讨论关于媒体伦理义务与权利的若干重要问题。因为唯有透过理性的批判反省，才可以从媒体责任与义务的角度，提出我们对媒体的合理要求，并以其作为根据，用来宣称某个报刊杂志侵犯隐私或某媒体节目是不道德的。

正如本书大部分读者会注意到的，本书大部分的论文都是哲学性的。之所以如此，系基于一项重要的原因：虽然社会学、心理学与法律上的研究能提供丰富的信息，例如人们的实际喜好、喜好如何产生以及法律限制如何运用，然而这些基本上即为非规范性的研究。合理来说，它们并没有也无法告诉我们应该拥有什么样的喜好，以及为什么该有此喜好。许多人可能认为政治上的欺瞒矫饰、以金钱购买新闻或在卫星频道上散布色情素材是不道德的，因此应该加以禁止。但即使社会对这些事务抱持某种共识，并不能依此推论这些事务就必然是错误的。因为如同我们大家所警觉到的，人们的喜好与道德判断可能是错误的。因此，为了理解当中所蕴含的伦理议题、义务、权利或责任，以及它们可能产生的冲突，我们必须对这些事务进行某些哲学分析，例如客观性、隐私权、性与暴力节目的影响力以及媒体检查的本质。如同"广播标准委员会"在近日的报告中指出的[①]，或许除了公众对隐私权的看法之外，这些事务甚至毫无共识可言，所以我们有迫切与实际的理由来尝试理性地解决此类问题。这并非要否认其他学科对此类议题的贡献，它们是有其贡献，但就所搜集之资料的性质来看，其他学科的主要角色在于说明所发生的事实状况以及其为何发生。这样的思考方向是很重要的，因为当对此类事务进行哲学推理时，必须考虑到其他学科的成果。毕竟假如隐私权或媒体检查的相关法律过于薄弱，那么我们由哲学角度考虑其是否合理时，就必须将这种情况纳入考量。

由贝尔西（Andrew Belsey）所写的第一篇文章，焦点在于思索对新闻工作提出伦理要求是否为有意义的举动。因为为了获取重大事件报导，新闻工作似乎必然被迫要做出揭发丑闻、欺骗以及侵犯隐私等种种行为。或许我们可以提出一些不错的理由以免除新闻记者在一般生活中所应有的伦理义务，例如说出真相的责任。但不以这一层面考量，仍可以体认到新闻是一种重要产业，贝尔西主张，新闻界的义务及其所拥有的特殊权利，源自于新闻工作在民主过程中所扮演的民主促进者这一重要角色。因此新闻记者必须以合乎道德的方式服务这一公共利益。新闻记者不道德的工作方式，例如揭人隐私或欺骗，会伤害公众对媒体的信任，同时由于失去了这一层信任关系，新闻工作本身在社会中的功能就无法体现。

这项主题明显与后续两篇由贝尔（Martin Bell）以及本人所撰写的文章相关，这两篇文章的焦点都在于预设新闻记者应以公正客观为其职责。贝尔认为，新闻记者绝非与事件保持距离的中立观察者，而是与事件紧密牵连，而且无需回避在报导中对事件提出价值判断。虽然某些人将此说法视为用来反对客观性的论证，但我并不这么认为，因为所谓客观性指的是对事务状态达到某种适当的报导、诠释以及评价。公正性有别于中立性，它并不排除价值判断。因为优秀的新闻报导，不应只是叙述事件如何以及为何发生，更要寻求事件的本质的呈现；同时，以战争屠杀事件为例，凸显真正的邪恶与恐怖本质，常常是记者最重要的工作。透过反思均衡的共生过程，以及理性地思考个人关于基本的诠释与评价原则的判断，客观性才有可能达成。如果否定这一观点，如同错误地将所有新闻工作化约为某种宣传手段，这是

---

[①] 参见 Matthew Kieran, David Morrison and Michael Svennevig, *Regulating Changing Values* (London: Broadcasting Standard Commission, 1997).

对正确新闻的曲解,因为新闻记者有责任致力于公正性,进而达到客观性的追求。

  这些考量与米奇利(Mary Midgley)的文章的主旨相关,因为米奇利错误地认为,新闻文化似乎将公正性预设为要求新闻记者将心思集中于公众人物的缺失以及可能隐藏的动机方面。米奇利对此类犬儒主义如何由斯特雷奇掀起的革命演进而来,进行了一段细致的探索。然而如同米奇利所点出的,伪善并非总是不道德的。个人的为人处事未能完全符合公众认为的,这项事实最多只能反映出人类本身容易犯错的特质,而非证明人的伪善本质。即使伪善的确为不道德,但对整个社会而言,比较有价值的作法是关心公众人物表现优良的一面,而非为了避免众人所期待的价值遭受破坏,而假装对公众人物的缺失吹毛求疵。

  当然,此类议题在谈及新闻与政治的互动时,就显得格外恰当。在政党政治领域中一种考量可以用来反驳米奇利的论证,亦即当代政党政治不断利用某些制度网络为其本身在新闻报导中取得最有利的"转机"。虽然许多人抱怨媒体将政治新闻对立化,以及报导中所预设的犬儒心态,但麦克奈尔(Brian McNair)认为,假如我们能够对此游戏规则有正确的理解,就会了解新闻记者需要维持这种报导方式,以便与政客意图掌控媒体进行对抗,因为后者一直想用新闻议题谋取自身的利益,而非为公共利益着想。

  鉴于这些论证都是处理公正性、客观性以及公共利益的问题,基布尔(Richard Keeble)的文章提出一项警讯,指出这些价值的实现可能是非常困难的。基布尔认为,如果我们仔细注意媒体对海湾战争的报导,例如对萨达姆·侯赛因个人的描写,就会发现媒体在建构我们对战争事件的认知时,扮演着歪曲事实的角色。因此基本上当媒体报导某一事件时,我们应该不断追问它是为谁的利益服务。如果没有做到这一点,只会使我们一直误认所接收的信息就是事实——假如基布尔分析合理,这会是一件非常危险的事。

  接着转移到隐私权的问题,阿卡德(David Archard)略述了隐私权的本质,并由公共利益角度出发,对隐私权的侵犯予以合理化。的确,由公众福祉角度所极力鼓吹的隐私权,到底是否曾被侵犯,其实是极为不确定的。但无论如何,我们大部分人都会假定,个人隐私事务中并不存在任何直接的公共利益,媒体对个人隐私的侵犯并不能被合理化。然而有趣的是,阿卡德勾勒出一套反对这一主张的论证。以八卦新闻为例,在社会的道德生活中,借由强化某种道德规约与禁令的规范强度,它可以扮演有意义的角色。因此,像是一些个人的异常性行为就应该被揭露,这不仅对其本身是有益的,同时更指出两性事务不应被导向该行为模式。此外,对权贵人士私生活的揭露,由于可以解除其神秘感，因而能够强化人们的平等观念，使神秘感不会被滥用。

虽然阿卡德所提出的论证颇为有力，一些人还是会担忧如此的八卦新闻的道德本质，更重要的是，媒体对皇室名流私生活的侵犯所可能带来的后果。戴安娜王妃、多迪·法耶兹及其司机于1997年8月所发生的死亡悲剧，更显示出此类人物时常遭到新闻媒体的跟踪，以至于连其生活中最私密的部分也无法保持隐私或宁静。人们可能会认为此媒体侵犯隐私的手法不可能被合理化。但如果想要挑战阿卡德的论证，就必须指出公共利益与公众所感兴趣的事物之间存在着明显的区隔。然而如同阿卡德所提，如果两者间存在着某种关联，那么媒体对皇室名流的关心，在道德上便可以被视为是正当的，即使我们可能合法地指责如此的侵犯形式，然此侵犯仍视为一特例。

克拉姆（Ian Cram）的文章便针对"卡尔库特委员会"报告及其建议中显示，目前法律对个人隐私权保障的零碎性提出简述。克拉姆认为，在目前缺乏政治意愿去制定直接保障隐私权的相关法律，并由法院强制执行的情况下，我们有必要多花一点心思看看媒体运作中的管理者与现行规约，能够对个人隐私提供哪些非法律形式的保障。更重要的是，克兰接着思考如果将《欧洲人权与基本自由公约》纳入国内法体系，那么它如何能够提供保障隐私权最实质的方法。

富兰克林（Bob Franklin）与皮林（Rod Pilling）的文章，针对目前八卦化的新闻趋势，检验是否有任何清楚的相应动向，并讨论这种动向在试图抑制采取市场导向的新闻从业人员行为时，如何影响当代新闻价值，以及媒体拥有者与管理阶层。他们接着检验日益增加的法律限制可能效果，以及自我规范的代价与好处。尤其当八卦消息时常成为新闻主角之际，此问题愈趋严重，甚至波及没有什么法律资源与调节手段的寻常百姓，因为他们的隐私和生活也被新闻界滥用。

沃伯顿（Nigel Warburton）将我们的注意力转移到影像媒体所可能产生的伦理问题。许多人担忧新媒体科技所带来的道德问题，例如由于目前图像画面可以处理得很完美，这会使得人们对影像报导长久以来的信任大打折扣，因为以往人们总认为影像报导是事件的忠实目击者。不过沃伯顿认为，这种担忧是建立在对影像媒体本质的错误理解之上。电子时代前，人们天真地认为影像不会操纵媒体，因而视之为开向世界的一扇透明窗户。无论如何，新闻摄影记者必须抱持一种信念，亦即要维持所取得的影像以及原始事件之间的因果联结。因为影像新闻的重点就在于维持影像与实际世界的关联性，以便使我们能够了解到底发生了什么事情。

相对而言，卡罗尔（Noel Carroll）所在意的是人们对电视媒体本质的不安感。他们所担忧的事情主要有三点：第一，电视的写实性质可能错误地为它带来一定的说服力，换言之，它可能错误地教育观众认为屏幕上所出现的影像就是事件的真相；其次，电视满足了某种逃避现实的幻想及看似道德的形式；第三，作为一种电视媒体，电视排除了我们想象力的应用。不过卡罗尔认为，这些担忧是没有根据的，主要原因是这些担忧并没有考虑到我们用以理解电视内容以及对其作出反应所可能表现出的复杂形式，或者它们只是过分简化我们的情绪本质。因此卡罗尔的结论认为，虽然我们还是可能会对某些节目的内容感到不安，但电视媒体或影像本身并非天生就是不道德的。

格雷厄姆（Gordon Graham）文章的要旨，在于主张性与暴力（不管是报导或文学作品）都会造成伤害的论证形式。格雷厄姆认为，观看此类节目会产生暴力倾向的前提，对于大多数人而言是具有高度争议性的。此外，即使此类节目真会产生伤害，也不能使检查制度合法化。毕竟，我们晓得车子开在路上每年都会导致无数人的死亡，但允许这种可能造成危险的自由，比其所造成的伤害更为重要。格雷厄姆认为关于免费使用色情与暴力影像报导或影片最有趣的地方在于，它们并不能促进人类的知性能力，因此或许我们应该追问的便在于，为什么这些艺术与新闻人士会如此令我们失望。

本书中的最后一篇文章是由埃利斯（Anthony Ellis）所写，他接着提出有关检查制度与媒体之间关系的论证。明显而言，言论自由是一项重要的价值，且在某种程度上应该受到免于政府干涉的保护，这对个人自由的重要性而言更是毋庸置疑的。他最后指出，由于对言论自由加以限制所带来的伤害甚大，所以即使自由的言论本身可能带来某些伤害，但仍不宜对之设限，除非言论本身所造成的伤害过于巨大。然而，他接着也思索到是否不只有伤害性，甚至是带有攻击性的内容都该纳入禁止的领域，因为攻击性观念在本质上是与道德有关的。不过就算有着这一层关系，至少在自由主义的架构中，并不能以攻击性作为言论检查的理由，因为自由主义国家并不能为某种道德观立法。的确，某些深层的主张与道德信念时常需要接受挑战，对于珍视某些信念的人们之感受加以立法保障，从比较乐观的角度来看是错误的，而从比较悲观的角度来看是有害的。一个会立法禁止带有攻击性观念的文化，不但没有办法保障个人基本自由，且似乎会使公民活力停滞，并把他们当成小孩子一样。

本书中的文章显示出，在目前新闻与媒体工作中，存在许多深层的伦理与社会问题,需要由复杂的哲学层次以及实践面向加以仔细思考。当然,本书所提出的种种论证并非最后结论,但至少它们可以用来阐明媒体运作中某些重要的伦理问题;并在我们试图合理化自身的判断时,提供所必须考虑到的论证。因此它们至少可以帮助我们更深刻地了解何种响应方式是合乎理性的,以及媒体有什么伦理义务。我期待本书能针对这些争论的焦点,以及强调理性论证的需要方面,提供些微的助力,以面对目前充斥的狡辩、偏见与情绪式反应。

我特别感谢所有接受邀请贡献于本书并谦虚响应编辑要求的各位作者。我也要感谢1996年9月在利兹大学所举办的媒体伦理会议上的所有发言者以及与会者,本书源起于该次会议。同时也要特别感谢赞助该会议的"应用哲学学会"(Society for Applied Philosophy)及"约克夏与亨伯塞德艺术学会"(Yorkshire and Humberside Arts)。

基兰(Matthew Kieran)<br>1997年5月于利兹

# 1

## 新闻与伦理：两者能共存吗？

## 绪　言

　　我们很难对新闻工作的形象与本质提出确切的描述，因为每一个形象与本质都包含相互矛盾的要素。我所谓的"形象"，是指新闻工作被一般公众所注意到的层面；而"本质"，则指存在于形象背后（或与之分离）的实质方面。众所周知，新闻工作在公众眼中存在着不良的印象，大家并不怎么尊敬它。一般大众总是对新闻记者及其行径抱持怀疑态度。新闻记者大多被视为和政客一样声名狼藉，不值得信赖而且不诚实，只知追求个人或若干人的利益，而非事实的真相。倘若有人说新闻工作的本质是说出真相，人们的反应将会是有点怀疑，甚或表示轻蔑。假如又有人告诉他们新闻工作是建立在某些伦理原则之上，他们更会捧腹大笑；或者如果他们的态度是非常认真的，那么他们就会指出一般街头小报所登载的情节，根本就是无聊、下流，而且全是凭空杜撰的。

　　但所有这些描述都与新闻工作带给人们的另一个印象相互矛盾，这可以用1997年5月英国大选中一件极不寻常的事件加以说明。贝尔（Martin Bell）在当时参选塔顿（Tatton）选区的下议院议员席次。大选前一个月，贝尔先生仍是英国广播公司（BBC）的电视新闻记者——而且可以说是备受尊重的记者；他在世界上许多饱受战乱的地区作即时新闻报导，造成非常大的影响力。简而言之，贝尔先生当时以反腐败（或媒体所说的"反堕落"）候选人的姿态，对抗该选区前任议员汉密尔顿（Neil Hamilton），后者被质疑在财务上有与其议员身份不符的不道德行为。当汉密尔顿先生拒绝下台并再度获得其所属政党提名时，其他主要政党候选人纷纷放弃竞选，将机会留给贝尔先生,于是他就以独立候选人的身份轻易胜选。

一位无党派的候选人能当选、进入下议院,这种情形极不寻常。更不寻常的是,许多主要政党居然退出选战,以支持一位无党派色彩的候选人。但其中最不寻常的是,这位主张对公众与政治事务采取诚实政策的候选人,竟然是一位新闻记者——一个和政客一样不受信任的职业。然而在这个例子中,公众(至少就部分塔顿选区公民而言)却选择信任贝尔先生,认为他是对抗政治腐败或相关弊端的正确人选。

人们之所以如此信任贝尔先生,部分原因在于其本人的人格特质,电视观众们都知道他在人格上的完整性是可以信赖的,但原因恐怕并非如此单纯。这并不是说一般新闻记者都是无法信任的,只有贝尔是其中的唯一例外。而是就新闻工作而言,在贝尔这一类的记者身上,同时存在一种与众不同且又竞争的印象。例如,身处枪林弹雨且冒着生命危险,透过摄影机向电视观众报导战争实况的记者,会被视为勇敢可敬的人;并且观众几乎会因为这个要素,便认为其会真诚地对事件的真相以及其发生原因提出客观真实的报导。

电视新闻与报纸在这方面或许有些差别,许多人依赖电视作为新闻、时事、国际事件、消费信息等信息的主要来源。能够在电视屏幕上看到新闻记者或信息提供者,令观众在某种程度上比较能够信任影像,而不只单单仅依赖文字描述。当然,在某方面这也意味着,假若电视媒体的控制者将之使用于错误的方向,那么这种宣传机器受到操控的空间就很大,因此观众自己也必须对信息来源稍加斟酌。在英国,英国广播公司会比其他纯商业(以追求利益为目的)频道较受人们信赖,这就是为什么维持公共服务广播的运作对于社会与政治是很重要的原因之一。当然,任何对电视画面仍然抱持绝对信任的人可以说是愚昧不智的;但相对于电视新闻而言,读者普遍又对报纸存有更多怀疑的态度,因为有已被揭露的实际案例可以证明,报纸记者坐在办公室内自己杜撰新闻。此外,报纸也被认为带有某种政治偏见,而且以不讲道德的方式来对待读者,因此人们不禁认为为什么它们应该被信任呢?然而并非只有故意的偏见被视为是有危险性的,尽管电视画面与文字情节都是阅听人透过眼睛来接收,但两者的接收方式却存在着极大的差异,而由于文字叙述与实际状况之间可能还有一段差距,因此极易对读者产生误导。

然而,如果相信电视与报纸新闻存在着本质上的差异,这也是不对的。虽然有些报纸的确存在自我杜撰的新闻情节,但还是会有其他报纸出来揭露这些公然欺骗的行为。贝尔所提出的"反对腐败嫌疑"的指针性事件,就是由于报纸新闻长期以来的竞争而被摊开在阳光底下的;而且在英国诽谤法的严格规定下,其中一方甚至有违法的危险。至于文字本身的欺骗性质,这种古老且格外深刻的哲学议题并非此处所要讨论的,所以且容我这么说:它只是我们在日常生活实践层面所要设法克服的难题。一旦我们获得信息,无论是透过报纸、电视、因特网或任何其他来源,我们毫无选择的可能性,只能使用日常生活中的智能去评估其可靠性。这和理解文字或书写文本的叙述方式是相同的。

因此,大众对新闻的公正性并没有信心。如同目前电视中对电视新闻所提出的许多抨击讽刺,在电视时代来临之前,对报业愚昧行为的讽刺,早就是历时已久的传统,例如沃的"独家报导"(*Evelyn Waugh's Scoop*)。但总是有一些新闻记者在人群中备受瞩目,因为他们的德行(即使未必是他们的判断)可以说是无可指责的。20世纪中有几个例子可以说明这件事,从奥韦尔(George Orwell)与卡梅伦(James Cameron)以至于近年来从事调查报导的新闻记者,他们都已认知到适当的新闻实践有时候必然是具有颠覆性且反体制的,此外必须向公众说明权力运作的真相而非隐匿不报。

然而,此处的重点并不是要指出奥韦尔、卡梅伦以及贝尔这些特例,能够幸免于公众对新闻记者的怀疑与不信任。而如同我前面所暗示的,是要指出新闻工作与众不同且竞争的形象,即与新闻不受尊重的形象相互矛盾。无疑地,好莱坞对这种形象处理得很成功,但那只不过是虚构情节罢了。这种形象展现出新闻记者如同勇敢无惧的调查报导者,对抗一群乌合之众或不诚实的城市老板,且毅然决定揭发腐败事实,因为他们信奉"公众有知的权利"。这是公众对新闻工作最普遍的一个印象,认为新闻应该扮演社会中一个有用且不可或缺的角色,提供信息、分析、讨论与评论,如果没有新闻,一个复杂的当代社会就难以运作。这使我们直接面对新闻存在价值以及"出版自由"此类观念背后所预设的政治正当理由,亦即新闻与意见的自由发表,是一个民主社会所必备的条件。①

## 新闻作为一种产业

我们约略可以将新闻工作的这种双重形象视为同一事实的一体两面,不过这两个层面是相互矛盾而非彼此互补的。一方面,新闻工作是一种产业(译者按:指制造业而言),在追逐利益的市场经济制度中扮演主要的参与

---

① 参见 Judith Lichtenberg (ed.), *Democracy and the Mass Media* (Cambridge: Cambridge University Press, 1990).

者角色；新闻记者只是这个产业中的劳工，他们被实际生计需求所驱策。另一方面，新闻工作是一种专业，一种建立在道德原则之上的职业，其从业者的行为受到这些原则的指导与规范。想要同时生活在这两个层面之中是很困难的，所以如果认为两者不会相互矛盾，就必须提出进一步的说明与分析。

毋庸置疑地，新闻工作是一种重要的产业。诚然，新闻一词过于狭隘：这是一个媒体的时代。媒体是多元化、跨国性且相互连结的：报纸、杂志、电视、广播、电影、录像带、有线电视、通讯卫星、因特网；它们逐渐落入少数财团掌控，其影响无所不在，且不断追求更大的市场占有率、更多的利润与更大的全球影响力。尽管媒体是如此的多样化，但如果我们忽略其标准使用方法，可以将它视为一种拥有广泛影响力的单一现象，以往的社会理论家所关心的是物质生产与生产工具，亦即农场、森林、工厂、船队以及矿场构成了当时的经济体制。如今，我们有时迫切将这些过时的产业抛诸脑后，而且认知到这是一个信息而非制造的时代，同时，现在是由信息工具宰制人们的经济与社会生活，并深入人们的内心世界。

在这种信息产业中的工作者和其他劳工一样，所关心的仍是如何找到工作、工作安全、工作条件、未来发展以及最重要的个人成就满足。他们同处于 20 世纪 90 年代常见的工作压力之下：垂直管理、企业瘦身、舍弃某些技能（不再需要速记）与再学习新技能（Window 95 与 PageMaker）。现在是市场占有率与盈余主导一切的时代，销售数字、发行量、阅听众数目以及取悦广告商，宰制了公司内部不同阶层管理者的想法与行动。这种风气很快地弥漫于媒体产业的整个结构之中，但必须要强调的是，这还包括理论上应致力于为公共利益服务的部分媒体。在市场竞争中，就算"非营利性"组织，也和明显追求利润的组织一样，无法逃脱对顾客量与业绩成长的追求。①

我承认这并非事实真相的全貌，因为不管我们生活在什么时代，至少现代社会在名义上还是重视伦理的，不仅是重视医学伦理与其他传统的道德关怀领域，同时更包括环境伦理、专业伦理与商业伦理。企业组织在说明其基本政策时，会将道德目标包括在内，且强调他们重视对环境的责任、居民的权利、顾客需求的满足、个人（或全体员工）发展、育婴假、托育设施等议题，这是所有关怀社会的现代企业所具有的特征；这并不一定是出于多么良善的动机，而是他们晓得且担心有一些客户是很在乎这些议题的。纵使这

---

① 对本段所提出问题的广泛讨论，参见 James Curran and Jean Seaton, *Power without Responsibility: The Press and Broadcasting in Britain*, 4th edn (London: Routeledge, 1991).

些道德目标被所有公司行号所同意,但整体而言,由于庞大的竞争需求以及成长要求是冷酷世界中唯一的生存手段,所以如果说上述道德目标对其企业运作影响甚微,这一点也不夸张。市场运作可能是非关道德,也可能是不道德的(或者在不同的时候两者皆是),但它终究也影响到了媒体产业以及其他行业。①

媒体中有什么道德原则呢?因为所有行业的工作者都被要求必须有所"表现",因此不论工作者本身的动机或欲求是什么,财务目标在工作中始终占有主导地位,道德原则能够发言的空间似乎不大。或许有人可能认为,在新闻工作中情况可能更糟,举例而言,利用病患弱势地位进行不当性侵犯的医生会被除名而无法执业,窃占客户财产的会计师甚至有可能会坐牢,但一位举止不当的记者,却可以因为挖到独家新闻而获得升迁机会。无论如何,理论与实践上的困难,在于如何决定构成不当采访行为的要素为何。

新闻工作者本身担负着两种相互矛盾的压力。一方面,他们很容易受到游说团体与寻求出名者的关注,这些人不仅要求其诉求获得报导,而且还得顺应他们的看法,这是一个泛道德问题的地带(尤其如果这些游说团体刚好也是报纸或电视频道的拥有者)。但另一方面,此处存在着道德上更有趣且更困难的问题,因为有许多新闻是去挖掘应该被保密的某些事情或情境,并把这些信息刊载出来(当然,有时候这两种压力是一起出现的:记者故意报导不实的情节,但其了解事实为何,而且还必须进一步追查真相)。

我们将情况再加以复杂化,新闻工作的第二方面至少可以被划分为两个部分。首先,挖掘并刊载某些当事人想要保密的信息,对新闻而言是非常重要的。调查性的新闻报导,就是找出社会到底发生了什么事情,让人民获得政治、经济与其他事务的充分信息。提供信息、分析与评论,这正是民主社会中,被期待去为公共利益服务之有担当的新闻报导。但所谓公共利益的界线在哪里?这是问题所在,公共利益的定义似乎并不是单指一般大众感兴趣的事。

挖掘并刊载某些当事人想要保密的信息的第二个层面,时常包括公众有兴趣知道的消息,但从道德的观点来看,这种兴趣是不应该的,这就是新闻工作不适当的部分。这包括道德上受质疑的新闻内容、呈现与探讨。许

---

① 对目前企业伦理的状况的概述参见 Peter W. F. Davis (ed.), *Current Issues in Business Ethics* (London: Routledge, 1997).

多新闻内容是应当要被保密的，或至少是属于个人隐私的（两者并不相同）。① 个人隐私应当受到尊重，虽然我们很难明确区分其界线在哪里，但某些事情很明显是不当的，例如对个人伤心事与痛苦回忆的侵犯。个人有权利拥有私人的生活领域，困难的是我们要如何判断哪些是"私人的"。② 此外，新闻的呈现也是一个问题。尚有疑问的素材通常皆以暧昧的方式被呈现出来，包括庸俗化、煽情、猥亵下流的文字、种族与性别歧视，以及对同性恋的偏见。但即使是合法的新闻素材，也可能在道德上以令人不愉快的方式呈现出来，这是在新闻伦理讨论中时常被忽略的一点。

新闻调查的方法传统上受到更多的道德关注。有一些辅助的科技工具，例如长镜头摄影机、电话与电子窃听装置等，皆被用来监视人们并刺探其行为。当然，不能因为不道德的新闻工作方式就对当代科技加以谴责，因为对新闻记者而言，欺骗、谎言与侵扰都具有开放性的选择空间。我们当然晓得记者时常有这种不道德的行为，倘若是不道德的，就不应该这样做，事情就是那么简单。

但愿事情真的那么简单就好了！重点是，像"欺骗"、"说谎"甚至"监视"与"刺探"等字眼本身在本质上就包含了某种道德评价与谴责。但假如不会被谴责，新闻记者便可以考虑从事这种行为吗？且让我们再来看看新闻内容、素材与采访手法之间的区别。目的可以使手段成为正当的吗？在调查犯罪或贪污腐败，或只是政府无能的新闻时，或许记者不得不诉诸欺骗手段。③ 在某些事务上，牵涉其中的人们可能不希望内情为外人所知，但那却正是公众有权知道的范围。新闻调查工作有一项长久且光荣的传统（但如今似乎濒临死亡），亦即记者不能够（不经查证）直接地将问题指陈出来。许多新闻采访（性质类似警察的工作）并非那么多彩多姿，而是必须对无数的文件作细致分析与比较。但有某些一手的调查工作是必需的，而在此工作中，欺骗、电子窃听也许就是可行的方法——其中"欺骗"与"窃听"在道德上的不当性已被暗中去除。

---

① 参见 Sisela Bok, *Secrets: On the Ethics of Concealment and Revelation* (Oxford: Oxford University Press, 1982); and F. D. Schoeman (ed.), *Philosophical Dimensions of Privacy* (Cambridge: Cambridge University Press, 1984).

② 这在我的文章"Privacy, publicity and politics"中有进一步的说明。该文载于 Andrew Belsey and Ruth Chadwick (eds), *Ethical Issues in Journalism and the Media* (London: Routeledge, 1992), pp. 77—92.

③ 参见 Bok, *Secrets*, pp. 149—64; and Jennifer Jackson, 'Honesty in investigative journal', in Belsey and Chadwick, *Ethical Issues in Journalism*, pp. 93—111; and on the wider issues, Sisela Bok, *Lying: Moral Choice in Public and Private Life* (Brighton: Harvester, 1978).

我们能够继续维持这类字词的意义吗？在此脉络中所引发的问题，属于较广泛且重要的道德议题，亦即关于目的与手段之间的关系，还有涉及不义手段的难题。我们能够借由错误的手段达成良善的目的吗？假如我们要获得良善的目的，或许不必用到不当的手段。这项议题在许多比新闻工作更为棘手的讨论中经常出现，例如关于战争与暴力行为的探讨。假如轰炸一座城市会造成平民的死亡，此时的轰炸行动可以被证明为正当的吗？暗杀邪恶的独裁者，就道德而言可以说是对的行为吗？① （然而，此处值得牢记的是，对于那些没有机会在民主社会中工作的新闻记者而言，最后一个问题具有实际的迫切性，而非仅是理论上的难题，特别是当独裁者想要并且有能力暗杀他们，同时也正在着手进行时。）但就算在民主社会中，当记者经过深思熟虑后，决定采取不道德的欺骗手段，他们也可以觉得自己是在调查邪恶与残暴的对象。然而只有在某些特定情境下，那些歹徒、毒贩、腐败政客、奸商才有可能被质疑，否则又要如何揭露他们呢？因而或许在这些采访情境中，此类方法反而符合道德要求。

本节至目前为止，我所关心的是新闻"产业"，新闻在其中只是一种工作，新闻记者受到公司所加诸的压力而要有所"表现"。对伦理议题已有所离题，我将会暂时搁置进一步的讨论，直到下一节才会直接处理这些议题。在处理这些议题之前，我们能够为新闻产业提出什么样的结论呢？企业压力以及销售量、阅听众数目的追求，刺激着新闻产业去创造大众所感兴趣的新闻素材，而非攸关公共利益的新闻。应该这么说，"大众感兴趣"的内容并非固定、既有、永恒不变的自然事实；事实上，大众的口味大都是在"供给创造需求"以及"需求创造供给"的循环下，由媒体所豢养而成。

社会生活浅薄化之征候及其在媒体中的呈现，就是没有将"秘密"与隐私加以区分，也没有意识到这种区分所具有的道德意义。这两个词语并没有被定义清楚，我并不尝试一次就能够厘清两者的定义，只是试图带出它们在新闻范畴中的区别。虽然私人也能够拥有秘密，但我所谓的"秘密"是从政治意义的角度来看待，意即经由公权力执行者或组织，在政治责任的理由之下，将原本应经由民主程序让一般人取得的信息隐藏起来。另一方面，隐私一词虽时常被误用为某些组织所想要隐藏的事物②，但我认为它应该是一种个人才能够拥有的事物，唯有如此它们才会是属于私人而非公共的活动。

---

① 格洛弗(Jonathan Glover)于 *Causing Death and Saving Lives* (Harmondsworth: Penguin Books, 1977)一书中对这些道德争论提出了具有启发性的介绍。亦参见 Richard Norman, *Ethics, Killing and War* (Cambridge: Cambridge University Press, 1995)。

② 参见 Bok, *Secrets*, esp. p. 13。

这些定义解决了几个难题；其中有一些循环的元素，它们并没有提供判断方法，来区别出可以合法保守的秘密以及事物是否成为秘密或隐私。如同个人的确拥有某些合法的隐私领域，组织当然也保有其合法的秘密领域，不过该范围是比一般所公认的还要小（想想看英国对于官方机密与信息自由的长久奋斗）。但在新闻产业中，由于大众需求的推波助澜，时常混淆了这两个领域，同时更在与有权有势者的共谋之下，隐藏了某些应该被公布的信息。然而同时新闻产业却又侵犯私人的隐私，不顾他们并不愿意、也不该受到这种待遇。当然，这个定论似乎下得太快。许多人其实很喜欢受到媒体的注目，也很愿意面对这种公开化之后接踵而至的后果。而在天平的另一端，仍有一些认真的新闻工作者致力于为公共利益服务，将公众知情权视为民主过程的一部分。但新闻产业的现状大部分在道德上仍是不被约束的领域。

## 新闻伦理

在道德实践经常受到工作压力妨碍的市场经济体制中，新闻只是一份工作罢了。但另一方面，新闻又可以说是建立在道德原则上的职业，它是由道德实践所构成的。然而对这一诉求的夸大其辞，有时候不仅是一个神话，而且还是一种着眼于自我利益的宣传方式，以便用来掩饰某些事实，并进而获取一些利益。但这并不是一个绝不可能达成的理想，马丁·贝尔在塔顿区的经验说明（而非证明）了一个事实，新闻记者在与政客的正面竞争中获得了公众的支持与信任。道德化的新闻工作甚至在"新闻申诉委员会"（the Press Complaints Commission）所发表的《实践规约》（*Code of Practice*）（以及世界上其他相似的规约）中也有具体的展现，即使这种规约从伦理观点来看并不充分。[1]

在充分考量新闻工作的确拥有道德性之前，我们应该先看一看专业主义的问题。[2] 伦理道德与专业主义时常被认为是共同存在的事物，但什么是专业呢？传统观点认为，所谓专业就是取得认证的专家对其顾客提供服务，以获取报酬并建立互信与相互尊重。例如在法律与医学的领域中，顾客必须信任从业人员的专业知识与诚意；从另一方面来看，从业人员也要尊重客户的需求与弱势地位。逾越专业道德规范的从业人员，会被施以某种形式

---

[1] Press Complaints Commission, *Code of Practice* (London, Press Complaints Commission, September 1994).

[2] 参见 Ruth Chadwick(ed.), *Ethics and the Professions* (Aldershot: Avebury, 1994).

的惩罚,甚至以吊销证照作为最严厉的罚则,专业工作者就是以这种方式受到管理。

在这种理论之下,新闻工作听起来似乎不是一项专业,但当代其他宣称自己拥有专业地位的许多职业领域好像也并非专业(几乎每一职业领域都宣称自己拥有某种专业地位)。即使传统的一些专业工作,在社会、经济与技术变迁下,改变了服务需求者与提供者之间的关系,往往已经无法与其传统形象相配了。那么或许应强调的是:对伦理实践的观念以及对道德规约的坚持。的确,在各种职业领域中如雨后春笋般出现的类似规约,是被用来证明该职业拥有专业地位。也许这种规约的广为流传,是由于它们可以产生重要的影响力,所以应该受到欢迎,并作为一种可以进一步普及于社会的道德实践。但如果每一种职业都是建立在相似规约上的某种专业工作,那么专业地位就不再拥有任何有意义的道德区别,可用以区隔各种职业间的差异。

关于专业主义的进一步说明,必须根据每一种专业的本质来表述,而此本质指出了"专业实践"与"达成某种有价值的内在目的"之间具有关联性。因此,有人会主张医学的本质在于促进健康,会计的本质在于坚持财务上的廉洁性,法律在于追求正义,社会工作在于强化客户的自主性,神职人员的目的在于治疗灵魂……同样地,我们可以说新闻工作的本质为报导真相,或者以另外一种语词表述,就是说实话。任何种类的本质主义,在现今都不再可以作为普遍解释或阐明事实的方法,上述这些例子即说明了原因。首先,即使只是在日常生活事务的处理上,我们都可以期待以诚实为基础,所以新闻工作在这个方面并没有什么独特之处。然而,虽然我们可能可以处理事实真相,但如果要说出全部的事实,却是很困难的事情。所有报导出来的信息都是由无可计数的事实整体中抽选而来,同时信息也必定以某种方式呈现出来。因此,许多新闻所关心的是意见、争议、辩论与讨论,也就是以具有客观性与公平性的观念为主,而不是以事实整体为主要考量。此外,此处所谓的本质主义并没有什么实质的帮助,因为它过分简略,因此反而有点模糊不清,当不同的利益与权利相冲突时,它并没有办法提供进一步的解决方式。例如医生的工作涉及许多其他事情,不是单单以促进健康这一概括性的说法就能够加以说明的。在关于堕胎与安乐死的案例中,这种所谓的本质对于解决问题并无助益。同样地,新闻工作中说实话这一观念——如同先前讨论过的——在一些以暧昧不明的方法获取真相的案例中,本质主义并没有办法解决问题。当然这种说法并非意味着说实话在新闻工作中不是重要的德行。

我们除了知道对专业工作而言道德实践是必要的(但非充分的)之外,对于新闻工作作为一种专业而言,其意义到底是什么,我们至今仍无法一窥究竟。但我们不应过分在意这一点,因为此处的重点在于道德实践,而非"专业"这一名称。任何职业或活动只要是建立在妥当的道德原则之上,何必在乎它是否是一种专业呢?如同前述,目前所谓专业地位有朝向自我认定的趋势,所以比较具有社会学而非伦理学上的意义。可以确定的是,道德的意义是在于道德的行动,不论它是新闻工作或是其他事业。

那么新闻伦理所指为何呢?要理解这个问题,若以传统专业工作来做模拟,其所带来的困扰会比助益来得多。新闻记者并非面对个别客户的个别服务提供者(除了非常少数的例外)。尽管如此,新闻工作还是可以被视为提供某种服务的工作。新闻记者对社会整体提供了极为重要的服务,但那是一种政治服务,因为新闻是政治过程的一部分。当然现在这种说法有一点危险,因为新闻记者并非立法者也非行政官员,假如新闻记者试图扮演其中任何一种角色,对于社会以及新闻工作而言都不会是一件好事。新闻记者最好是被当成某种促进者,以一些当代专门用语向大众陈述一些极为传统的观点。

新闻记者促进了民主过程。我们并不是才刚刚进入信息时代,因为当美国《权利法案》(American Bill of Rights)的起草者写下"国会不应立法……剥夺言论与出版自由"(美国宪法第一修正案)(First Amendment to the Constitution of the United States of America, 1791),我们就认知到信息可以推动民主的运作。专制政府控制信息,将秘密视为一种重要的武器——而且不仅专制政府才会如此。假如政府必须对人民负责,就必须让大家知道它在做什么;假如人民想要明智理性地投下选票,他们更需要知道政府在做什么。对于一个成功的民主政治,信息是必要条件(虽然并非充分的),因此它需要新闻、意见、争议与讨论的自由流动。所以像《世界人权宣言》(Universal Declaration of Human Rights)等国际宪章会将言论自由与信息自由纳入,是因为民主社会的必需品被视为一种人权。

美国宪法评论者指出,此处的思考角度并非单向的,新闻记者必须负起相对责任,以相应于第一修正案所保障的新闻权利。[1] 该权利确保新闻记者能够不受阻碍地促进民主过程,所以它们准许能够行使确实促进民主过程的行为,而非准许任何行为。这就是新闻伦理在政治领域中的地位。因为

---

[1] 此议题之讨论参见 Stephen Klaidman and Tom L. Beauchamp, *The Virtuous Journalist* (New York: Oxford University Press, 1987), esp. pp. 5—14. 我对伦理学与新闻工作的思考,由 Klaidman 以及 Beauchamp 的书中获得许多的澄清与洞察。

既然新闻被视为民主过程的一部分,所以在道德上它必须是信息充分的新闻。显然地,民主的结果并不能借由媒体达成,新闻产业现状显示出社会充满了虚伪、谎言、侵犯隐私权、卑鄙、猥亵、琐事、歪曲事实、偏见以及所有其他罪恶。所有与新闻伦理相关的德行——精确、诚实、真相、客观、公平、平衡报导、尊重个人自主性——都是民主过程中新闻工作的一部分,而且是必要的。

假如媒体是民主过程的一部分,它们在信息与意见机制及其流通中的角色,信息与意见的品质将会是一项极重要的议题。此处的品质具有伦理学上的典型意义,所以媒体伦理与媒体政治事实上并非相异或分离的议题。新闻伦理就是在为公共利益服务。之所以借由德行来说明这一点的理由,在于虽然德行可以变成根深柢固的气质,其不是专断或非理性的,而是建构在妥当的伦理原则之上。德行并非一种规则系统,但是它们以原则为基础所产生的弹性,使它们比实践规约中所具体规定的某一组规则,更能够成功地应付新的情境。而一个民主社会,尤其处于科技时代的民主社会,会不断地在道德上产生一些新奇的情境与机会。

这就是新闻伦理所呈现的事实,它建立在具有德行的行为之上,能够促进民主过程并为公共利益服务。犬儒学者可能会说,这根本是一个不切实际的虚构神话。比较不犬儒心态的人可能会认为,虽然我们可以冀求进一步走向理想境界,但那只是一种应然的理想,距离事实还有很长的一段路。而我想要指出的是,虽然新闻产业的性质与权力运作状况,足以使人理解为何这种犬儒主义能够被合理化,但犬儒学派的结论还是过于夸张。比较不犬儒心态的人在对待问题的方法上是正确的,但我还是要指出,新闻伦理并不只是一种理想,它更是一个事实,而且是新闻产业中的一项事实。

新闻工作包括两面事实,且彼此间相互矛盾而非互补。用这种方式点出问题能够产生助益吗?我希望如此。因为有新闻产业存在,所以才会有新闻伦理的问题。它们共同存在且彼此竞争,在亘古永存的争战中争夺其主导地位。它们各自以不同的装备武装起来,新闻产业诉求非道德性的跨国企业力量,但新闻伦理也并未被击倒,并依赖着未曾消退且永恒的德行力量生存下去。

# 共存?

这种善恶二元对立式的寓言似乎过于夸张!一般新闻记者在其日常工作中到底做了什么?毫无疑问地,新闻记者们(尤其是那些初出茅庐的年轻记者)都想成为优秀的记者,善尽职责并或多或少从中获得某种程度的个人成就感。然而实际上,他们有着复杂的动机与期望,其中某些是物质性的,某些是道德性的。而且,似乎许多新闻记者的动机并非直接指向为公共利益而服务,可是他们的思想观念中却似乎又隐约含有这种想法。

由于工作压力使这种想法大都被隐藏在内心里,新闻记者的许多实际行径都是不道德的。的确,由于他们刻意制造新闻、侵犯个人隐私权、骚扰不幸者、使用具有性别歧视的字眼以及其他一般不当的行为,大众对新闻记者充满着负面的印象,因为他们是一群不诚实、难以信任且毫无原则的自利者。然而并非所有记者都被如此看待,例如贝尔,他不但一直扮演备受尊重的新闻记者,也出人意料地成为成功的政治家。这的确是个有趣的讽刺,一位身份是新闻记者的人,居然会因为道德上的理由获得选票进入议会。

迫使道德考量由新闻工作中退位的工作压力,与其他压力并非截然不同。因为人们必须找到工作,获得升迁,所以新闻报导非写不可,而获得新闻又必须靠某些手段。报导必须能够卖钱,又必须让管理者安心,让业绩成长目标可以完成。为了占有市场,所以不断地去刊载一些无聊的新闻,而且以猥亵的方式呈现出来,并透过不当的手段获得,个人信念与欲望无法在其中获得实现。当新闻记者为工党支持者说话,或甚至在编辑报纸时较少为保守党宣传,就常会被视为伪君子。这种事情或许是以其他方式出现,但的确曾经发生过。人们怀疑,他们怎么可能这么做,而没有察觉要靠愚弄人们的高度道德渴求以谋求其自身的生计。那是由于如今我们所处的世界中,妥协是我们生活方式的一部分。

这意味着道德完整性在新闻工作中不具有任何地位吗?不,我绝不认为如此,我认为新闻伦理与新闻产业同样是事实的一部分。新闻伦理当然会受到压力,如同伦理道德在日常生活中所面临的状况一样,因为我们所居住的世界,受到了经济考量所宰制,而经济体制又受市场力量所驱使,道德动机与道德意图可以是良善的,然而在实践中却使不上力或被误导。当所受到的体制压力过大而无法抵抗时,伦理道德便会显得软弱无力。例如当新闻记者发现,虽然所使用的手段有问题但却可以用良善的意图合理化其不道德的行为时,新闻伦理就被扭曲。这是一种双重效果的定律,不过它在新闻工作与其他领域中同样是种谬误。①

但幸运的是,我们不必做出完全悲观的结论。尽管备受压力,伦理道德在新闻工作中仍会被固守着,它绝不会完全消失。说实话、客观报导以及公

---

① 参见 Glover, *Causing Death and saving Lives*, esp. pp. 86—91.

平合理的呈现是一种传统,就算不能抵抗新闻产业,也能够对其提出挑战。同时理性论辩新闻事务的传统也一直存在着,虽然实际所呈现的并没有那么强势。有趣的巧合是,贝尔在转换跑道成为一位成功的政治家之前会受到媒体的注意,倒不是因为他在媒体工作上的表现,而是源自他对媒体工作若干原则的理论性讨论。他所关注的重点在于,一般人所认为的客观报导与价值维系之间的必然冲突并不存在,因为记者不应试图在对错之间保持中立态度。当今世界上的战地记者不可避免地会目击令人惊悚的暴行、屠杀、虐待与其他各种罪行,他们不能假装将其视为不具道德意义的中性事件,这种假装蕴涵着客观性的丧失。

这真的是正确的,而且也阐明了新闻伦理的若干难题。自由民主国家内的新闻记者若想要对世界上其他地方声名狼藉的军事独裁者提出客观的报导,相对而言是比较容易的,但如果声名狼藉者就是你的老板,客观性就没有那么容易达成了。马克斯韦尔(Robert Maxwell)的案例同时证明了这件事荒诞与悲惨的一面。马克斯韦尔生前的谄媚之眼对其尸首发出道德谴责时,会觉得好笑的是那些事不关己的人,绝非那些退休金跟着马克斯韦尔一起掉落船边的人。

不过我却担心,新闻产业与新闻伦理共存之吊诡无法获得解决。的确,良善的意图是美好的,但它们只能在现存体制下运作。然而现存体制很少是单一性的,因此它们没有办法取得独占地位,良善的意图终究有其局限。但是光有良善的意图仍不足够,它们还必须与相对应的正确行为结合在一起。这就是为什么我一直强调德行在新闻工作中的重要性,德行是一种愿意按照道德上正确的方式去行动,即使身处陌生的新环境之中。新闻伦理与新闻产业的共存问题不管存在多少困难,新闻伦理的传统仍旧有许多生存与发展的空间。

## 2

## 投入式的新闻工作

我是一个报导过一些重要历史事件的战地记者，也就是说，我在新闻界已有超过30年的经验，从越南的杀戮战场到尼加拉瓜乡村战区，一直到波斯尼亚中部的荒山溪谷，都有我的足迹。这个职业不是我自己选择的，或者可以这么说，是它选择了我。记得许久前的某一日，当时我在英国广播公司新闻编辑室工作，正好有个机会能亲自报导一场国外战争的爆发。当我从战区脱险后，又被要求再度接受另一次战地采访任务，就这样接受了一次又一次的相同任务，直到如今我发现，新闻记者其实可以被视为演员，一再地被要求扮演某种角色。当我过了55岁而又能够全身而退之际，我曾希望能够结束原来的工作，只做一名平凡且工作定时的通讯记者（如果还有这种工作的话！）；但悲惨的是，我发现这一愿望根本不可能实现，我曾尝试提出辞呈，却被强力慰留。

战争的方式是否曾经改变？几乎没有，以海湾战争为典型的现代高科技与高武装冲突或许是个例外。波斯尼亚内战则是一个比较传统的例子；大量平民成为受害目标，士兵所使用的武器主要还是第一次世界大战战场上的类型：步枪、机枪、地雷、迫击炮与野战炮。它们都具有一定的杀伤性，一座老旧的迫击炮和崭新的巡航导弹一样都能够扰乱人们的日常生活作息。有时候当我站在泥淖与充满倒刺的荒废炮台之中，我觉得人类根本没有从历史经验中获得一些教训，而且还忘了一切事实，我们正重演1914年以来的历史，也未能记取1938年的教训，然而其中唯一不同的新要素就是电视。

然而，我们对战争的报导方式却产生了根本的变化，我们将碟形天线架设在几乎靠近前线的地方，战争的悲惨画面透过卫星传送至全世界各地，将我们与这些战争紧密连结在一起。但变化的不只是电视及其卫星天线，我们的工作态度与方式也出现了差异。当我在20世纪60年代中叶刚成为一位战地记者时,我是在许多杰出前辈以及英国广播公司强调超然公正的长久且光荣传统庇荫之下展开采访工作。当时被我视为客观且必要的作业方式,现在则会被称为旁观式的新闻工作(bystanders journalism)。这种报导方式着重于战争情势的分析,例如军事组织、战术、战略以及武器系统,而非以发动战争、抵抗侵略与战争中受苦受难的人们为报导对象(尽管受苦难者绝不是相同的人们)。

现在,我不再坚信客观性这种观念,它对我而言好像某种幻觉与口号。当我在战地或其他地方报导新闻,我会尽量做到公平公正,并仔细审视检验事实,而另一方面,我也会用我的双眼、双耳、观点以及自身所累积的经验,尽管这些方面都是非常主观的。

这并非要与传统新闻工作方式对抗,也不是某种新闻改革运动。后者有其特殊背景,从上世纪的科贝特(William Cobbett)一直到切斯特顿(G. K. Chesterton)、奥韦尔(George Orwell)、皮尔格(John Pilger)以及其他许多人都参与其中,但其主要面对的是具有政治与争议性的文章,而非日常新闻报导,我的资历已经老到有能力区分它们之间的不同。此外,我的经验指出,反抗者与改革者总是试图找出他们所想追寻的东西,却忽略了当中所可能存在的相反证据以及事实本身含混的复杂性。我发现,以相反方向进行思考并找出不受欢迎主张者其背后的观点,是会有一些用处的,不论是南非的白人、北爱尔兰保皇派非正规军或波斯尼亚境内的塞尔维亚人都是如此;在他们身上通常可以找到冲突关键以及可能的解决方案。

与以往过于传统冷静的报导方式相反,我现在相信一种我所谓的投入式的新闻工作(journalism of attachment)。它意味着新闻工作不但要有信息的方面,更要付出一份人文关怀;这也是一种对新闻义务的觉醒;它并不试图站在善与恶、对与错、受害者与压迫者之间的中立地带。但它也并非站在某一边、某一派或某一民族的立场去反对另一方。此观念的重点在于,身为新闻工作者,尤其是最具影响力的电视新闻工作的从业人员,对于世界上所发生的事件,不能只是隔岸观火。我们必须认清,我们就是事件的一部分,而且能够发挥一定的影响力。同时我们也要知道,那股影响力可以往好的方面发展,也可能带来不好的结果。

在我唯一的一本著作中(该书主要谈论波斯尼亚内战及其相关问题),

我引述了一段传自萨拉热窝的故事,我希望那是假的,但我相信不是。① 那是关于一位想要对前线狙击手进行侧写的新闻记者的故事。狙击手是哪一阵线的成员并没有什么差别,因为双方都有狙击手,而且都惧怕对方的狙击手并十分珍视己方的狙击手。那位记者与狙击手的指挥官交涉而得以造访前线,当狙击手由两堆砖块之间向其防御正面凝视,记者问他:"你看到什么?"狙击手回答:"我看见两个人走在街上,你要我射哪一个?"就在此时记者领悟到(但为时已晚),他正在从事一项致人于死的计划,这是他原先所没有考虑到的,所以他要求狙击手别射杀任何一个人,然后就托辞离开。当他离去之际,马上就听到身后原先所待的位置传来两声刺耳的枪声。他猛然回头一看,心中充满疑惑,此时那位狙击手就说:"真可惜,你原先至少可以救其中一个人的命。"

我之所以援引此例,是由于即使在理论或假设的情况下,使新闻记者自诩为中立观察者与目击者的神话破灭了。在战地报导的现实世界中,还有另外一种例子几乎每天都会发生,也就是在战事较为和缓的间刻造访前线时,我们哪一个人没有被士兵问到,是否要他以步枪或机枪扫射,以便让我们拍摄呢?甚至有时候如果我想要的话,一整个105毫米口径的野战炮兵连也可以单为我一人进行全线射击。如果我接受提议,那么我就能向新闻编辑提供当天颇具市场性的报导,不过对所有这一类邀请,我们都应该坚决地说:"不"。

事情果真都是如此运作吗?我实在有点怀疑。很幸运地我能够在英国广播公司任职,尽管工作艰苦,但公司毕竟仍重视诚实文化,其运作也非由追求商业利益极大化所驱策。(但从利益追逐而非诚实与否的观点来看,此处有趣的对比是另一个庞大但却令人不安的机构,亦即路透社。)英国广播公司和我这位新闻前线尖兵之间的观点差异,主要在于像朋友一样,会争执看待事情角度的不同,但并非原则的差异,而争论的议题从何谓"客观"报导到对暴力新闻的检查都有。

战场中同样的差异也存在于前线战士与参谋军官之间。我们看到他们所未能见到的现象,知道他们所未能知悉的事务,我们身处他们所未经历的处境。然而发号施令的却是他们,派遣我们出去的也是他们。这种观点的矛盾性在电视媒体中更加严重,因为近年科技发展已使电视采访触角更加拓展。我们的参谋军官——节目编辑以及电视网经营管理阶层——站在文

---

① Martin Bell, *In Harm's Way*: *Reflections of a War Zone Thug* (London: Hamish Hamilton, 1995).

字与影像信息传递渠道的接收端,他们认为他们看到、知道且身处事件之中。新闻本身带有虚拟实境的色彩,之所以会有这类问题出现,部分原因在于计算机屏幕的大量出现,对新闻记者而言,他们的视野落在眼前的屏幕,而非屏幕之外广大的世界。所以这些屏幕也成了传统意义下的屏幕,框限了人们的观点并滤除了事实真相。

我在1996年11月更加确信这之间的差异,当时我努力试图向柏林的电视新闻观众解说我的"投入式的新闻工作"理论。我受邀(不是由英国广播公司,而是由我在德国电视界的朋友所邀请)参加一个讨论电视新闻伦理的节目;当时我对客观性的限制提出了简要适度的说明。虽然有些出席者是这么认为,但事实上我并没有提出任何革命性的原创主张,我只是说出了目前新闻报导工作中出现的一项转变。我特别指出英国广播公司政策方针中要求记者保持客观与冷静。我再也不能确定"客观"一词所指为何:在报导者与事件的关系之间,我没有看到任何像是客观的事物,反而看到一股属于人性的动态互动过程。至于所谓"冷静"的态度,我认为如果想要在暴行、大屠杀或许多人祸场景中寻求中立观点(或所谓中立性),这不但不可能,同时也不恰当。我在1993年波斯尼亚的阿米奇(Ahmici)时就一点也不冷静,就如同鲍恩(Jeremy Bowen)1991年于巴格达面对被轰炸过后的碉堡时所表现的样子,甚至伟大的丁布尔比(Richard Dimbleby)1945年在贝尔森(Belsen)获得解放之际也没有那么冷静(当时的广播环境限制更多)。

在新闻采访过程中,有时比较激情,有时比较冷静,有时却又是两者并存;我在报导无辜者遭受杀害的新闻时,就不会使用与采访国事访问或花展或报导国会中各党争论一样的语气或方法。

这是一种常识问题,也是一种语气与政策,而非使用语言的问题,因为电视一向不讲究修饰语调与用语。一个冷静的媒体,最好能以轻描淡写的方式响应问题,而且不多作评论,尤其当它能以有力且耸动的画面佐证时更是如此。多余的形容词是不必要的,因为画面本身就是形容词,这种媒体最终可以冷酷到不需要文字。这种想法最后会导致一种最极端的专业理论,那就是沉默的写作。

我在柏林向同行们解释这些观点,当时我受到英国广播公司的一位中层主管所质疑,他公然地将我视为长久以来诚信传统之下的异端以及堕落分子。他将我比做某种教士,这种教士厌倦了长期的单身生活,并打算探讨为长久以来受到否定的感官愉悦(他的措辞实际上更不得体)。随后他以古老且莎士比亚式的传统新闻规范响应我的论证,这种古老传统认为新闻是大自然的一面镜子,或者在此可以说是我们人类世界中各种事件的镜子。

当然这种模拟是错误的,其理由在于,镜子并不会改变其所映照之物,但电视画面则不然,这是明确且必然的区别。这一区别所造成的结果之一,就是新闻(不单指战地以及人祸的采访报导,当然这些情况尤具代表性)并非一种中立且机械化的工作,在某些意义上,它是一项具有道德使命的职业。新闻工作一定会带有对错评价观念,但它时常可能在危险的道德领域上运作,这当中存在某些差别,如同前述记者与狙击手的例子中,这种差别是必须加以注意的。

我相信(我同意这种相信带有一点安慰,甚至是合适的)这种差别大部分是良性的,尤其在电视的例子中。我知道有一些抱持其他观点的反对意见,我也明白当群众刚开始鼓噪骚动时,电视媒体的在场很容易引爆群众情绪。虽然人们坚持他们所认为的事实,但在某些情况中的确是如此。我记得很久以前,有一次在东贝尔法斯特保皇派严重暴动事件中,一位老太太冒着棍棒落石,撑着伞跑到我面前大声指责我拍摄一些未曾发生过的事,她有她的一套认知,我也有我自己的看法:很明显的,我们甚至并非同一事件的目击者。

在20世纪90年代初期的大部分时间,我的职业生涯花在比群众暴动事件更不宜人的环境之中:在那里,所发射的武器更具杀伤力且移动速度更迅速。此处我所形容的一点也不夸张;但在战地工作的那段时间,却让我对电视的影响力做出结论,也就是,即使电视的冲击及影响力逐渐成长,有时电视媒体的出现会比不出现来得好。

以最简单的换俘为例:在波斯尼亚境内的三个民族与武装部队之间,没有什么事情会比交换战俘更难达成。该行动可以突显出各方阵营对彼此的不信任与厌恶感,也可以看出身处巴尔干的人民对人命的价值观。从战争一开始,他们就坚决主张在换俘处一定要有电视媒体在场,以确保另一方会遵守原先的协议。有时候的确有效,但也有失败的场面。不过无论如何,由于电视媒体在场,失败的可能性的确大为减少。

我们将画面拉得更广一点,就会发现卫星时代中只要有电视媒体在场,一些战争罪行就更不容易发生,也更不容易逃避制裁,这是以往黑暗时代很容易就可以掩盖过去的。不过在一些极为残暴的战争场面,如斯雷布雷尼察(Srebrenica)、阿米奇以及乌兹朵尔(Uzdol)地方的大屠杀事件中,电视媒体还是很难达到正面效果;不过在此卫星时代,波斯尼亚内战所带来的诸多教训之一是,军事上的胜利很可能成为政治上的失败。塞尔维亚人面临的就是这种情况,当他们占领萨拉热窝之后,其敌对阵营屡次试图反攻却被击退,而且付出了惨痛代价。但镜头下所呈现的画面,却是塞尔维亚人对平民任意杀戮，这使得他们丧失朋友并陷入孤立。三年半以来，萨拉热窝被炮轰的画面几乎每天都呈现在全世界观众面前，波斯尼亚政府军的反击行动却没有被大家看到，或只是被当成受困人民的自卫行动。塞尔维亚人的案子，在战犯法庭开始辩论前，就已在全球舆论面前败诉了。

当然在这些情况中也会有一堆谎言冲击着媒体；犯下战争罪行的人，会试图掩盖其罪证；电视媒体越来越常发现，其采访工作会受到某种程度的阻碍、遇到某些诱骗手段并可能受到操纵。但真相迟早会大白的，或至少大概经过总有一日会为世人所知，就像斯雷布雷尼察的残酷屠杀事件，在数个月之后还是暴露在世人眼前。因此就历史的长远角度来看，犯下战争罪行的人最后还是必须自食恶果。

同样的情况也出现在滥杀平民这个问题上；大家公认的一点是，电视的出现改变了战争行为及一些进行战争的方式。英国陆军参谋学院已将媒体要素纳入其军事演习课程（对未来军事冲突进行理论预习）之中，当中提到盟军的团结以及军队的战斗意志，可能会因为失败的公共关系而变得薄弱：例如作战时不以敌人油弹集散场为目标却去攻击孤儿院。目前的军事作战中，"附带损害"（这是恐怖的"种族清洗"的委婉说法）会被当成战争胜负的一项决定性因素。虽然我的想法有点背离传统，但我越来越怀疑，如果1945年就有卫星电视，英美两国对德累斯顿以及汉堡两座城市的地毯式轰炸，在政治上是否会被接受，或者盟军会担心由于造成成千上万平民的死亡而遭受控诉？再将时序往前推，1916年索姆河战役的牺牲策略会被重新考虑吗？当时的情形如今是很难想象的。

在我们这个时代，对于电视与外交事务之间的关系已着墨甚多（即所谓"CNN效应"，为了团队荣誉，我将这个名词改为"BBC效应"），除了一些老派的英国外交官之外，目前所有人都接受了这种关联现象。我记得一位美国同行告诉过我一则布什任内一位参谋首长联席会议主席的故事，他是一位细心严谨的人，某次与我那位同行约会时，由于迟到而提出解释，提到由于美国有线电视新闻网（CNN）播放了一些有关库尔德斯坦的新闻画面，于是当局决定修改其库尔德族政策。

英国领导阶层则将这种由新兴媒体带来的压力，视为对其专业智能的无礼挑战。当赫德（Douglas Hurd）担任外相时，他指出谋杀、战争以及强制迁离人民并非什么新鲜事；这些事情时常出现在我们四周。现今状况不同的是，由于电视的影响，这些事件要比以往更为人们所熟悉；因此政客们不得不面对并非他们所选择的议题，而优先应付客厅角落的那个大盒子。赫德先生似乎对"非得做俱乐部"大加挞伐。

他特别以波斯尼亚为例,我想我是他所谓"非得做俱乐部"的创始会员。我发现在此俱乐部的伙伴,要比持相反看法的"不去做俱乐部"较值得尊敬,而且也比较好相处。此外值得一提的是,我并没有公开主张介入波斯尼亚事务(除了有一次,理论上是具有风险的),我也不需要这么做,但大家对我的印象却是如此。但假如因为电视媒体从波斯尼亚传来报导,导致政府采取在其他状况下从来不会采取的行动,帮助了原先不会想去帮助的人们,那么我就不晓得自己有什么需要道歉的地方。至少在联合国涉入调停行动失败并进而撤出维和武力的这一段时间之中,成千上万的生灵得以获救,难道会有人认为这些人的生命不值得拯救吗?

在我看来,这是电视所带来益处多于坏处的另一个案例。但既然我所关心的是电视媒体运作的道德层面,那就有必要对电视或许会带来坏处多过益处的可能倾向提出一些警告。此处我所指的并非商业与卫星频道中以收视率为导向的新闻节目,虽然它的确也是一个严重的问题,我所指的是电视如何呈现现实世界中暴力事件的问题。

这一论证得大费周章。对于战地记者而言,除了到达第一现场之外,什么报导应该呈现以及什么报导不应该呈现的抉择,要比其他报导更为困难。有时候我甚至怀疑是否和军阀打交道会比和编辑沟通还要困难。至少我都是面对面和军阀沟通并了解其立场,我们甚至一同豪饮浓烈的梅子白兰地。但编辑却远在千里之外;他们只会谨慎地注意不要违反规定;我和他们不断商讨我亲眼所见而他们却未经历的拍摄母带画面,而且工作时还要注意那些模糊且时常修改的工作规则。

我发现自己站在这一论证的某个结论之上,但经常是孤单一人。我不相信我应该向观众呈现出我所见到的一切事物,某些暴力画面(例如发生在萨拉热窝街市上的屠杀画面)似乎不应该让公众看到。但对于曾发生过的事件,总应该有一些东西留给人们省思,我们可以透过有说服力的画面暗示那些可怕的事件。否则其他做法就只是将战争当成免费的冒险事业,并将之视为解决彼此间差异的可行方式,那会只是一场看得到士兵射击却见不到他人负伤的游戏,摄影机只拍到子弹射出,却很少看到子弹射进人体。

这种作法在现实世界确实存在,传统上"冷静的"战地记者觉得这种方式可以让他工作较为心安。这种记者不用表现出一副毫不畏缩的样子,因为他们的报导内容,实在也没有什么好令他们担惊受怕的。他们也不用表现出什么慷慨激昂的样子,因为他们根本不关心自己报导的对象。最后所剩为何呢?似乎没有什么邪恶或痛苦之事发生,也没看到流血与灾难画面,好像人类黑暗面不曾存在一样,所呈现的就只是走马灯式而且大家都还能接受的新闻画面。

由此可知我所提出的论证是程度而非原则层面的。但我相信在英国电视媒体中,我们太过退缩了(实际上各国和各电视网程度各异),现在应该是探讨守则重新评估修正的时候了。我们不应再退缩,有时候也应该去面对冲击与不安,我们应该让世界本身尽量如我们所发现的那般呈现在电视画面上,而非以看似品味高尚的检查制度麻醉自己。假如我们并没有退缩,那么或许就应该问问自己是否有为受访对象着想,或者只是抱着漠不关心的态度。就在近几年种族屠杀事件于全球三大洲重现之际,我们应该提醒自己,这些违反人道的罪行是否有一些帮凶:不单指那些怀抱怨恨犯下罪行的人,更包括抱持漠不关心态度任由罪行发生的人。

我有一位朋友是一位长期派驻于波斯尼亚的士兵,他就责怪我对波斯尼亚内战投入太多心力了。当他看到我在工作时就会对我说:"没错,我现在还是使用打字机,因为打字机使我保持诚实的态度!"或许他是对的,让记者离开战场要比让战场离开记者来得容易。然而士兵自己也会深受其战场见闻影响和改变,但也不会因此而当不成士兵,我们和他们都是经过战场磨练的老兵。

这些是我认为应较平常更受关注的议题。我们应该如同许多具有影响力的媒体所做的,对媒体造成的结果漠不关心吗?所谓的客观性真的有可能吗?不让民众失望是我们应该遵守的命令之一吗?我们的信念到底是什么?我们所夸耀的媒体科技,其最终目的是什么?那些对事件采取隔岸观火的媒体,有什么理由要求其从业人员在工作时关闭同情怜悯之心?

这种作法在历史上也有例可循,就在20世纪,一位军事领导人就曾要求其手下将领,在执行命令时关闭其同情怜悯之心,但他的成功却只是一时的,他就是希特勒!

# 3

# 客观、公正与合乎道德的新闻工作

## 绪 言

23　　一般人对新闻都有一种预设：为了达到对时事的客观报导或分析，保持公正立场是媒体所必须具备的基本义务。当然，新闻特写或论坛节目并不需要负担这一责任，但这里我并不想谈及这类议题，而将焦点摆在新闻报导、新闻调查或时事节目。公正与客观之所以会被预设为媒体的责任，起源于在一般人的认知中，媒体是非正式的第四权（forth estate）。[①]媒体所必须完成的功能之一，即是适当地报导并评估可能会影响我们这些社会成员生活运作的事件。因此，举例而言，媒体就必须告诉我们一些重要的政治事件、犯罪行为、社会事件、贪污腐败与不道德的伪善行为。可见对这些议题的适当报导，似乎意味着媒体在报导上必须采取公正的方式，以获得事件的真相并将之呈现出来。这正好足以解释新闻记者何以如此地珍视公正性这一名声。因此批评一位记者带有偏见，等于是严重地质疑其新闻报导的完整性，因为这是在指责新闻记者有意无意地忽略应尽的责任，也就是以尊重事实的方法达成新闻工作的真正目的。因此当英国广播公司政治记者鲁滨逊（Nick Robinson）听闻工党媒体经理散布谣言说他的报导别有政治动机与企图时，他的响应是："我在英国广播公司担任了十年的新闻记者，没有人曾

---

[①] 参见 Matthew Kieran, *Media Ethics: A Philosophical Approach* (Westport, CT: Praeger, 1997), ch. 2, and John Locke's *A Letter Concerning Toleration* (New York: Prometheus, 1990)，当中提到公民有需要知道他们是如何被政府管理，以便有能力对可能影响其利益的权力行使者的言行进行判断。

说过我立场偏颇，如果有人指责我，我会追究到底。"①

然而在文化、媒体甚至新闻研究之中，却愈趋忽略客观性的诉求。可恶的是当海湾战争爆发时，鲍德里亚(Baudrillard)就指责那场战争只不过是一个媒体事件。② 在同样的心情下，格拉瑟(Glasser)认为，新闻记者所努力争取的客观性，错误地建立在"天真的世界经验观、事实与价值分离的观点以及以为只有单一事实(指经验事实)存在的信念"③。当然，如果仔细地追究就会发现，这些想法很明显都是错误的，有一些事实可以被忠实地报导出来，例如海湾战争的确发生过，任何指称这场战争没有发生过的新闻，很显然地就是个错误。然而我们可以用比较有趣的方式分析上述看法，此类看法的基本观念是：新闻事件不可避免地会产生许多不同的合理报导，而这些报导内容并不能被归纳整合为一则完整且一致的报导。之所以会造成这种现象，是由于新闻报导必然诉诸于个人对某些基本道德、社会与政治原则的观点，然而这些原则自身无法以开放辩论的方式求得一致性看法，而且它们被预设为无法接受批判性的质疑。④ 主张这一论调的人，可能是由于他相信个人所具有的基本信念其实是一种意识形态，因此会被我们所身处的社会经济结构或论述所决定，然而我相信这些假设是错误的，但我并不打算于此处加以检验。⑤ 我们可以由罗蒂(Richard Rorty)的著作中导出支持这一立场的较有趣论证。该论证的想法是，因为我们的基本信念与价值观是难以预料的，所以并没有办法透过理性赋予其正当性：

> 当我们想到存在于所谓"符应世界"的某些关系……语汇整体保有或欠缺这些关系，我们就应该跟着传统哲学追问：当语汇拥有

---

① 引自1996年英国广播公司"新闻透视"节目对政治发言人与媒体问题的探讨内容。
② Jean Baudrillard, 'The Reality Gulf', *Guardian*, 11 January 1991.
③ Theodore L. Glasser, 'Objectivity and News Bias', in Elliot D. Cohen (ed.) *Philosophical Issues in Journalism* (New York: Oxford University Press, 1992), p. 183.
④ 参见 Richard Rorty, *Contingency, Irony and Solidarity* (Cambridge: Cambridge University Press, 1989), Paul Ricoeur, *Hermeneutics and the Human Sciences*, trans. J. B. Thompson (Cambridge: Cambridge University Press, 1981), Gaye Tuchman, *Making News: A Study in the Construction of Reality* (New York: Free Press, 1978), Andrew Edgar, 'Objectivity, bias and truth', in A. Belsey and R. Chadwick (eds) *Ethical Issues in Journalism and the Media* (London: Routledge, 1992), pp. 112—29, and John Fiske, *Media Matters* (Minneapolis, MN: University of Minnesota Press, 1994), pp. 125—90.
⑤ 反对这种看法的论点参见 Matthew Kieran, 'News reporting and the ideological presumption', *Journal of Communication*, 47/2 (1997), pp. 79—96.

这些我们所期待的特征时,到底可以用什么判准来决定之。但最后如果我们同意,真实面其实有别于我们对之所进行的描述……那么我们至少应该能够理解罗马人的看法:真理是被创造而非被发现,以及真理是语言词句的特性。①

## 诠释的主观性

新闻本质上是充满价值判断的,因此如果新闻记者在从事报导时预设了某些基本价值,那么任何事件都可以借由不同的词句进行许多再叙述。因此,人们寻求正当理由以证明其中一种新闻报导优于其他报导,是没有意义的。因为这种看法认为新闻叙述是一种充满诠释的过程,而且诠释本身具有其价值取向,因此任何事件本身就面对着许多诠释的可能性,这些诠释也是有不同种类的价值关怀与诉求。在这种观点之下,当新闻记者主张追求对事务状态进行"正确"的叙述、诠释与评价,根本就是误入歧途。在媒体分析中,对客观性的批判之所以如此铿锵有力,是由于它明显地掌握这项新闻工作本身未曾被反思过的性质。因为在不同的报纸、广播新闻记者和故事之间,我们似乎都对同一事件出现观点歧异的报导,换言之,事件的性质部分被认为是根据诠释者的角度来决定的。

请进一步思考以下的例子,当 1994 年 8 月 30 日北爱尔兰各方宣布停火之际,很明显地在许多新闻报导中都强调了停火象征着和平进程的曙光。就在那一天,路透社摄影记者罗德韦尔(Crispin Rodwell),奉派前往捕捉这个令人充满希望之消息画面。他花了一些时间在北爱尔兰首府贝尔法斯特(Belfast)四处晃晃时,在一个偶然的机会下看到一句鲜明的标语:"和平来临,是该滚的时候了!"接着他就在有人路过的时候拍下了该标语。当他按下快门时,一个小男孩正好对墙玩球,也就被他巧妙地捕捉入镜(参见图 3.1)。之后他将一批照片寄给路透社,当然也包括了那幅站在标语前的男孩的相片。重点是,罗德韦尔将相片加以修剪,把标语的后半部"是该滚的时候了"删掉了。路透社的执行编辑打电话给罗德韦尔,以便确认照片并没有经过任何人为设计,例如付钱请人漆上标语。确定没有问题之后,路透社就向全世界发出新闻稿,然后那张相片成为报纸竞相采用的主要图片,与停火报导一同出现在大部分英国报纸的头版上。

当然,现在不管人们如何诠释图片及其用途,在最低层面上该画面所呈

---

① Rorty, *Contingency, Irony and Solidarity*, pp. 6—7.

现的事实的确存在。标语的确曾被涂在墙壁上,也的确有一个男孩对着墙壁玩球。但是我们发现,这种最低限度的叙述可以由不同的方式加以诠释与评估。由此可见,一般记者们恐怕并不怎么急于追求对事实的理性评估与报导,而宁愿根据相关阅听人的口味,对同一事件进行不同的诠释与评估。

此处重点在于,如同罗德韦尔与路透社执行编辑心里清楚知道的,"和平来临,是该滚的时候了"是爱尔兰共和党所常用的一句标语;在这一事件的脉络中,它等于"英格兰人滚蛋"这一类句子。该标语坚决主张如果想要有和平,英国部队必须撤出北爱尔兰。但图片经过修剪及其后续的安排使用之后,却成为用来报导停火的头条新闻,对北爱尔兰与大不列颠其两者而言,修改过后的标语都象征着某种希望,即停火可以带来永久的和平。根据使用者的某种巧妙安排,完全相同的一句标语似乎出现了不同的诠释与评价。在这种观点之下,没有任何一种诠释是"唯一"正确的诠释,因为两种诠释都能诉诸于图像的客观面貌以及基本信念或评价诉求,然而,其意义却似乎根据其用途与所处环境脉络而决定。所以我们会认为,图像画面以及一般事件的意义,是根据报导者的诠释与评价诉求所建构。

图 3.1

为了正确理解此处所提出的主张,有一些说明是很重要的,亦即我们不应将这一主张与一种知识论上较为薄弱的看法相混淆:虽然存在事实的真相,但在如何诠释与评估事件上,我们并没有办法知道什么是真相。例如在波斯尼亚内战中，交战双方对于大屠杀事件各有相对立的说法，但媒体常常没有办法查出那些事件是否真的发生。但理论上我们可以假定存在着事实的真相：在斯雷布雷尼察或许曾发生，也或许未曾发生过大屠杀。同样地，我们可能无法确定电视上日渐增加的暴力画面，是否跟社会上与日俱增的暴力事件间存在着因果关联，这可能是因为存在许多其他的事实、变量与多重原因，使研究者无法以任何方式对事实提出证明。然而我们却可以假设，所谓事实的真相是存在的，只不过我们不能确定它是什么。

但对客观性的批判所蕴含的主张却远甚于此。事件显然是客观地独立于我们之外，所以对它们所进行的最低限度叙述应该不会有所虚假。但此处的看法却认为，我们如何诠释图像与事件，以及分析其意义，是要根据我们面对事件时所抱持的一些类目、诠释架构与评价诉求而来的。因此之故，罗德韦尔所拍摄之相片的意义，是要根据其所位处的概念脉络与架构来决定。当然，根据最低限度的叙述，针对不同可能性的诠释与评价所呈现的一致性、融贯性与妥当性，我们还是可以对其进行评估。只要是基于不同基本信念与评价诉求而产生诠释上的歧异，就会有僵持不下的争论。

## 评价的主观性

这种争论是无法解决的，因其并不存在任何一种道德中立之立场，可以公正地衡量与评估任何一组明确的基本价值诉求。因此一旦新闻媒体在采访报导过程中，在一些基本观点上出现了相抵触矛盾之处，就会出现无法解决的争论。所以（根据罗蒂的看法）只要我们认知到"任何事情都可以透过重新叙述而呈现出好或坏的样子"，我们就应该放弃"在基本语汇之间形成选择判准"以及扮演毫不留情的批评者的企图。[①] 在这种观点下，我们应该理解到所谓"事实的真相"，其实是相对于人们内心所预设的基本价值诉求。

如果我们了解这种观点，那么当新闻媒体报导常常对于哪些事实比较重要，以及为何那些事实比较重要意见相左时，我们也就不必讶异了。请想想美国媒体对于辛普森案的报导就可以明白了。除了媒体随着司法过程在报导焦点上所呈现的起伏之外，当由不同的人报导该案件，就会出现显著的不同。主流媒体所关心的是辛普森最初被逮捕时的处境，关心他是否受到合乎其巨星地位的对待，以及有哪些情况证据。相对地，由黑人所掌控的媒体则将焦点放在案例中可能出现的种族观点，以及辛普森是否曾因其肤色

---

① ibid., p. 73.

及巨星地位而遭受起诉。另一方面，女性媒体则花比较多功夫在叙述殴妻问题。可见同一事件可以产生许多差异但却合理的新闻报导，而且这些报导还不能透过更高阶的诠释原则进行有意义的比较，因为新闻报导中所出现的极端歧见，只是反映出人们所关心的一些基本的利益与价值观。

假如对客观性的批评是妥当的，那么显然它会对新闻报导的本质与实践产生根本的影响。适当的新闻是以对当下事件的合理叙述以及诠释为目标，因此记者报导新闻之目的应该是说服阅听人，以便使他所呈现的叙述与诠释是合理且适当的。但在上述观点下，所谓的适当性是相对于某些基本信念与价值诉求而来的，所以我们无法区别事件的报导内容，到底是源自于信念的运作，抑或只是一些非理性诉求。就算我们可以根据我们所具有的一些基本价值诉求，去区别理性与非理性的说服形式，但终极而言，我们之所以会赞同某种信念与价值观，却是一件偶然的事件。因此罗蒂观点下的新闻记者会是一种

> 满足下列三条件的人：(1) 她对自己所使用的语汇抱持彻底且持续的怀疑，因为她对其他语汇印象深刻，亦即一些她周遭的人或书籍把那些语汇视为具有终极性；(2) 她理解到她以目前所使用之语汇所表达的论证，既不能赞同也无法解除怀疑；(3) 就她对自己的处境之思索来看，她并不认为自己所使用的语汇会比其他人更接近事实。①

罗蒂式的新闻记者认知到他们所主张的基本价值与语汇所具有的暂时性性质，因此他们极力主张，所谓道德与不道德的新闻报导，会由于它们所根据的价值诉求而不具有必然性，所以它们之间的区别完全是任意而为的，同时也是一种幻觉。因此事实上，他们并没有办法致力于传达世界上各种事务的"唯一"真理，而只能够强烈怀疑任何新闻报导的有效性，甚至包括他们自己所发出的报导。当我们谴责某则新闻报导作假或不恰当，其目的只是要呈现出，我们并未共享新闻背后所蕴含的价值观，而非想要指出那则新闻报导并不符合事实。在这种说明之下，所有的新闻报导都必然是偶然且充满偏见的。因此，假如客观性作为一种原则，是不可能存在的，所以不管在哪一种意义下，都不可能要求新闻媒体尽到客观义务。

---

① ibid.

## 对于诠释的客观限制

无论如何,对客观性的批评虽然看似言之成理,但我们仍有足够理由认为它是有瑕疵的。让我们再思索罗德韦尔那张有"和平来临,是该滚的时候了"那句标语的相片。在进一步反省之前,我们可以先扪心自问,为什么我们会认为媒体以某种特殊方式处理那张相片并无任何不妥。毕竟一般人都晓得,如果那句标语意含某种特殊意义,而且大家也都可以在一定的背景下理解那句标语的意义,但如果根据不同的意义使用它,那的确就是错误地呈现该标语。我记得当我还年轻的时候,曾经读过杰·麦金纳尼(Jay McInerney)的一部小说《灿烂不夜城》(*Bright Lights Big City*),书中描写纽约雅皮士的艺文风尚与都市夜生活。在整部小说中,主角常常留连忘返于俱乐部的休息室(restroom);当时我还认为纽约的俱乐部非常文明,会设计一些让人们可以暂时远离嘈杂音乐而休息的小房间,而且可以在里面闲聊以及嗑药。直到数年后我有机会亲自去一趟美国,当我在机场到处找洗手间(toilet)时,很惊讶地发现原来"休息室"就是"洗手间"。此处的重点在于,虽然小说中的文字会让我产生自己的诠释,但这只是因为我不具有相关背景知识才会如此。一旦我拥有相关的背景知识,就不会误认文字本身的语义。相同地,如果读者将罗德韦尔相片中的标语解释为单纯停火的意义,那么就是缺乏这则标语所意图表达的意义背后所预设的相关知识背景。标语的意义本身其实并没有被改变,而应该说是透过新的情境与用途而被错误地呈现。但是意义不能够单纯地化约为某种用途,因为我们可能错误地使用与诠释某事物的意义,不管是出自于我们缺乏对背景的适当理解,抑或由于我们误解了用以界定概念或语词使用时所预设的一些支配规则。

当然,有些人会认为,图像如何被表达是由其背景与用途所界定。即使标语本身明确地表达"英国人滚出去"的意思,然而男孩在"和平来临"句子前面玩球的图像,似乎的确表达了当时许多人对和平进程的希望。但有一点很重要的是,事物本身的意义与它被用来表达什么观点,两者间是有差别的。很清楚地,这种用法并没有改变标语本身的意义,而只是被改编以反映报纸读者的期待。在1994年1月的一场餐后演说前,英国首相梅杰用手撑着头思考其演说内容。对于梅杰之动作的正确诠释,关键在于他的行为意图是什么,但他摆出那种姿势的相片,却被媒体用来表达一般人所认知的:他以及他的政府正陷入困境之中。事件的重现可以被用来表达一般人的看法、期待与担忧,但在这种使用方式之下,被修改过后的相片不应该被理解为对于事件本身性质的诠释与评价。如果将罗德韦尔对于相片的处理,当作是要传达该标语本身所具备的意义,那么就是误解了它的用途。标语的意义以及对它的适当诠释,在人们可以对之误解或错误呈现的前提之下,都是属于客观性的问题。的确,有人可能认为像"和平来临,是该滚的时候了"这种图像的使用方式,并没有在停火的时候被大量使用,人们也理解到那张相片也只不过是一种情感表达,而非真的完全根据其所包含的意义而来,因此英国公众也不会因为这样就天真地对停火怀抱期待。

罗蒂对客观性的批评,错误地将所有新闻工作化约为一种宣传机器。将新闻当成一种宣传机器,等于是对严肃新闻工作的曲解。如同我们在前苏联新闻史中所看到的,国家宣传机器是根据一些被禁止公开批判修正的基本预设与价值观,将事实加以遮掩。① 因此就算某项宣传报导的确符合事实,它也不能构成一种合乎道德的新闻,因为在这种状况中,真相只是被用来作为宣扬那些预设价值观的附带性工具。宣传家就算不必去说谎,但也不会如同新闻记者一般,信奉以尊重真相为报导方式之方法于新闻事业。真相这一观念,是新闻报导本身以某种方式所构成,它很自然而然但却邪恶地帮助我们思考出,所有新闻都是一种修辞学:唯一的问题就是谁的用字遣词最有力量。根据罗蒂的观点,不管是哪一种新闻报导类型胜出,都会以其自身所呈现的样貌重制事实:这使我们回想起奥威尔《一九八四》(*Nineteen Eighty-Four*)一书中令人不寒而栗的想法。

但这种想法只是令人不寒而栗,因为人们所被告知以及相信的话语与事实之间存在有一段距离(罗蒂,真是抱歉)。《一九八四》中的事实是,报导指出巧克力配给已经提高,然而实际上却非如此。在一般常识中,我们可以根据以非独断的方法所获得的理性基础,在合乎道德与不合乎道德的新闻报导之间画出一道界线。因为我们将新闻媒体理解为致力于报导真相,所以在非理性的说服工具与理性的说服工具之间产生了某种区别。由不同信念与价值观所驱策的新闻报导之间,可能存在着根本差异,这件事实并不表示所有报导内容都是妥当的。当然,不同的新闻报导可能会注意到事件的不同层面,因为他们必须向不同的阅听人与利益相关人士报导。但即使是向不同利益相关人士呈现的新闻报导,都应该报导之所以使该事件成为新闻的一些重要事实方面。因此我们有时确实可以批评新闻报导未能注意到事件中一些重要的事实与议题,反而以一些外围报导转移了读者的注意力。新闻报导与事件分析可能出现不同的强调重点,这一事实最多只能显示出

---

① 参见 Brian McNair, *Glasnost, Perestroika and the Soviet Media* (London: Routledge, 1991).

新闻情节可以合理地陈述给不同族群中的社会利益团体。然而在罗蒂对客观性的批评之中，由于他认为我们对事件的诠释不可能会产生错误（因此排除了对媒体进行实质批判的可能性），所以在本质上是有瑕疵的。

## 对于评价的客观限制

新闻报导中常常发生相左之处，是因为记者对于新闻内容的主要构成要素到底是什么、情节应如何报导以及公众所应注意的焦点是什么等问题产生歧见。新闻工作本身的目的，是要将与公众利益息息相关的新闻告知公众，这并没有什么好争辩的，同时，采访过程中所产生的歧见正好反映了社会价值与诉求的歧异性，这也不必过于惊讶。但不曾有新闻媒体（包括最激进的新闻媒体），会去争论什么是他们所追求之适当的新闻报导与分析。唯有认清新闻的内在目标，我们才能够有意义地宣称，某些新闻报导可能是错误的，或者其所突显的焦点或论调有不妥之处。

此处必须强调的是，一则事件的事实与情节，是独立于新闻报导及其基本诉求之外的。因此任何报导必须尝试对其所追查采访的事件之事实仔细斟酌。新闻报导是一种诊断性工作，记者们试图找出事件的本质，以及可能隐藏于其背后的原因，同时它也具有一种规范特质，因为记者们会尝试指出事件的意义所在，甚至有时候还会提出预防之道。当然，有些新闻可能只是对某些例行事件的报导，或者只是从新闻媒体自身道德角色所产生的新闻。但由这一点并无法导出，新闻报导完全是由不能加以批判分析的基本价值观所决定，应该说，我们用来衡量新闻报导价值的标准，在于新闻是否能够符合事实，以及理性上的一致性、合理性与解释性等德行。

让我们回到辛普森案的新闻报导上，各种报导所出现的歧异现象，应该被理解为对案例不同层面的强调，否则如果每个媒体都认为自己所报导的内容就是最适当且完整的叙述，那么他们就出现了矛盾。因此虽然被黑人所掌控的媒体在本案中较强调种族议题，但也不必否定或避谈辛普森有罪或无罪的问题。无论如何，当报导出现冲突，每个媒体都会说其他媒体的报导不合事实，充满误解或偏见。这些相左之处基本上可以援引报导中已知的事实与证据、消息来源的可靠性以及推论的一致性、相符性与合理性来测试。因此新闻记者的责任包括：厘清消息来源的性质，提供报导所根据的证据，厘清当中的原因、相关信仰背景与关键人物的可能动机。如此一来，公众就能够有比较明确的根据，来判断新闻报导是否客观呈现事实，亦即是否根据对事实进行公正评价，并对公众所关心的事件进行适当的叙述。

架构新闻记者报导内容的新闻情节,其组成要素是固定的(我们可以将要素由一编到十二)。一则新闻报导及其蕴含的主张,可以透过事件本身的时间表、相关人物的动机与性质、消息来源性质以及报导中所蕴含的历史背景、价值规范与信念来衡量其对或错,也因此我们才能够合理地指出某则报导是错误的。所以新闻报导对于同一事件所呈现的极端歧异,只不过是一种表象。的确,除了令大家印象深刻的辛普森案这一件不寻常的案例外,大部分新闻事件的报导内容(除了某些新闻特写),它们的分歧并不大。一则详细完整的新闻报导,如果未被时间紧迫性、生产限制与不同相关利益群体所困扰,就有可能借由全面且整合性的报导,解释为什么不同的采访报导会出现。

当然,这仍然容许不同报导可以是合乎情理的。因为我们可能对相同情节的不同层面感到兴趣,譬如辛普森案中的种族议题(要素一至要素四),只是构成新闻情节中的某个片断。虽然不同的合理报导所强调的重点与论调可能有所差异,例如辛普森案的新闻报导,然而在所采用的层面上都可以是正确的。他们所报导的可能是正确的,但却没有提到事件情节的其他相关方面,例如辛普森有罪与否、殴打妻子或其真正人格问题(要素五至要素十二),由此可见,他们的报导都并非完整的报导。这些不完整的报导可以根据某些原则加以组织,然后形成完整的单一报导。因此至少在理论上,我们可以掌握住事件的来龙去脉,而此唯一的事实包括不同关怀层面所指涉的各个情节,记者在报导时可以各自选择其注意焦点。许多不同却正确的报导,肇因于报导本身的不完整性,它们都可以被包含在一个根据经验而来但至少融贯且全面性的报导之中。由此看来,各种不同的合理报导,在本质上并非完全就是具有歧异的诠释结果,而可能只是对同一个正确的报导,各自出现了不完整的描绘。

我必须强调一件很重要的事情,我并不认为一旦对事实获得清楚的了解,就必然足以产生对相关事务状态的正确解释与评价。假定我们对事实的理解,必然是由自己的诠释与评价框架所居间促成,那么就无法仅由事件的事实决定报导的正确与否。然而,很明白地我们能够且应该批判性地检验相关事实,检验对之深思熟虑过后产生的判断,以及我们诠释与评价所使用的一般原则。因为我们对事实的分析、判断甚至诠释与评价所根据的一般原则,都有可能产生不一致或不融贯的结果。在运用自己的诠释与评价原则时,我们可以同时借由其他人的诠释与评价原则,来检验我们自身的判断结果。这种均衡的反思过程,使我们能够达到某种目标,也就是说,我们再三推敲过后所获得的判断,能与我们深思熟虑的诠释与评价原则取得融贯性。① 在这种境界中,新闻报导才有可能以一致、融贯并具有阐发性的方式,去解释相关事实的真相以及它们之间的关系。的确,这个过程能够帮助报导者去解释,为什么其他看法是有问题的。但现在可能也有一种状况,就是透过这一过程,也未必能对相同报导达成某些共同的看法。但这只是让我们得以体认,客观性并不必然保证达致趋同性;有可能在提出所有的相关事实并进行批判反省之后,同一事件仍然可以合理地允许出现超过一种以上可能的评价,而且各种可能的评价以其自身的观点来看,都是一致的、互相融贯的且具有阐发性的,因此合理的歧见仍然会产生。尽管如此,各种新闻报导仍可以拥有相当程度的客观,更可能存在着一种正确的新闻报导。即正确以及完整的报导,并能够明确说明那些合理且以理性为基础的新闻衡量结果。

这并不是说新闻记者在其报导中,总是必须掌握事件情节的完整性,或不断尝试达成这一目标。由于新闻工作的本质,亦即迅速获得事件之信息,必然是一种以时效与生产为导向的事业,除了对事件来龙去脉进行大致上的描绘之外,我们别无期待。但有一点很重要的是,理解事件真相之过程中所产生的实践上的困难,不能和罗蒂要我们相信的错误主张(本质上并没有所谓真相)混淆在一起。这种主张危险地将事实与想象混同:认为新闻只为政府利益、公众人物、商人以及有权有势者服务。

没错,如同罗蒂所提出的,我们并不能毫无根据地进行推论。然而不能毫无根据地进行推论的这一项事实,并不能导引出一些基本信念与新闻报导不能够被理性地评估这样的主张。在任何一定的时间之中,某些信念与假设必然是确定的,否则新闻工作就没有办法进行,新闻报导也会冗长沉闷。但这些假设与信念可以借由我们持有的其他信念与价值观加以检验,因此靠着推论,可以在基本价值诉求与新闻情节的报导之间产生一些变化。所以越战期间的美国媒体,重新评估且修正了他们的评价诉求,由原先对联邦政策未经批判性的接受,转变成时常对政府提出不友善的报导。② 以我们身处的英国来看,20世纪90年代中期被掩饰的疯牛病事件就是一例,由于各种证据与研究日渐增加,新闻记者们由原先将人类可能受其传染的警告视为胡言乱语,转变为积极谈论人类可能面临的灾难。新闻报导中对于一致性、融贯性、简单性与具有阐发性说明的追求,可以自某处展开,但这并不表示信念与价值是不能被批判的。

---

① John Rawls, *A Theory of Justice* (Oxford: Oxford University Press, 1972), pp. 48—51.
② 参见 Stanley Karnow, *Vietnam: A History* (New York: Viking Press, 1983).

## 客观性、公正性与有道德的新闻工作

这种看法并不是认为具争议性的议题很容易就可以获得解决。例如，辛普森案直到稍晚的时候，才让许多人认为种族因素在此事件中其实很重要。它是一则高度复杂的新闻事件，但这肇因于人类本身所拥有的复杂性质，而非我们所假定的，蕴含在不同新闻议题中的基本价值与诉求间的不兼容性。换言之，在意见相左的新闻报导案例中，我们可能无法知道哪一则才是最精确的，我们可能仍对相关事实维持无知状态，但这只是一种知识论上的问题，亦即一种我们是否能够找出事件真相的问题，它并没有触及新闻记者所试图合理追求的事件真相是否存在的问题。

当然，对于如何报导事件可以有不同的看法。例如在海湾战争的采访报导上，报导者应该和军队一起行动，还是像菲斯克（Robert Fisk）一样，独立进行采访工作？新闻记者拥有不同的技术、策略以及方法来挖掘事件真相，而且如果没有其他诱因，他们会被新闻工作的方式与目的所左右。同样地，在更广泛的制度层次上，一些备受尊敬的大报所从事的深度采访，和一些街头小报对富豪与知名人士的报导，均各有其不同的强调重点。不过虽然新闻记者在报导事件时，必须集中心思于其自己对事件的理解、假设与价值，但并不能由此推论出，对世界极端不同但却都正确的解释是存在的。以《星期日泰晤士报》（Sunday Times）对富特（Michael Foot）间谍疑案的报导为例①，《星期日泰晤士报》所"发现"的事实是：富特曾会见过 KGB 人员，并担任苏联间谍。很明显地，《星期日泰晤士报》自身的利益、企图与偏见诱导着报导者对眼前事实的认知，但我们并不认为富特的行径在诠释上拥有多种可能性，而会认为这个案例中的事实——以何种方式接触富特本人，他行径如何，其动机如何——界定了应该如何报导其行为的方法。不同于小说，新闻存在着事实的真相，而这也是新闻工作所追求的客观性。所以，新闻记者如何报导一则新闻，与该事件的真相如何，两者之间是有区别的。因此，单单基于新闻记者的偏见、利益或新闻议题去分析新闻事件，不仅不合理，而且不道德。所以在富特的案例中，我们应该谴责《星期日泰晤士报》，不仅因为其报导错误，更因为他们毫不尊重新闻工作所追求的客观性，且不顾新闻工作所应挖掘的真相，放任其臆测与杜撰情节的渴望。正因为我们能够

---

① 'KGB: Michael Foot was our agent', *Sunday Times*, 19 February 1995, 为此富特遭受实质伤害并于稍后获得该报书面致歉。

也应该了解，新闻工作的目的在于客观地报导事务状态，因此我们有理由相信，我们可以批评摆明不以此为目标的新闻媒体，或那些由于缺乏严肃批判性评估而无法实现此目标的报导。

当然，在体认到新闻工作内在目标的不同层面之后，我们不应该忘记一点，在传达公众所关心的利益时，还是存在不同的方法。就某些方面而言，这就说明了为什么新闻这个行业比较近似于艺术而非科学。尽管如此，新闻工作仍如同科学一样，是一种指向真理的工作，而且我们会根据这一基本目标评判新闻报导的良窳。合乎道德的新闻报导，其目的在于透过有助彰显真相的方法发现真相，并协助阅听人理解事件真相。公正的重要性就在这里。因为一位新闻记者意图对个别事件与当事人提出评价，或判定为何事件会发生，以及其实际或潜在意义如何时，必须以公正为其目标。新闻工作中若没有办法达到公正，就等于不尊重新闻工作目标所要求的一种方法：获取事件的真相。

相对地，不道德的新闻工作完全忽略真相，且不尊重这一项有助真相彰显的行业。《星期日泰晤士报》对富特一事的报导是否不合道德，不仅要看它是否为不实，更要看其调查工作与方法使用上是否妥当。假如是以臆测当作事实，或者其调查工作与方法过于拙劣，那么就等于放弃有助彰显真理的方法，使得真理不可能被寻获。诚实、纪律与公正是一位有道德的新闻记者所必备的。相信罗蒂对客观性的批判可能带来危险，不仅理论上如此，具体事实上亦然。在他的观点里，新闻报导远离对真相的追求，并放任事件透过许多方法被诠释，包括偏见、臆测、新闻议程或以娱乐为导向的商业诱因，而且新闻工作所应保有的合理正当理由与自我反思原则也荡然无存。借由体认新闻工作的内在目的，亦即告知公众世界上所发生的显著事件，新闻工作的明了性与合理性才有可能出现，而此目的的完成，必须有赖新闻记者致力于追求公正及客观。

# 4

# 欺骗的问题

## 公然指责的乐趣

犬儒主义(cynicism)有其特殊的道德观。犬儒主义者这类道德家和我们其他人一样,常常看起来一副道貌岸然的模样。他们常觉得有义务去揭穿他人伪善的面具:也就是指出我们的理想与实践之间所存在的巨大鸿沟。想要找出这些鸿沟并没有什么困难,它们几乎无所不在。那是因为大部分的改革者仍是人类,其言行常常很轻易地就会被证明为前后矛盾。他们迟早会被发现正在容忍一些事实上不应被容忍的事物,因为不管从哪一个观点来看,我们总是能够找到事物可被攻击的层面。

因此,19世纪初期,英国一些主张附和废除美国黑奴制度的人,他们就被指责为伪善,因为他们忽略了其他可能有更悲惨遭遇的对象。奴隶制度的拥护者,譬如卡莱尔(Carlyle),他就质疑为何赞成废止者没有注意到他们住家附近工厂的工人过着奴隶般的生活。以最近的例子来看,在种族隔离制度的问题上,也出现同样的响应方式,例如南非政府的发言人就指出,那些批评南非的人士,为什么可以允许他们自己国家内有不人道的情形出现,并且质疑为什么那些批评者不管好自家事,先将自家的后院打扫干净。

这种反击方式有其几分道理,但也有其狡猾的成分。他们提出的结论是:那些爱批评的外界人士,除非自身没有任何可非议之处,否则就是伪善。此结论似乎过于简化,就像对丢出第一个石头的反对态度一样,是强烈且真实的,但在此处却不太适用。

在是否要向红杏出墙妇人投石之例子中,耶稣提到了如果想要惩罚一个人的过错,必须先满足哪些条件。① 一个人如果想要惩罚他人,必须本身是无可指责的,而且确实获得适当授权。但假如我们在允许人们去对抗目前正在进行的恶行(例如奴隶制度与种族隔离)之前,要求同样的条件,那么对抗将会成为不可能的事。同时在实践上,几乎没有任何人拥有一双干净的手,可以完全毫无顾忌地向其他人丢石头。

问题是,在道德的光谱中,我们到底希望伪善的这类议题有多重要?这不能以如同文学作品中的答尔丢失(Tartuffe)②与佩克斯列夫先生(Mr. Pecksniff)③一般过于简化的方式来看待。这种明显图谋不轨的反派人物的确存在,但却非常少见,然而我们在日常生活中所遇见的伪善问题,不能简化为这种极端角色,最好从一般人性中令人难以相信的复杂性着手。

我们可以理解到,当伪善被当成一种很容易就能够被揭露的对象时,新闻记者以及一般媒体会有多么地见猎心喜。伪善的典型是:某人声称基于高贵且公开宣布的动机从事某种作为,但事实上其动机不但毫不光明正大,同时更被掩饰而不为人知,因此我们可以抓住任何可能的额外理由来加以揭露。所以如同斯诺笛(Raymond Snoddy)所指出的,由于这种动机的嫌疑,导致《星期日邮报》(*Mail on Sunday*)可以在博顿利(Peter Bottomley)尝试协助一位社工之后,刊登其性倾向这种毫不相干的新闻④。

许多新闻内容,从政治专访到新闻调查,都会关注到有关伪善的细节。这种动机之所以被激发,一般认为是由于人类内心总是隐藏一股想要揭露伪善的强烈驱力。然而很令人好奇的巧合是,许多可能存在的外在动机却很少被探究,而它们可能才是比较有趣而且重要的。相反地,一些引人入胜的私人动机反而会一直被注意,尤其是关于性的话题。例如在最近几年,许多这一类的话题被用来攻击查尔斯王子的婚姻生活,批判者将他私生活中的缺点与他在公共事务上的表现加以对比,然而这一连串的攻击本身是否也有点伪善呢?

测试这一问题的最好方法,就是询问相关新闻记者甚至是报社的所有人,他们是否也愿意让自己的私生活细节经年累月,彻底且几近被诽谤地曝露在大众面前。他们能期待在这种情况下婚姻生活还能美好持久吗?对于这个问题最常提出的回答是:位居权力要职的人物,必须比其他人更能够忍受较高的公众检验标准。但问题是当今报章媒体的老板们,事实上比君主

---

① 《约翰福音》八章七节。
② 莫里哀(Molière)剧作人物名。
③ 狄更斯(Charles Dickens) *Martin Chuzzlewit* 书中人物。
④ Raymond Snoddy, *The Good, the Bad and the Unacceptable* (London: Faber, 1992), pp. 1—8.

立宪体制内的皇室继承人更能够握有支配权力。显然地,对权力的检验标准应关注的不是私生活,应该是与公共事务直接相关的权力运作过程。

## 动机的复杂性

关于这整个论证十分有趣的一件事是,八卦新闻的辩护者显然将对这类伪善的揭露,当成合理化其行径的理由。他们认为,我们所有的行为,从最高尚至最糟糕的,都拥有很复杂的原因,我们的行动不可能单单只基于一个动机,这就是为什么上述的指责从来不能完全被反驳。假若我们真的坚持统治者一定会出于爱国的动机而行事,我们就必须等待很长的一段时间去发现它们。就算我们找到了这种动机,一般民众也未必能了解。

因此,我们知道在实际上,如果没有依赖工作明细表之外的动机,根本没有人能够在工作上有所成就(像从政就是如此)。这些动机中最常见且最明显的就是对于功成名就所怀抱的野心、工作中的好斗性格以及社交手段,例如想要取得进入特定俱乐部中饮酒作乐的资格。但总是有许多其他种类的动机,例如一些非政治性的动机就与民众的利益息息相关,且在决定要支持什么政策时扮演部分角色。只要此类动机的拥有者,能够注意到其所作所为是否符合他们对公众所应负起的责任,那么就算他们拥有那些动机,也绝不一定是错误的,这种观点自然也可以应用在新闻工作上。

在政治实践中的确没有任何人(就算是理想主义者也一样)是不会犯错的,国家也是如此。所有民族与族群都会容忍其内部存在某些不正义或压迫情事,或者由境外获取一些利益,例如便宜的粮食与廉价劳工(外劳)等。即使当改革者将目光局限于其国内,尝试改善其内部事务,他们仍会面临相同的困难。假如他们想要让每一件事完成,就必须找到一些志同道合的盟友,但是想要找到这种人是很不容易的一件事情。他们也必须集中其攻击火力,选择一定的努力目标并在必要时背弃朋友。对于摆在眼前的各种理想需求,他们不可能立即满足,所以他们必然对身边发生的一些龌龊行径视而不见,并接纳一些他们原先并不欣赏的人士。即使历史上一些最谨慎且面对布满荆棘之前途的改革者们,例如密尔(Mill)与甘地(Gandhi),由其生平就可以看出这些必要的痛苦。

## 斯特雷奇圣战

我们都是不幸的罪人,但这句话意味着没人有资格表达对恶行的看法,而且也没人有资格带头呼吁让事情获得改善吗？这种看法绝对是不周延的。我们不但需要诚实地承认某些事情的确是不对的，对于那些致力改善现状的努力，我们也该赋予信任。这种观念意味着，赞美人格不完美者以及谴责其并非十恶不赦者，有可能是同时存在的，而且毁誉及赞美也可能是同时存在于某一人身上。

这种冲突对新闻记者们是一个很现实的问题，在当前的工作环境中，有许多力量趋使他们以嘲讽受访对象的方式简化每一事件。这并不仅是因为丑闻比颂词更有销路。由深一层的角度来看，我们似乎倾向于认为，对人物的报导应该尽量着重其黑暗面。这意味着如果当报导内容充满着对人或事物的赞美，好像就有问题。这种新闻的报导方式，在斯特雷奇（Lytton Strachey）改变人物传记撰写惯例之后即已确立。这种写作方式较着重公众人物一些不名誉的事实，而忽略其受称赞之处。说得赤裸一点，斯特雷奇（深受弗洛伊德影响）认为，人性当中不名誉的部分才是良善外表之下的根砥以及更深层的真相。因此，总而言之，一个人如果看起来越是开朗且聪明，那么他内在的信念就越是与人类黑暗面相近（不管他外在的行为表现得多么令人赞誉）。

理论上，斯特雷奇的创新方式主张被当成对相反主张的反平衡。换言之，为了使真相更加完整，就要以揭露人性黑暗面的方式，对充斥于书架上歌功颂德的传记加以平衡。但就如同许多以平衡为初衷的计划一样，其实际运作未必按照原先预定的轨道而行，斯特雷奇之后的传记文学以及刊登于杂志中的传记文章，其意图并非形成平衡的叙述，相反地，作者们改采一种过于简化的写作模式，他们所关注的焦点完全在于叙述对象的缺失与弱点，最后连读者们都会怀疑这些人物的生平有什么值得阐述之处。

进而，目前整个新闻文化就被这种方式给扭曲了，过于在意人们性格上的缺失与弱点，而不去尝试了解为什么他们会有这些缺失、整个情境脉络是什么，以及他们有什么值得注意的优点与美德。有时候某种职业就以这种方式被当成笑料呈现在大众面前，例如揶揄无聊法官在判决后所讲出的陈腔烂调，目前就充斥在整个新闻界之中。

对这些荒谬的评论方式提出的立即响应也不少，但是仍然有限。社会需要法官，但如果记者大量书写此类中伤性的报导，这种对其尊崇地位的破坏，会对法官行使职权造成重大困扰。明显地，法官这种招致揶揄的卖弄学问与拘泥于细节的工作方式，的确是某种人类性格上的缺失，但却也是一位具备冷静、固执与博学性格的法官所容易表现出的作风，再怎么说法官也是人。当然我们对法官的期待，并不能作为人性缺失得以获得辩解的理由，不过这也意味着,不能单由这些缺失就对某种职业大加挞伐。

## 先驱者、计划与人格

这种过于人身攻击与夸张式的写作方式,在提醒民众认清某些人的恶劣动机时是很有用的,这对新闻工作而言是很重要的一项课题。但这种对人性的洞察方式却很难导致满意的结果,它会导致一种拘泥于细节且过分曲解议题的现象,反而使我们对人们计划的运作缺乏整体了解。当然每个人都有许多不尽完美之处,但是许多对人类有重大贡献的计划,却偏偏就是由这些不完美的人所擘画执行的(包括以往及现在的人们)。在自传文章中,我们主要想知道的是他们如何完成令世人称誉的事业,以及这些令我们好奇的丰功伟绩背后的思想基础到底是什么。一开始时,我们只是将这些人物当成计划的一部分,他们在人格上的缺失和弱点与此并不相干。

至于当今的报章媒体,对于一些正在持续中的计划,更是需要这种报导方式。人们如果想要理解一项崭新可敬的时代动向,就有必要对引领风潮者的人格典型拥有具体的了解。这并非要媒体说谎,而只是希望媒体在报导时提出相关于这些信息需求的内容。人类之所以想要寻求典范以供追随,这样的人性倾向并非一种伪善的表现,而只是一种简化的行为,试图将心思意念摆在这些能够贡献他人的关键成就之上,对不相干的事项则不太理会。

这种对丰功伟业的关注方式,有助于英雄神秘形象的确立,例如南丁格尔、格拉德斯通、甘地、爱因斯坦、施韦策以及弗洛伊德均是这一类人物,但这些人物却又是斯特雷奇所欲颠覆的形象。斯特雷奇希望能借由这些偶像形象的破碎,驱散笼罩在他们身上的神秘面纱,让背后赤裸裸的真相呈现出来,然而赤裸裸的真相要比那些丰功伟业还难挖出。这一路径未免小看了神秘形象的力量与用处,在实际运作时,反而又为这些人物塑造了另一种新的神秘面纱,再造一种维多利亚时期伪善的虚假。

借由对改革者人格缺失的强调,斯特雷奇把这些人物描绘成极端蛮横、驽钝且缺乏自知之明。他们被当成某种次等族群,即一种前弗洛伊德(Pre-Freudian),不以性冲动为行为趋力,现已绝种的道德家,对当代科学中的开明思想毫无兴趣,因为现代思想家再也不会沉迷于"自我欺骗"。因此斯特雷奇所叙述的故事反而赋予20世纪神话全新的起点,所谓"现代性"这一野蛮的新神话,在20世纪初成为一种过于曲解事实的思想,如今它在现代主义的名号下,受到各方的严厉批判。

这种简化、单一以及揭穿式方式的结果,是自我意识强烈的"现代"传统的一部分,至今仍以惊人的程度存在着。许多人仍极度担心,假如他们出面支持某人或某事,最后这些人或事物的缺失如果被发现,自己反而动辄就被扣上伪善的罪名。所以他们会认为,当面对任何人或事物时,首要工作应该是挖出这些公众人物或事件有什么缺失,如果真的发现了,就对其大加挞伐,指其为十恶不赦之人。

最令人印象深刻的例子,就是1995年《星期日泰晤士报》指控富特为苏联国家安全委员会(KGB)工作的头版新闻。① 当富特立即澄清他只是曾在莫斯科见过一位苏联国安会人员,而这是当时所有造访莫斯科的政治人物都难免会遇到的情形时,该新闻立刻就被撤回,这一点都不令人意外。几乎所有政治新闻采访者在访问时都落入一种可笑的窠臼之中,仿佛他们是在犯罪现场盘问嫌犯一样,而未尝试探究受访对象所思所想是怎么一回事。读者和听众长久以来不断忍受相似的谴责与反驳,然而采访者却拼命地挖掘一些秘密的罪行。

## 理想化的可能性

这种态度事实上并未掌握到道德问题的本质。它假定了公众人物在性格上非黑即白,但我们应该晓得大部分的人与事件,其实是位于中间灰色地带。就算我们敬重某些引领时代动向的人物,这并不意味着我们非得将其视为完美典型。我们必须体认到,那些将此类人物理想化的描述,其实是有选择性的,这是一种简化的表现手法。我们现在之所以仍坚持这种人物描述方式,是由于我们可以因此而不用浪费时间在那些无关事件重要性的无谓批评上。

就在19世纪末叶,帕内尔(C. S. Parnell,爱尔兰政治领袖)由于一件与其政治立场毫无关联的通奸事件而下台,使爱尔兰无端失去了一次脱离受压迫统治的大好机会。如今我们有可能防止这种错误再度发生吗?假设在重建新南非的谈判过程中,曼德拉(Mandela)和德克勒克(de Klerk)被人指控曾有这一类情事,我们有可能将它摆在一边置之不理吗?当然有可能,不过似乎也没有那么确定,因现代报业规范不会那么轻易忽略这样的事件,毕竟这些规范仍未完全改变。前首相乔治(Lloyd George)的绯闻使其去职;希腊罗马时代的政治人物也习于高声谴责对方恶劣的性生活,以至于公众

---

① *Sunday Times*, 19 February 1995.

最后都对此类指责声浪视若无睹。而我们身处现代社会所面临的困境是，我们过度放纵自己对这些人物私生活的兴趣，但口头上却又以期待这些公众人物人格比我们更纯洁为借口。

在此光谱中我们应该如何定位自己呢？由道德角度观之，人性总是很复杂的。但就这些人物被公认为良善的一面（包括其公开宣称的理想、目标与计划）对我们所有其他人都很重要这一角度来看，在对其挑毛病之前，我们有理由在一开始时就先认真看待他们动机的善良面，并给予真诚的信任。在所谈论的对象是国家社会时更需如此，因为社会要比个人在道德上更具复杂性与冲突性。

当整个社会被谴责为伪善者时（例如 19 世纪英国在奴隶制度与娼妓制度上的观点），通常批评者的论点在于，当其他人谴责某罪行时，该社会成员仍有些人犯下该罪行。在类似案例中，该论点根本不足以引用来将整个国家当成如同答尔丢夫或佩克斯列夫般之伪善者。这种拟人化方式引发了某种近亲仇杀的幻想，非得一竿子打翻一船人。这会使人沉溺于自以为正义的幻想之中，忽略了事件的其他重要层面。

当然其他公民也有可能本身就生活在自我欺骗、头脑混淆且需要重新加以澄清思绪的状况之中。这也使得外界人士有借口指陈其内部矛盾之处，并进一步要求其言行的一致性。有时候他们指责的方式就是冠以伪善的大帽子，或者直指对方根本就是骗子。以奴隶制度为例，对于那些在别人国家之外大力鼓吹反对意见的人，要求他们先刮刮自己的胡子，这也并非不合理。

## 一致性有可能做到多理想？

会导致现实世界优先投以关注眼光的一致性问题，在此类事务中是很重要的。但有时候，一些相对而言无关紧要的道德议题，却似乎很容易引来公众过多的目光。例如，如果我们问那些将堕胎视为目前最严重问题的反对人士，他们是否认为堕胎较之于地雷的制造、销售（不仅杀害了许多正值盛年的无辜者，更造成幸存者肢体伤残，甚至大片土地无法利用）而言，是更糟的恶行？假如某人是拥护生命者，难道他不应该认为后者是两者之间比较严重的道德问题吗？同样地，许多人对滥用药物行为持极端愤慨态度，却不会对过度使用镇定剂、抗忧郁剂或烟酒的人有相同的情绪反应。

在这些例子中，我们可以看到，人们总是想将愤慨的对象限定在那些容易挑动人心的事件之上，却不去追问那些行为在人类所应对抗的邪恶整体中居于什么地位。在一个步调快速转变的时代中,这个邪恶整体的内容也会随之变化,所以将指责的对象加以定型,会使道德教化更加容易。我们当然要反对这种极具吸引力的不一致性,应致力于澄清优先性问题,不过也不能期待能够真的达到完全的一致性。

一个具有完全的一致性与正当优先性的政策会是什么样子呢？我们能够找到某种政策,使得连法利赛人(专挑邻人毛病却对自己的罪行视若无睹)都绝不可能再找我们麻烦吗？为了达到这一目标,我们需要一个完整的研究图表,依序仔细评估列出当下各种罪行以及自己的相对义务。然后每当我们想要对邻人提出大胆批评之前,应该要先确定自己的双手是不是干净的,先从我们自己要求起,再扩及他人。

这种自律要求当然还有许多值得探讨之处,也提供了许多研究者开发的空间。不过可以确定的是,在我们能够将心思转移到尼日利亚的问题之前,恐怕还需要一段较长的时间。相较之下,我们现在还是可以对我们所极端无法容忍的行为采取某些反制行动。这种选择式的响应就是现在常见的人权观念议题,这种观念认为不同文化之间无论存在多大的差异,任何地方的任何人都不应受某些特定行为的伤害。①

虽然有些学院派人士担心此处所使用的具有公民、法律性质的"权利"一词,不过我认为就日常生活用语而言,大部分人都会接受这一观念,因它不仅是西方启蒙时代的产物,更是全世界人类所会接受的观念。受压迫的人民之所以追求人权理想,我认为并不是将它当成某种外国语言,而是视其为全人类所必然接受的道德概念,这的确是非常正确的观念。但如果记者想要挑出此类谴责对象,就必须负起相对的义务,告诉我们足够的信息以便有建设性地提出批判。

## 什么,是我？

通常一旦我们提出批评,被批评的政府单位总是一副受尽委屈、愤愤不平的样子,大叹我们无法理解其处境之艰困。如同欧洲法院所受理的许多案子,英国政府也毫无例外。没有人喜欢被外人指责,即使那些提出指责的人本身是无可挑剔的,更何况现在很多指责他人的人,本身根本就有一大堆问题。当然,现在恐欧症已将英国人传统上最敏感的神经,激化到非常夸张

---

① 关于这一重要且困难的问题,参见 Timothy Dunne and Nicholas Wheeler (eds), *Human Rights, Human Wrongs* (Cambridge: Cambridge University Press, 1997), Ken Booth, 'Human wrongs and international relations', *International affairs* 71/1 (1995), pp. 103—26.

的地步，但这一种责难是绝对必要的，1996年疯牛病事件即为一例。国与国之间的关系就和人与人之间的关系一样，难免会有一些相互指责，而且有些指责自己可能无法反省到。在国家的例子中，境外者（无论其本身有多么糟糕）的批评角色是很重要的，因为一些应受谴责的政府，很容易就会对其内部批判者采取镇压手段。

这些批评者中，如果其双手是干净的，当然可以使发言更具说服力，但如果自己也糟糕到某种程度，反而会使其所具备之影响力降低。严格而论，对批评者人格的反批评，事实上并不能为原先受指责的部分开脱罪名。任何指责的有效性，并不建立在批评者本身人格的优缺点之上，自然也不能透过质疑其动机反驳他。面对指责时最恰当的响应方式就是直接对其指责提出答复，由此看来，一般政党之间喋喋不休的交相指责可以说是有多么令人气结了。此外，报章杂志与其他媒体没有理由非得要加入这种无聊的游戏，它们应该去检验有意义的议题、政策及其对一般公众的影响。假如它们所讨论的新的议题与这些问题无关，而且将之视为一般政党用来攻击对方的手段，那么它们便形同息忽其主要职守。

## 优先性难题

但是，如果碰到就是有人想要在鸡蛋里挑骨头，那该怎么办呢？我们当然不能忽略这些相对而言比较微小的责难，并将这些无关紧要的批评视为一种伪善。当我们指出堕胎和地雷这两件事，并非意味着堕胎不是重要的道德问题。此处的困难在于，如何在各种情况中找到优先级。有趣的是，被指责为无关紧要的琐事之中，对于动物权利的维护就是其中一种。批评保护动物人士的人追问：当世界上还有这么多人遭受苦难之际，他们怎么还能够投入时间金钱在动物身上呢？

人们时常引用19世纪中叶的一则案例，当时有一位美国母亲被控恶性虐待其孩子，但原告的理由却是引用自当今禁止虐待动物的相关法令的精神，因为，儿童被如同不合法对待动物的方式所对待之故。人们会说，对动物的保护措施居然优于人类小孩，这是多么耻辱的事啊！其实此处的情况是完全不同的。事实上在该案例之前就已存在许多用来保护孩童的法律措施，只不过当中有些漏洞而已。因为当时法律体系错误地认为双亲必然都会是子女的保护者，所以不允许对双亲控以虐待罪名。在该案之后，漏洞当然就被设法补救了。不过无论如何，在相关法律通过之前，动物是完全没有什么保障的，就算通过了保护动物的相关法令，它们所能拥有的保障还是非常少。

这是人们将我们目前对动物保护的实际程度夸张化的案例之一，因为他们根本就还没有打算加入保护工作之列。例如他们时常抱怨为了动物福利所从事的资金募集活动，目前此类资金募集活动所得金额，占全英国各类慈善捐款的百分之二。这种比例会过高吗？如果答案是肯定的，那么应该占多少比例才是适当的？零点七还是一点三？有人能够提供合理的数据吗？在这里我们可以再次发现，反对者似乎在玩弄一种理想化的图表，这种图表上列举出我们应该严格遵守其所排定之优先级。

有时候当我思考那些来自各方，令我手足无措的种种诉求时，我真希望有这么一个理想的图表存在。如果我挑出其中一个选项，例如牛津救济组织（Oxfam）、国际特赦组织（Amnesty）或者绿色和平组织（Green Peace），然后不理会其他选项，我会觉得比较好吗？这种做法的确可以节省一点时间和邮票，但对于问题的解决并无助益。很不幸地，世界上各种迫切的需求，并未存在一种固定的优先级。有成千上万"种类"的事情是需要我们去解决的，假如我们所有人在这一周挑出其中一个当作最重要的事，然后给予全力支持，我们或许就可以使它不再那么危急。然后我们所有人再转而投入其他事情吗？

事实上，我们的做法各有其不同的考量与若干任意性，但不是无法达成的，而且我们有专门化的倾向。我们有些人致力于特定的事项，往往不是因为已确定过没有其他事情是更具急迫性的，而可能只是因为他看到了该事件的重要性。而且作为资助者，我们或多或少会对某些特定计划产生归属感。

这种归属感对于组织而言具有重大的利益，因为它可以使资助者持之以恒地加入活动，否则许多工作将难以运作。一种长期且突发的批判方式可能让一个颇有效果的活动瘫痪。一旦缺乏誓约与银行汇票，慈善组织就得花费大量时间精力去筹募资金。这种状况不利于新活动的形成，就算既有的组织想要改变方向也会因此受困，这在快速变迁的社会中的确是一种严重的伤害，它也会使人们的心思被一些无关紧要的琐事所缠绕。但是想要以经过科学衡量的表格来改善这种情形，却好像又是一种幻想。

## 一致性与谴责

此处的重点在于，当我们主张报章杂志与新闻媒体应遵守某种安排妥当的新闻价值列表，且根据这些报导于这些价值的重要性安排报导内容时，我们必须要有所警觉。某些哲学家，像是罗尔斯（Rawls）与一些功利主义者，尝试以这种衡量方式将这些价值格式化，但经过粗略的尝试之后，这些表格却都总是了无痕迹。的确有许多事情是我们应该有兴趣且必须了解的。或许新闻媒体所遇到的困扰之一，在于它过度将注意力放在政治事务之上。正如我们大部分人所体认到的，社会中有许多重要的议题可以说与政治毫无直接关系。

如果我们因为一些意见本身并没有在理想的价值优先体系上取得一致性，或者这些意见是由一些本身亦带有缺失的人所提出，就将它们视为伪善并进而断然拒绝，这种作法一点意义都没有。如果单靠指出谴责者的观念与其实践不一致，然后就据以试图推翻他人的批评，这是一种很奇怪的想法。假如此处提及的一致性是所有问题的关键所在，那么不提出批判改革的人反而可能更容易达到这一要求，例如成为一个具有一致性的恶棍或完全冷漠无情者，就不会是一件难事。

那些批判他人伪善的人，其言谈有时候似乎将这种行为一致性敬为其毕生追求的对象，好像只要将他人的主张打入道德上不值得尊敬之列，自己就可以脱身。如同道德家们有时会说的，这种想法只是最低限度的诚实。但这种诚实恐怕没有什么价值。此处批评者的真正目的当然不会是诚实这一德性，其行径反而是一种不诚实的表现，他们其实是想挑起理论与实践之间的鸿沟而非弭平之，他们大声疾呼的真正目的不在于"你为什么不信奉目前所作所为"，而是"你自己为什么不去从事你所信奉的观念"。

有趣的是，在理论与实践的不一致之间，反抗者的立足点从何而来？答案就是伪善，因此伪善可以说是改革运动的必经历程，这似乎有点不可思议。这就是人们所说的：伪善是为了达到德性所必须付出之不道德的代价。① 假如我们尝试想象有个完全谦虚谨慎的道德社会（此社会中不可能有其他道德理想会比现行规范更好），便会发现这根本不可能。甚至例如黑手党都具有一些更严苛的规范，在尼采理解下的无道德主义也有一定的生活模式。② 因为人类的动力是不断会有冲突的，任何事物若想运作，就得在现实的实践之外，寻求规范与目标的优先级。

事实上理想与实践总是处于某种分离状态，即使理念相当正直的人也

---

① Duc de La Rochefoucauld, *Maxims and Moral Reflections* (Letchworth: Arden Press, 1910), p. 233.
② 例如尼采的 *Beyond Good and Evil*, p. 226："我们这些不道德的人！……我们被编入严格的义务网络与粗布衫之中；我们无法逃离其中。"比较 p. 228："道德化……是不道德的吗？"以及 *Ecce Homo* 第六章提及查拉图斯特拉所遭遇困境之处。

会面临这种情形。经过长时间的相互摸索适应后，两者会取得某种联结，或者偏向理想，或者偏向现实。两者的紧张关系有时候相当严重，那是由于人们的想法并不一定相同。想要降低理想程度的人不必然是犬儒，他们仍旧可以是理想主义者。（尼采即为很好的示范。）正如我们所知的，这种人仍然可以视诚实为其目标，虽然他们并未清楚地指出，当其他更崇高的理想被放弃时，诚实德性为什么仍必须被保留。或者这些人有时候也会认为，当今世上的许多理想已被误解。但人类的方向时常指向理想化那一边，借由对大多数人的谴责，致力于已知目标的完成，并进而迈向一些人类尚未知悉的理想目标。

这种持续的谴责过程，在目前对环境议题的关怀与报导中显而易见。自从20世纪六七十年代开始，我们已在这一议题上到达极为伪善的地步，即使残暴而毫无悔意的罪人也可以在此议题上侃侃而谈，而且许多人所言所行相差甚巨。但经过长期调适后，还是有一些改进之处，一些理想还是逐渐得以落实，我们可以在未来拭目以待。某些伪善的调调有时候还是令人难以忍受，但如果我们急忙跳过这一伪善的阶段，就会不晓得该如何开始讨论问题了。

## 结　论

本文中我试图厘清人们之所以产生犬儒心态的动机。因为犬儒主义本身就是代表一种无力感，因此我认为从这种无能为力中找出这些动机的意义是很重要的。我指出了斯特雷奇所引领的传记文学革命，导致了一种极为肤浅的心态与写作风格，目前新闻媒体就正在助长鼓励这种报导方式。这种写作方式有其效果，但一旦蔚为风潮，就会造就一堆毫无意义的新闻报导，我试图反驳那些认为给予报导对象赞美之词是一种伪善作风这样的看法。

有时候我会受到某种情况所困扰，亦即在某些个案中，英国人会困惑到底正确与适当的道德价值何在，然而此时美国人却毫无反省地直接就去做。新闻工作经常处于这些诱惑之中，因为任何人都想尽快完稿交出作业，从学童到社论主笔人都是一样，此时发牢骚似乎要比掌握问题真相还要容易，但这种夸张声势的道德风尚，是该退休了。

#  5

## 新闻、政治与公共关系：道德评价

## 绪　言

在20世纪结束之际，西方民主社会的公民，比以往人类历史上的任何时代，更能获得许多政治上的信息。新闻媒体急速增加，政治事件频繁出现于媒体内容之中。政治人物们很敏锐地警觉到这一趋势，于是努力透过媒体影响公共舆论。专业媒体从业者致力于确保政治信息能够精确、广泛地传布，尽管新闻从业人员对于近几年来这样的努力，变得更为警觉与抗拒。

透过平面媒体、电视与收音机，以及现今大量使用的数字化广播与因特网，从一天的清晨到深夜，我们（即选民，各种通讯活动最终所欲传达的对象）可以借由各种渠道获得一系列政治信息，包括新闻、时事、谈话性节目、热线直播节目（Call-in）、评论、嘲讽剧。

如此一来，我们就真的比以往的人们更加认识政治，同时因此成为更具有力量的公民吗（假设培根"知识就是力量"这句话仍然是对的）？或者我们仅仅只是消极的目击者，亦即透过自己无法控制的媒体看待世界，而这样的媒体环境充斥着大量却品质低落的信息，我们仍视之为民意形成与政策决策的来源吗？

在提出这些问题时，我们面临一个古老的争议，即政治传播对民主过程的影响。然而此争议在政治传播急速发展的当代社会，其急迫性愈益突显。最近几年，在英国和美国，政治传播在选举胜负上扮演着关键性的角色。当然，想要量化此角色的重要性，是一件很困难的工作，但无可争论的是，有效的政治传播在克林顿的连任之路上，扮演极重要的救援者角色；对提供英国工党18年来第一次执政机会，也曾产生极大的助力。

假如某些少数人想要挑战上述观察所蕴含的真相，他们之中的许多人会忧心上述事件所隐含的对民主政治行为的影响。所提出的忧虑有三项：

- 首先，政治新闻的风格与内容并未如其所应为的，提供公民有用的信息，事实上它反而妨碍了政治信息的传布；
- 其次，政治人物不再根据原则与理性论证来制定其政策，而只去从事可以在媒体上有"良好扮相"且讨好"大众意见"的事情，而这些东西常常是媒体所创造出来的；
- 第三，记者与政治人物们的传播工作，在伯奈斯（Edward Bernays）1923年所指出的"新闻顾问"概念的影响下逐渐被扭曲，这种人现在通常被称为"媒体公关幕僚"、"传播顾问"、"媒体顾问"或"公关顾问"。

总而言之，上述种种发展危及了公共领域的完整性，使20世纪后半期社会大众对民主过程的参与渐成幻影。美国媒体的发展就是最糟糕的例子，它助长了大众对政治的冷漠，使人们逐渐对政治缺乏参与感。① 由这些批评可以分辨出政治传播伦理中应被关注到的三种族群：

- 政治人物：包括政府内部与外部的相关人士，信息流通对他们而言是重要的权力资源。
- 记者：他们监看、报导、审视检验与分析政治人物的一言一行。
- 位居前两者之间的传播过程的人士：如前面提到的公关人员与媒体公关幕僚。

在很大程度上，政治传播是由这些族群之间互动与谈判的过程及其结果所构成，根据自由民主体制本身的规范原则，每个族群都可形成自己的伦理规约。民主社会中的政治人物，被认为（至少，在其专职上）是为了确保政府正常运作而从事沟通工作，包括提供公民政治选择，提出其政治诉求，诚实且公开地告知公民政府运作的现况。

---

① 例如法国哲学家鲍德里亚（Jean Baudrillard）就指出："有时候在人们的意识中，电视的游戏节目就好像电子游戏一样，人们逐渐喜爱在每天的意见调查中摇摆其立场，反正又不用负什么责任，大众不再以慎重的方式参与政治活动。"*In the Shadow of the Silent Majorities... or the End of the Social* (New York: Semiotext, 1983), p. 38.

从事公共关系的人员(不论是装扮成说客、媒体公关幕僚或白宫新闻发言人)期望能促进政治人物与广大群众之间信息的有效传播,而大部分的情况就是要透过媒体,因为它们是大多数人获取其政治信息的渠道。他们也会从其他渠道进行政治传播,例如游说团体为一些组织性客户(像是公司、贸易联盟与主张某议题的压力团体)向政治人物游说。因为公共关系(包括其政治派别)尚属很新兴的产业(20世纪特有的现象),所以发展出了一套伦理规约与实践准则,以加强提升其作为一种专业工作的地位与声望,并为其在当前媒体环境中找到合理的存在地位,使其成为不可或缺且有价值的一位媒体成员。例如为了顾客利益而故意说谎,就被视为是不合乎道德的行为。

最后,新闻记者被视为公共领域完整性所仰赖的重要信息来源,但他们也被期待为公民去监视政治环境,并对权力之滥用保持警觉心,这就是他们从伯克(Edmund Burke)时代就被赋予的"第四权"角色。

当然,这些角色与功能只是一种理想。它们说出事物所应该呈现的样子,而不一定就是它们实际上的面貌。即使这些理想仍不够完善,却还是受到所有这三种专业团体认真看待,并反映出公民从事传播行为时应有的标准。假如这些角色与功能不被认真看待,那么政治传播这一民主社会中的理性信息提供者,以及透过各种渠道对所有人开放的公共领域的重要先决条件,就会被人们所质疑。本文将就他们自己所立下的伦理标准,分别由政治人物、公关从业人员以及新闻记者的观点,评估当代政治传播的形式与内容,并讨论目前学院与政治观察家们对于此项议题所正在进行的争辩。①

## 传播政治学

我们由政治人物开始,因为他们位居传播金字塔的顶端,并最具侵略性地竞逐民主政治游戏中的奖项。在目前的资本主义发展之下,政治人物们的活动以特有的公开方式进行,以便获得大多数选民的认同。妇女取得投票权毕竟是80年前左右才发生的事情,而就在她们取得投票权的不久以前,没有一定财产与教育程度的男性也被排除在投票权利之外。如今,不论个人所属阶级、性别、种族或宗教如何,我们皆可平等地参与投票活动。政治人物必须运用位居我们文化生活重心的各种大众传播渠道,展现其观念、价

---

① 虽然此处的意见大部分是我自己提出的,但其论证来自于经济社会研究委员会(Economic and Social Research Council)对政治传播与民主制度的研究,该委员会由作者与一些同事于苏格兰斯特灵大学的斯特灵媒体研究所共同主持。

值与政策,以便争取我们的支持。就政治人物需要公众支持这一层面来看,政治传播大体而言是具有宣传意味的。相较于封建领主于同等地位者,强加意志于其无权无势的臣民以巩固执政权,想要成为民主社会领导人的政治人物,却必须赢得大众的同意,而且要自己想办法获胜。他们必须拥有"合法性",否则就不能执政。

想要赢得胜利有两种形式可以进行。其中之一就是尽量在公共领域中被看到和听到,这得靠必要的媒体报导"数量"来维持。如同一位观察家所指出的:"争取曝光率是所有政治活动的重点。"[①]人民公仆和党工通常不喜欢抛头露面,而宁可保持隐密姿态;但有企图的政治人物如果想要谋取高官厚爵,则必须寻求曝光机会。

然而许多政治人物也体认到,并非所有的曝光机会都能带来好的宣传效果。所以当今政治环境中想要获取民主合法性的第二种方式,就是确保被报导的"品质";换言之,就是要强调政治人物或政党认同中的正面色彩,并降低负面色彩。这项事实使得政治人物们逐渐发展出一些控制媒体的巧妙手段,以确保报导中所呈现的品质。批评者指出,在此过程中,政治人物们的传播行为变得人工化,充满操纵色彩,甚至有点虚伪,政治论述的理性内容最后屈从于"公共意见的操控"这一需求。

哈贝马斯所发展的论证至今仍具影响力。哈贝马斯认为,我们如今所理解的"宣传"(publicity)一词,是民主社会中政治人物察觉到有利的媒体可见度这一需求之后,所产生的有害的副产品。因为所被欲求的是"有利的"宣传,所以信息的呈现是有选择性而非真诚的。如他所言:"宣传这一手段之目的,在于强化个人地位声望,而非将事件转移到公共讨论课题中所应达成的妥协。"(Haibermas,1988,p. 200)宣传的手段试图将公众的注意力,由政治事务中具争议性的讨论(例如公共议题),转移至一些消极的符号消费战(例如人格与风格问题)。从规范性一词中思考,假如公开性指的是告知民众重要事务的过程,那么在目前媒体化的政治活动中,它已丧失这一教育与批判功能。透过公开性,"政策辩论被转化为某种符号,人们不会对此符号有所争辩,而只会选择是否对之认同"(p. 206)。政治决策之形成"有其操纵性的目的,而且以完美的宣传技巧作为公开性的手段,转介至被当成表演舞台的公共领域"(p. 221)。

哈贝马斯这些话是在 20 世纪 60 年代所写下的,但近来的一些事件却更加证实了他的主张。克林顿在 1996 年 11 月总统大选中的起死回生与最终

---

① M. Woollacott, 'When invisibility means death', *Guardian*, 27 April 1996.

胜利,不仅是高度公开性的成果,也是他让别人看见他放弃了某些传统政策,转而采用被认为是以往美国右派政治人物才会主张的政策。1996年克林顿媒体顾问莫里斯(Dick Morris)就很自夸地说明,在克林顿第一任任期中,这种将总统立场摆在传统左右两派中间地带的概念,就是被精心设计用来吸引选民的。如果不论及克林顿在第一任任期中深受困扰的白水案、希拉里事件、威利案以及其他个人丑闻,而只从投票比率来看,这可以说是一项成功的策略。为了维持政权这一比较重要的目标,克林顿牺牲了原先所主张的意念原则,而不顾一般民主党支持者对他第二任任期所可能出现的愤怒情绪,后来他们就谴责克林顿,认为他背弃了在1992年首次当选时对他们的承诺。

在英国,从布莱尔1994年担任首相之后,同样的谴责也出现在工党之中。为了竞逐政权之故,工党原有的政治原则亦被牺牲了;根据对民意的观察,政策被重新制定与宣传,而不管它对国家是否是正确的;一种"新工党"的风格诞生,且不管其实质内容如何,而以一种扬弃英国社会主义与英国劳工阶级历史的面貌出现。事实上,工党在1997年大选中的获胜,并不能证明持上述观点者的批评是无效的,同时也无法安抚他们被背叛的感觉,因为他们会认为,一个以左派为中心的执政党,如果没有坚持其政治原则,并不会产生比另外一个保守党执政更美好的前景。

我在其他地方曾指出,这一类批评过于天真,同时违背了社会民主左派(在任何严格理论意义上都不能算是"社会主义者")与工人阶级的救世幻想,他们在近一个世纪的英国中,拒绝了真正的社会主义政策并支持右翼政府。(麦克奈尔1995,1996)然而先把对政策的解释摆在一边,当这些造成背叛感的政治人物更加注重其媒体沟通工作时,我们能指责那是一种不道德的行为吗?

对于此类问题的回答要根据特定时空条件来决定。假如政治人物在其媒体传播过程中欺骗了选民,我们当然有权对之进行道德批判。当朝野政治人士在其动机、目标野心与抉择问题上说谎;当他们压制公众的知情权;当他们以"泄漏"机密的方式攻讦其对手与同僚,那么他们的行为就是不道德的,这些例子在近代英国历史所有的政党身上屡见不鲜。另一方面,如果他们只是单纯地利用传播技术与工具散布一些可能与传统规范有别的观念,使政治与社会经济环境产生若干变化,那么将违反道德之名加诸其身,恐怕就太夸张了。现在没有任何政治人物或政党,会因为将政治胜利视为与政策周延性一样重要而受到责难,也没有人会因为热衷于目前运作中的权力游戏而受谴责。相反地,如果没有这么做〔例如工党在邀请曼德尔森

(Peter Mandelson)担任传播顾问之前的情形〕,反而会被视为重大缺失,因为这等于剥夺了选民的选择信息,使政府仅为少数人所把持。库特(Anna Coote)引用法国社会学家布尔迪厄(Pierre Bourdieu)的观点指出:

> 当传统上左派与右派之间的差异不再存在,诚信(在政治人物身上)这一概念就愈显重要:选民所关心的并非政治人物提出了什么承诺,也并不在意其政治立场如何,重要的是他们是否值得信赖。是否值得信赖就必须根据政治人物的人格及其与选民的互动关系来决定。而这些要素大部分要靠形象与风格表达出来让民众知道。①

简言之,对"形象与风格"的不断强调,是晚期资本主义后冷战环境中,大众民主社会所必须付出的代价,不管你喜欢与否。

## 政治传播经营术:政治公关的伦理

不管政治人物是否具有美德,其媒体表现的设计与执行工作已逐渐交给专业顾问:这是一群精于政治公关、市场营销、游说活动与宣传手法的人士,通常隐身幕后提供建议并操纵整个传播过程。这一类的知名人士包括:美国的斯特凡诺普洛斯(George Stephanopoulos)、卡维尔(James Carville)、沃思林(Dick Wirthlin)以及莫里斯(Dick Morris),英国的布鲁斯(Brendan Bruce)、贝尔(Tim Bell)、曼德尔森以及坎贝尔(Alistair Cambell),他们已被许多人批评为政治道德衰败的象征,助长政治新闻所攻击的诸多罪行。这些罪行包括:操纵并恐吓媒体以增加政治人物的曝光率;让政治人物们处于一种与本身人格有别的状态,以便借某种外表形象获取民众的尊敬;更糟的方式是,喧宾夺主自己跳上舞台成为要角。其中最糟的状况据说应是担任"媒体公关幕僚"(spin-doctor),这种人并没有像媒体中的许多"博士"一样致力于政治信息的流通(即指人民公仆和其他非政治人物会以一种公正无私的态度来理想性地实现这样长久维持且受人尊敬的功能),反而将政治当成一种消费品贩卖。记者赫弗(Simon Heffer)将传统的新闻事务负责人,与这一种媒体公关幕僚加以对比:

---

① A. Coote, 'Labour puts its neck on the line', *Sunday Times*, 29 September 1996.

传统的新闻官员,即使他所担任的是政党而非政府的职位,他的主要工作在于准备好事实与背景资料……媒体公关幕僚所关心的却是为其客户编造掩饰事实。他们根本就不在乎事实,但新闻记者所在意的却又是事实,最后他们的报导内容不得不只强调一些正面信息而忽略一些负面信息。①

"媒体公关幕僚"一词是在 20 世纪 80 年代由美国引进的,但如今已被大量滥用,被赋予某种邪恶的魔幻与神秘色彩。媒体公关幕僚对媒体报导的操纵方式,包括控制媒体接近高层政治人物的渠道,尤其是,拒绝那些如赫弗(Heffer)所述,不遵守一些"规矩"的记者。他们主要的武器包括对记者使用恐吓性的劝说或要挟,并附带一些惩罚手段以对付那些持相反意见的记者,他们时常被遣责为傲慢自大盛气凌人。专栏作家麦克沃特(Iain MacWhirter)抱怨道:"这些原先应照顾媒体需求的人,现在却整天在大厅来回逡巡,仿佛一副社交名流的模样。他们不再是媒体的仆人,亦即他们的工作就是尽量使政党的主张能够让大众知晓,然而他们现在却以为自己本来就该是舞台上的要角。"②工党的曼德尔森与坎贝尔就经常在这些方面遭受攻击,最有名的例子就是辛普森案宣判时,他们发给英国广播公司新闻编辑室的一则传真。他们关心英国广播公司从洛杉矶发出的新闻,是否可以纳入布莱尔的声明,那则传真明显地想要影响媒体的编辑政策。

这项尝试最后失败了,那则传真本身也变成了新闻,使得人们更加认清政治对新闻的干预,更想知道相关过程的新闻。1996 年 10 月,时事杂志《新闻纵览》(Panorama)大篇幅报导媒体公关幕僚的问题,特别提到工党大会中曼德尔森与坎贝尔所表达出的愤怒。这次传真事件以及其他类似情况,也让英国广播公司的部分制作人们逐渐警觉到需要一套新的政策,减少各政党新闻官可能对新闻节目造成的影响。

坎贝尔在其辩护中不断强调,辛普森案传真事件之所以带来恶劣风评,正好显示出新闻记者与政党新闻官之间的这一类冲突其实是很少见的,同时在任何事件之中,为政治人物发言的行动本身不会是一件新闻,也不会是民主政治的不道德行为。这种活动之所以愈显重要,是由于政治性媒体的成长所致,不过若要追溯其起源,最早至少可以推至查理二世(Charles Ⅱ)任命佩皮斯(Samuel Pepys)为其"新闻助理"的时代。对于《新闻纵览》将他

---

① S. Heffer, 'Spinning for a living... who cares?', *British Journalism Review* 6/4 (1995).

② I. MacWhirter, 'Not what the spin doctor ordered', *The Scotsman*, 9 August 1996.

形容成一位克莱尔·肖特(Clare Short,译者按：前英国国际发展部部长)口中的"活在黑暗时代之人",坎贝尔指出：

> 我们生活在一个媒体的时代。现在的报纸、杂志、电视与广播电台均较以往为多。它们都有许多报导篇幅必须填满,而它们发现政治是很好的材料。政党如果未能了解媒体的需要,那么就注定会遭到淘汰。因此政党必须尽可能地向各种渠道发言,使政策内容能获得一致性的理解,政策重点能够获得传播,然而这些作为并非想要抑制各种意见的讨论。①

这套说法似乎很有道理,也似乎提供他们的行径应被视为一种沟通,而非记者所说的恐吓胁迫的论述。假如为了确保其政策宣传的一致性而采取某种过度强硬的沟通方式,而坎贝尔、曼德尔森及其同僚却又因为这种行径而遭受谴责(即使他们也同意的确该为这些行径而受到谴责②),那么他们或许也应获得一些赞赏,因为他们在从事雇主所交待的公关工作上,达到了一定的职业水准,最后让雇主在选战中获胜。然而这项成功的代价是否过高,恐怕还需要等到工党第一个执政任期结束后才会更加清楚。

## 游　说

游说是政治公关行业之一,近年来其道德规范已遭遇最直接的挑战。威斯敏斯特策略公司、传播团、政府政策顾问公司以及目前最有名的格里尔协会等组织,在下议院内为非国会成员推动其利益相关法案。它们以多样正式以及非正式的沟通技巧,为某些法案的制定向议员游说,或者游说议员不要支持某些法案。格里尔协会与保守党议员之间的一段黑幕,在1995年与1996年被媒体揭露,前者用金钱买通议员在开会时向内阁阁员提出相关质询。这种"用金钱买质询"的丑闻以及20世纪90年代初期一些有案可循的"恶例",明显违背了这项专业工作所应具有的道德规范。

另一方面,大部分政治游说公司并不会尝试贿赂政治人物,就算想要行贿,大部分政治人物也不会接受。如果真有人这么做,一旦遭媒体所揭露,

---

① A. Campbell, 'Auntie's spinners', *Sunday Times*, 22 September 1996.
② 在1997年2月《卫报》对坎贝尔进行的访问中,他承认他与其同事对肖特(Clare Short)1995年的税务主张所提出的响应并不适当且不公平(J. Mulholland, 'Labour's Mr Media', *Guardian*, 17 February 1997)。

其职业生涯会在所引发的批评声浪中岌岌可危,之所以可能有这种结果,意味着英国政治体系比较不会像其他国家一样,充斥着腐败罪恶的行径。尽管如此,这种政治传播过程模式仍需加以持续观察,此工作不仅要仰赖20世纪30年代发生若干恶例后所设立的一些国会委员会与监察机制,更需要靠政治媒体的协助。例如《卫报》(Guardian)与《星期日泰晤士报》对汉密尔顿事件的调查报导,就是一个典型的例子,被视为"第四权"角色的模范。

## 政治新闻的伦理

很不幸地,一些报章杂志虽然由于揭露政治弊案而获得赞誉,但其败坏民主程序的种种作法,却也不断受到批评。一些批评涉及道德规范的议题,因为某些政治新闻的报导明显是恶意的;其他一些批评则突显出某些报导趋势已超过记者的控制,不论是有意还是无意,其伤害了公共政治论述的品质。

### 报刊评论与政治偏见

报章杂志所面临的道德批评主要有两项。第一项是长期以来被质疑的偏见问题,以及许多报纸为特定政治人物充当宣传机器的问题。不仅偏见造成编辑支持右派的价值观念去反对那些左派思想,也产生其不诚实与不精确的报导方式。著名的例子包括《每日镜报》(Daily Mirror)20世纪80年代对伦敦"疯狂左派"的报导,该报在其对发生于1984至1985年连续爆炸案的报导中,错误地谴责斯卡吉尔(Arthur Scargill)与利比亚有某种特殊关系;另外还有历次英国大选竞争过程中,工党总是未能获得大部分媒体的平等关注。关于这些报导对于保守党的支持会产生多大的效果,我们很难将经验证据收集完整,不过从另外一方面来看,许多评论者指出,保守党之所以能够执政17年,不能说是与所有媒体(不过不包括一些单张海报与八卦小报)毫无条件的支持完全无关。①

保守党前任阁员韦克厄姆爵士(Lord Wakeham)坦承媒体对于1992年保守党的胜选扮演了关键的角色。他认为,"亲保守党言论用词之激烈,及其报导之深度与广度,在选战最后几周无疑地有助于情势倒向我们"(1995,

---

① 参见林顿(Martin Linton)在《卫报》的讲辞:'The battle for Jennifer's ear',转载自1994年10月30日于牛津纳菲尔德学院的演讲。他认为:"当工党在媒体占有率上以超过18个百分点落后于保守党时,它从未能赢得选举。"(M. Linton, 'Sun-powered politics', Guardian, 30 October 1995)

第5页)。韦克厄姆所提及的"激烈"与"深度",包括了《每日邮报》"租税炸弹案"报导,以及《太阳报》在投票日所下的标题:"假如金诺克(Kinnock)今天获胜,英国将前途无量"。

1992年媒体所表现出来的反工党的政治偏见并非什么新鲜事,但却达到空前的高度,而且在观察家的眼中,的确对选举结果也产生了关键影响。保守党重要募款人麦卡尔平爵士(Lord McAlpine)于梅杰上任后几天,就在《星期日电讯报》(*Sunday Telegraph*)中写道:"媒体是(1992年)选战的英雄。"

> 对工党的批评从未像此次这么具有全面性。他们每天在报纸上攻击、嘲弄与羞辱该党,这是一些政治人士在光鲜舞台上所无法从事的工作。这就是为什么保守党得以获胜的原因。①

民主社会中的报章媒体在法律规范下当然有权表达其好恶,但新闻界本身所提出的伦理规范,却认为不应以刻意歪曲与错误报导政治信息来左右选情。乔姆斯基(Noam Chomsky)与其他人则主张,先不管什么是"真相",苏维埃时代的宣传机器与自由社会中甘愿为某政党摇旗呐喊的报纸,两者之间的差异其实并不大。我们已经可以在1992年与1997年之间看到亲保守党媒体偏见的式微,这大部分归因于工党不断且有技巧提出的控诉,这一事实显示:民主体制内的新闻从业人员(即使是小报也一样),有义务提供多元不同的政治讨论空间,避免散布一些虚构内容与谎言,使某些报导对象受到伤害。在未来几年,工党的执政前途就要看英国报刊媒体是否认真负起这一义务。

### 政治新闻八卦化

假如1992年至1997年之间是报章媒体对保守党逐渐失去偏好的一段时期,那么它同时也是政治丑闻空前充斥的时期,而且大部分丑闻对保守党不利。这两种现象是有所关联的,默多克(Messrs Murdoch)、布莱克(Black)、蒙哥马利(Montgomery)等人就发现,民众越来越难支持一个道德上明显后退的政党。近几年,对政治人物道德缺失的报导大量出现,但这些报导也被指责破坏了人们对政治体制的信任,而且这些报导所使用的方式

---

① 引自麦凯(D. McKie)之语:"事实是开放的,但评论却是不可侵犯的。" I. Crewe and B. Gosschalk (eds) *Political Communication: The General Election Compaign of* 1992 (Cambridge: Cambridge University Press, 1995), p. 128.

也被谴责为违反道德。

前面我提到了那则以金钱换取质询的丑闻,这是近来报纸所揭露丑闻中较受大家欢迎的例子。在观察家的眼中,对国会议员性丑闻与生活方式缺失的揭露,却不怎么受欢迎。这些报导包括:玩弄女性〔诺里斯(Steven Norris)〕、性怪癖〔米利根(Stephen Milligan)惨死事件〕、同性恋〔海斯(Jerry Hayes)〕、酗酒与酒后驾车〔斯科特(Nicholas Scott)〕。几乎所有遭受指责者均为保守党籍,许多人被迫下台,并且这些人要为1992年以来保守党选票的流失负责。报纸对于这些事件的报导,也被谴责为表面上关心国家道德问题,实则(在这激烈竞争的媒介市场中)是为了追求商业利益。有人认为,只要个人私生活并不干扰其政治上所应负的责任,政治人物有权保有其隐私,例如,海斯的性偏好与其议员生涯何干呢?

皇室目前也遭受私生活被报刊严重伤害的处境,致使其身为英国宪法支柱的角色,在舆论推波助澜之下受到严重打击。

对这种揭发式新闻的道德辩护如下:不论其隐藏动机如何(大家也很少怀疑在八卦小报编辑心目中,的确存在商业利益大于公共利益的考量),报章媒体有权而且有责任揭发政坛人士的伪善面貌。当政治人物于议场中大声疾呼单亲家庭所呈现的社会恶质化现象,或以回归基本道德价值为其竞选策略,但私底下却对妻子不忠、拒绝承认非婚生子女时,选民有权知道这些事情。这些私生活中的行为明显与其公共政策主张有关,故两者之间的矛盾是可以被当成政治新闻的题材。

对皇室私生活的曝光式报导也有其公共利益诉求。尼尔(Andrew Neil)为《星期日泰晤士报》连载莫顿(Andrew Morton)所写的已故戴安娜王妃传记辩称:首先,该传记是在戴安娜本身希望有一部站在其立场这一意愿的情况下写成的作品;其次,公众有权知道一些具有严肃宪政意义的事务,即使其涉及私人领域。他还将查尔斯与戴安娜离异事件所引发的媒体与社会大众对其私密生活的关注现象,对比于1936年爱德华八世逊位事件,不过后者当时并没有如前者般受社会瞩目。

上述对那些煽情、偷窥与商业成就的政治新闻的辩护,某种程度上确实符合其专业伦理规范的某些要求,因为在现代欧洲世界形成而封建制度崩溃之初,新闻事业的出现就是要对权贵人士进行监督。可以这么说,如果公众对政治人物的评价遭到阻碍,那么谁又该负责呢?

一些媒体社会学家抱怨,那些报导向"公众提供一些偷窥而来的个人私生活新闻,结果使公众不再关心一些政策基本方针的报导"(Gripsund,1992,p. 94)。其他人则正面肯定这些茶余饭后聊天题材所提供的颠覆性效果，让公众警觉到必须对权贵人士抱持怀疑态度（菲斯克，1992，p. 61）。

这些"败德"新闻对我们的政治文化所造成的影响，本书读者自有其观点，但很明显地，虽然某些对精英人士不当行为的曝光报导，与新闻自由的道德规范是一致的，但有一些则仍需存疑。假如新闻界不想让早已不佳的名声再往下沉沦，那么将上述两者加以区别，就是他们自身必须先完成的工作；这些是花钱买报纸的读者所会关心的问题；这也会是该行业监督者"媒体申诉委员会"（the Press Complaints Commission）所关心的，虽然此委员会对这些事务提出的判断时常不一致也没有什么效果，而且还要专对这些过当行径立法禁止。大部分新闻从业人员，包括那些不愿以扒粪方式处理皇室新闻的人，都会同意一旦这些法律通过，将会是一件憾事，因为权贵人士可能会过度使用法律，对那些揭发精英腐败丑闻的合理合法报导行检查之实。

### 广电媒体

一直到最近，广电媒体中的政治新闻都尚未遭遇如平面媒体所面临的道德挑战。在英国及其他许多国家，广电新闻受到严格的规范，以确保其不会偏向特定政党，并向公众提供现代民主体制运作中所需的完整政治信息与分析。结果即使在大部分色彩占商业化的国家内（例如美国），广电新闻也得以拥有中立与非党派形象（是因为广播电视其超然的声誉，以及其国家拥有众多政党之故），这使其在公共领域中扮演着突出的角色。然而在20世纪90年代，越来越多的广电媒体从业人员因滥用其角色而受到谴责，在工作中对这一政治传播环境造成伤害。

回到整个讨论开端，许多人认为广电媒体（尤其是电视）应对选民的抉择负起责任，因为它对政治风格具有支配性的优势。由于广电新闻在政治议题上有其空间限制与篇幅限制，所以它制造出如英国广播公司资深记者琼斯（Nicholas Jones）所称的"习于追逐简短口号的媒体环境"（1995，p. 51）。《国家》（the Nation）美国编辑法洛斯（James Fallows）则斥责广电新闻同业"过分将政治强调为一种犬儒游戏"（1996，p. 31），也"威胁到公共生活的运作"。虽然个别播报员几乎可以不必为此状况遭受谴责，因为当他们投入工作之前，这个环境就是如此，但他们身为一个族群，位于"政治人物—媒体公关幕僚—新闻记者"这一网络中的第三个环节中，他们涉入将政治传播转变为"散布操纵一些简洁标语〔引用政客的话语（soundbite）以及受人爱好的图像〔政治活动前允许记者入场拍照（photo-opportunities）〕"的过程。

这些批评有很多层面，但可约略摘述如下：基于商业、技术以及专业虚荣等理由，政治新闻的风格逐渐凌驾于对新闻实质的强调，当广电媒体可以提供观众与听众数量越来越多的政治新闻时，它的品质却下降了。

广电媒体风格的伦理问题

例如克朗凯特（Walter Cronkite）就曾批评他所看到的广电媒体"新闻娱乐化"趋势。① 本文先前已讨论过报刊新闻充斥越来越多揭人隐私、偷窥的内容，相同的论证于此仍然适用，因为广电体系目前越来越商业化与高度竞争，报刊媒体遇到的问题同样也出现在电视与广播新闻之中。

克朗凯特所引述的是美国所发生的问题，但英国境内同样也适用。在当代社会中，有线电视、卫星与数字技术的快速出现使广播电视业经历了迅速的转变。这一过程是否也会促使广电新闻八卦化呢？假如果真如此，对于第四新闻频道的斯诺（Jon Snow）而言，"那么整个民主结构就会受到威胁，在一个由简短的口号标语取代实质讨论的世界中，由于人类本身在沟通中所表现出的脆弱性，政治的实质内涵被牺牲了"②。

对广电新闻的批评不仅集中于"八卦化"为社会所带来的坏处，广电政治新闻在强调节目风格化（虽然试图想要表现其权威感、平衡报导、中立性等）却忽略实质信息传播的做法方面，也遭受到谴责。媒体分析家阿普尔亚德（Bryan Appleyard）对媒体的观察结论是："对严谨作风的强调已经成为其风格之一……在要求感官呈现最大化的高度市场竞争趋势下，出现大量超乎寻常的技术与表现风格。"③

这些情形不断出现在对"明星"主播的"吹捧"之上，例如英国最有名的帕克斯曼（Jeremy Paxman）、汉弗莱斯（John Humphrys）、麦格雷戈（Sue MacGregor）、诺蒂（James Naughtie）以及其他被要求采用攻击性采访风格的记者。这些人近几年在新闻时段中受到谴责是因为他们常以具有过度侵略性的质问方式面对政治人物，将政治新闻的访问节目变成无聊的交相指责时段，这么做虽然可以带来娱乐效果，但却没有什么营养。政治人物与广电媒体人员都同意，这种做法只是考验政治人物是否有唇枪舌剑的能力，却无法由此看出其政策表达能力。

政治新闻的主题成了政治"游戏"而非政治议题，着重"过程"而非政策。如同法洛斯观察的，使新闻得以有意义的脉络背景被牺牲掉了，取而代之的是有助收视率的戏剧手法。

---

① W. Cronkite, 'More bad news', *Guardian*, 27 January 1997.

② J. Snow, 'More bad news', *Guardian*, 27 January 1997.

③ B. Appleyard, 'Please adjust your mind set', *The Independent*, 9 February 1994.

但另一方面,对"明星主播"而言,那些具有敌意的访问方式其实与其对阅听人的道德义务是完全一致的。汉弗莱斯(John Humphrys)拒绝接受政治人物对其风格的批评,他认为像他这样的广电主播,在揭露政治人物言行不一现象的工作上,扮演着关键性的角色。在逐渐受操纵的传播环境之中,为了公民的利益,深度的政治访问应允许一些具有不可预测性与挑战性的问题提出。这种做法的后果可能常常使节目缺乏一贯性与理性,"但对政治人物所进行的访问过程,却是选民与其政治领袖之间的重要桥梁。我们必须撷取全国性议题的某些精华,提供选民他们所关心的部分"①。科克雷尔(Michael Cockerell)认为,虽然汉弗莱斯(包括其他明星主播)"于其访问节目中展现的持续炮火有时会招致反效果……他的目标在于剥去政治人物光鲜的公关式外表,并运用其尖牙利齿对抗那些排练好的口号标语"②。

我们也许可以理解为什么身陷汉弗莱斯及其同行攻势技巧中的那些政治人物们,会是最关心政治访问节目伦理问题的人,单就此理由来看,在我们同意要求记者降低其攻击性风格时,的确该先有所警觉。[对于不受权势胁迫的新闻业而言,这些虚张声势的报导者以及如法洛斯(James Fallows)所称的"超对抗主义",这些偶然范例只是一个小小的代价而已。]

## 结 论

本文所检验的传播行为中的三种族群,都是在参与一场竞争,或者说是本文所隐喻的"游戏"一词。政治人物与记者在竞争谁能决定新闻内容,好让他们对事件的观点获得报导。媒体公关幕僚则是担任政治人物的公关顾问与经纪人,有技巧地完成政治人物所想达到的传播效果。我们这些选民则是担任旁观者,偶尔也会加入游戏之中。在每次选季来临时,我们被要求选择在这一任期中谁的演技最好,以及谁有可能在未来任期中表现最佳。

政治人物要求我们根据他们在我们面前提出的政策进行抉择,他们的媒体公关幕僚与媒体顾问则假设除了政策内容之外,我们更会被政治表演者的风格以及其形象所左右,因此据以进行操控。新闻记者则负责调查实质政策与表面形象之间的关联性,揭露并夸大事实与表面之间的差距,并将当中的矛盾赤裸裸地呈现出来,好让我们注意到有个游戏存在,以及参赛者所使用的一些技巧策略。

---

① J. Humphrys, 'In the firing line', *Guardian*, 24 May 1995.
② M. Cockerell, 'Whose fingers on the mike?', *Guardian*, 27 March 1995.

这些做法都不会与每个族群各自相关的道德规范有落差。政治人物宣扬其理念，媒体顾问提供咨询，新闻记者则抽丝剥茧，他们全都只是尽职罢了。从参与者的角度来看，媒体环境今昔之差异（甚至现已成为一项热门议题），主要在于这场游戏更具竞争性与操纵性。而在我们这些旁观者眼中，媒体游戏比起以往更是无所不在并闯入生活各层面。我们开始觉得是否所有事情都过度泛政治化，我们厌倦了政治人物们的矫揉造作、记者们的刺探手法以及媒体公关幕僚蒙蔽大众的手段。然而我们不应将这些过度刺激视为理所当然，如前所述，不到一百年前，英国妇女尚未拥有投票权。当缺乏电子媒体监视时，政治人物与其他精英团体可以在不受媒体干扰的情况下追逐其利益。一直到20世纪50年代，记者在处理政治人物新闻时（如同在黑白新闻影片中）仍尽量予以尊重。至于资本主义高度发展地区以外的国家，许多人仍活在罪恶腐败或威权压制的阴影之下，那些地方恐怕连帕克曼、诺蒂甚至麦肯锡（Kelvin Mackenzie）都不愿意多待十分钟。

当然有些做法实属过当，对社会道德并无益处。例如政治人物说谎，记者为了攻击效果对受访对象采取过分敌对态度，无正当理由而大揭公众人物隐私，仅为追逐其商业利益，媒体公关幕僚以带有恐吓意味的电话、传真要挟媒体。

然而对于这些问题的改善，端看我们是否认清对于政治传播工具的滥用行径，以及这些行为是否成为我们进行政治判断时所参考的证据与信息。这篇论及政治传播伦理的文章，如果没有引用大量媒体相关讨论（即政治传播道德伦理），是不可能写作完成的。拜媒体之赐，我们目前生活在一个充满"信息"的时代，有足够信息免于政治人物（在其媒体顾问协助下）伪装、欺骗与操控大众的意图。当然，我们也可以由自身的人生经验，去检验政治传播者的所言所行。用来建构我们政治行为的信息，有很大一部分是由媒体提供，但也绝非全部来自于媒体。

本文所讨论的传播趋势，我们目前并没有能力加以扭转，我也认为我们不该期待有重大变化。我们生活在人类有史以来最为媒体充斥与信息爆炸的社会之中，社会精英于此社会中更难为了掩饰其道德缺失而隐藏其秘密并压制言论。或许我们接收的政治信息有过多之虞，有许多根本就是无用与过于浮面的材料，但这种情况总比几个世代之前饱受抑制且充斥谄媚态度的媒体来得好。

进入数字电视与因特网时代，我们面临了另一波的政治媒体扩张现象，为数众多的无线或有线新闻频道有许多时段篇幅需要填满。面对这一挑战时，身为公民的我们应保有警觉心，确保记者在维持一定的行为道德规范之下，关照到我们的需要，监督他们所报导的政治人物以及那些企图影响其报导内容的媒体公关幕僚。我们应该鼓励一般学校与大学内的媒体教育，好让 21 世纪的公民拥有批判性阅读与收视的技巧，为其公民义务预作准备。我们应该要求信息自由以及政府运作透明化，应该支持对媒体所有权的适度限制，以免政治传播工具为财阀所垄断，并降低媒体片面报导的可能性。我们应该支持公共服务广电媒体的设立，并期待其适应新颖的技术与收视类型。假如所有这些条件都难以获得满足，那么我们所能做的，就是行使拒绝加入游戏的权利：关掉开关、表达不支持态度并要求停止。

# 6

# 萨达姆神话：新军国主义及人情趣味新闻的宣传功能

## 海湾战争神话的形成

有人辩称1991年并没有发生过海湾战争，以一般所使用与理解的说法而言，1991年1月至2月间，在波斯湾所发生的事完全不能算是一场"战争"，它简直是一连串大屠杀。这并非只是语义上的一种诡辩，这种特殊见解（以及"战争"神话的概念）对新闻报导的研究而言，具有丰富的理论性与分析性意涵。当时并没有所谓足以令人畏惧的敌人，在战争动员阶段，英美新闻报导中不断呈现伊拉克陆军百万雄兵的形象，他们是世界上规模第四大的部队，历经八年两伊战争的"骁勇善战之旅"[①]，且由穷凶极恶的狂人萨达姆所领导。1991年1月至2月间，当伊拉克士兵成群结队潜逃，而且经不起接二连三的战场杀戮，英国新闻界还预测二战后最大规模的地面作战即将展开。关于伊拉克庞大防卫架构与高度精密地下工事的报导，大量出现于媒体中，但最后战争的结局却是联军轻易获胜，伊军惨败，残酷的杀戮埋葬了人们想象中的英雄之战。

战争的本质与意义，发源于神话、演说以及媒体。以这种方式去理解战争，能将人们注意力吸引至广泛的政治与经济因素，相关国家的穷兵黩武的本质，以及这些国家中主流媒体扮演的传声筒角色。更特别的是，它能凸显

---

[①] 伊拉克部队事实上在1980年至1988年间的两伊战争中表现很差，曾有好几千逃兵纪录。A. Abbas, *The Iraqi Armed Forces, Past and Present in Saddam's Iraq: Revolution or Reaction?* (London, CADRI/Zed Books, 1986), p. 220 and Norman Friedman, *Desert Victory: The War for Kuwait* (Annapolis, MD: Naval Institute Press, 1991).

令人情绪激昂的新闻及人情趣味报导的宣传功能。①

一些大规模的战争不再是一种单纯的军事冲突。人民被屠杀,孩童与士兵精神受到创伤,建筑物、医院、电台、油库遭到摧毁,大规模战争在媒体中大肆展开,不过却不具任何战略目的。海湾战争中,联军只花很少功夫在驱逐伊拉克士兵离开科威特,也花很少力气在保护沙特阿拉伯免于伊拉克的入侵,花在保护油品供应无虞上的时间也不多,事实上这场军事冲突并未在除去萨达姆的工作上耗费多少功夫。1990年8月之前,萨达姆的领导权力受到东西国际阵营的主要成员所支持,甚至在1990年8月之后,他仍受到美国中央情报局的支持②,而且毋庸置疑地,至今联军主要成员中,尚有一些人士仍继续支持其政权③。

## 踢开越战症候群,建构萨达姆神话

大规模战争多半是需要被建构的(让人们看到战斗与胜利),以至美国精英会从他们的集体记忆中治愈消除越战战败所造成的精神创伤。④ 在匆促的建构下,神话般的萨达姆被突然变成理想战争中所要对抗的理想敌人,因为自从苏联瓦解后,美国如此庞大的军工复合体正面临潜在的危机,而且极度渴望找到一个新的敌人。英国在1982年远征一个没有什么重要性的福克兰群岛(岛上绝大部分的居民是企鹅,就创下了先例),便将一种军事化行动转变成一种看热闹运动。⑤

然后在福克兰经验的开路下,格林纳达(1983)、利比亚(1986)和巴拿马

---

① 例如,Noam Chomsky and Edward Hermann, *Manufacturing Consent*(London, Vintage, 1994).

② Alan Friedman, *Spider's Web: Bush, Saddam, Thatcher and the Decade of Deceit*(London, Faber, 1993) p. 172.

③ Helga Graham, 'How America saved Saddam', *New Statesman and Society*(20 September 1996), pp. 24—6 and Richard Keeble, 'How the West pulls punches against its favourite demon', *Gemini News Service*(London, 14 January 1997).

④ 有许多事实促使美国(及其盟国)建构这一战争神话。例如为了强化社会的团结,将公众眼中媒体、军事以及工业精英分子的行径合法化;美国需要军事行动中的领导地位以便在"世界新秩序"中与经济实力日益增强的德日两国对抗;伊拉克社会经济虽对西方世界不构成严重威胁,但将之瓦解却有利于以色列;这场战争也可以将一些人员设施充作尖端武器实验对象;它也可以用来改善当时布什总统的软弱形象,强化其连任声势。

⑤ 参阅 Robin Luckham, 'Of arms and culture', *Current Research on Peace and Violence*(Tampere, Finland) iv/1 (1983), p. 18 and Michael Mann, *States, Wars and Capitalism*(Oxford: Blackwell Publishers, 1988).

(1989)也被美国当作敌人玩弄,但没有人能比得上萨达姆。此外,战争神话亦证实一些更内在的说法,因为战争可以解决古老军国主义内部的一些矛盾,保障伊拉克精英阶层的既得利益。因为自1988年两伊战争停火以来,成千上万的男人从前线回到城市,造成许多失业与不安情绪。① 他们中的许多人投身反政府运动,尤其是库尔德族人与什叶派教徒。② 一场"战争"可以消灭许多人。如同贾巴尔(Faleh Abd al-Jabbar)所说的:"战争中的溃败,使萨达姆整肃军中大部分可能对其造成麻烦的单位,而保存最效忠的部队。"③

## 媒体眼中的神话战争

在波斯湾发生的这一场看起来像是战争的战争,如同一部电影一样④,联军每天按照事先安排好的脚本演出。如同那地[Faud Nahdi,他是《洛杉矶时报》(*Los Angeles Times*)派驻利雅得的三位记者之一]所说的:"每天第一场新闻演示文稿会是在早上7点30分,从那里你可以正确地获知每天的战线会蔓延到何处,脚本是事先拟好的,而且我觉得自己好像是一场球赛的球评或电影影评人。"⑤

所以新闻检查制度(集中管理、禁止新闻记者前往前线、以军事理由恐吓记者)主要也是为了一些象征性的目的服务。它表现军方对操控战争行为那种任意且垄断的权力,同样地,在近乎垄断的情况下,英美媒体将自己国家的支配优势扩及全球传播网络。⑥ 根据此支配方式,军队以双手被绑在背后的姿态出现于越战中(由一些反叛媒体与和平妄想者所造成)。越战是一场"失控"的战争,而沙漠风暴则是美国军方所试图进行的理想战争:控制它,并给它一个设计出来的快乐结局。新闻检查制度与其说是用来维持军事安全,不如说是防止出现负面的杀戮形象。

---

① Efraim Karsh and Inari Rautsi, 'Why Saddam Hussein invaded Kuwait', *Survival* (January/February 1991), pp. 18—30.
② John Pilger, 'Who killed the Kurds?', *New Statesman and Society* (12 April 1991), pp. 6—7.
③ Faleh Abd al-Jabbar, 'Why the uprisings failed', *Merip* (Washington DC; May/June 1992) pp. 2—14.
④ George Gerbner, 'Persian Gulf War: the movie' in Hamid Mowlana, George Gerbner and Herbert Schiller (eds), *Triumph of the Image: The Media's War in the Persian Gulf—a global perspective* (Boulder, CO: Westview Press, 1992), pp. 243—65.
⑤ Interviewed London, June 1992.
⑥ 例如英美两国之外的媒体只被允许在三处集中地点进行采访。

## 新军国主义与媒体报导的宣传功能

海湾战争可被视为一种全新形态的军国主义。如同库姆斯（James Combs）对福克兰战争与美国入侵格林纳达之役提出的看法：

> 这是一种新的战争形态，一种表演的战争。在这一场战争中，大"导演"的注意力不仅摆在战争行为本身，更注意战争的媒体形象。在以政治与军事权力对大众媒体提出命令、压制与收编的情况下，负责国家安全的精英能够使军事事件按照剧本演出，删去不当的场景与令人气馁的言语，将军事行动塑造成富有戏剧性且满足人心的演出。[1]

军事战略成为媒体报导的一场事件、游戏与壮观场景。此外，战争转变为一种美国在全球媒体（以及军事）权力地位的象征性宣示（英国也拥有同样但比较小的权力），对媒体的操纵成为一项重要的军事策略，这种"媒体中心主义"成为新军国主义社会的核心要素。[2]

军国主义战争（例如1914至1918年的第一次世界大战；1939至1945年的第二次世界大战；越南战争）中的全民总动员场面已不再，取而代之的是民众透过对受检过之媒体的消费行为，以另一种方式被动员了起来，这些媒体的工作就是制造"战争"的场景。面对媒体的宣传攻势，民众的反应是复杂的，包括热衷、轻蔑、冷漠与怀疑；然而更重要的是，媒体消费与民意调查提供了一种全民参与的幻觉，如卫星科技就塑造出一种"现场直播"的战争报导幻觉一般。

麦肯齐曾对19世纪英国军国主义的"表演剧场"提出过说明，在那种场景中，代表英雄象征的帝国主义记者在遥远殖民地的冒险故事，是一个很重

---

[1] James Combs, 'From the Great War to the Gulf War: popular entertainment and the legitimation of warfare' in Robert Denton (ed.) *The Media and the Persian Gulf War* (Westport, CT: Praeger, 1993), pp. 257—84. See Particularly p. 227.

[2] 这一媒体中心主义之定义不同于 Philip Schlesinger and Howard Tumber, *Reporting Crime: the Media Politics of Criminal Justice* (Oxford: Clarendon Press, 1994)，后者观念用于研究媒体内容以及记者与新闻来源的关系，这一研究路径被称之为"媒体来源分析"模式。

要的娱乐卖点。① 费瑟斯通亦曾指出,维多利亚时代大英帝国在非洲与印度扩张版图的一些"小"战争,也被一些战地通讯记者,例如罗素(William Russell)、亨蒂(G. A. Henty)、福布斯(Archibald Forbes)以及斯坦利(H. M. Stanley)所颂扬,以飨被溺爱的公众。②

但是维多利亚时代的报章杂志还不具有当今大众媒体无孔不入的社会穿透力。而且维多利亚时代的军国主义,还透过大规模的制度运作与社会运动进行强化,例如救世军、教会军,还有一些身着制服的青年组织、来复枪俱乐部以及工厂中的礼节与训练组织。麦肯齐评论说:"借由所有这些方式,使很大比例的人口都与军事与准军事组织产生某些关联。"③20世纪70年代之际,这种制度性与社会性的军国主义让位给一种新的媒体中心、消费主义式且娱乐化的军国主义;在这娱乐化的军国主义中,大众媒体在意识形态上与一个强大且逐渐善于隐藏自身的政府结合,并预设了某种主流的意识形态与宣传角色。的确,20世纪80年代刻意制造出的新军国主义式战争,部分目的是为了强化在国家安全部门以及边缘人士之中的政治与经济精英分子的权力。

不像传统军国主义战争的胶着经年,新军国主义战争是一种速战速决的战争。如同《华盛顿邮报》(*Washington Post*)前执行编辑布拉德利(Benjamin Bradlee)对1991年1、2月间战事所提出的评论:"这场战争最麻烦的地方就是,它快得不像话。"④但在新军国主义观点中,42天的波斯湾冲突是一场历时甚久的战争。因此,在快速进行的事件中,军队成为主要界定者,与各项行动保持遥远距离的新闻记者,也没有任何立场挑战他们所虚构出来的故事。

此外,新军国主义以战略为由所下达的某些指令,意味着战争变得难以报导。作战行动由飞机在高空执行(记者们没有办法随行采访),而且时常是在夜间进行。新式武器会将受害者烧成灰烬,使伤亡者的计算变得更困难。军事计划中对计算机竞赛的重视,意味着"真实"战争与任天堂式战争

---

① John MacKenzie, *Propaganda and Empire: The Manipulation of British Public Opinion 1880—1960* (Manchester: Manchester University Press, 1984).

② Donald Featherstone, *Victorian Colonial Warfare: Africa* (London: Blandford, 1993) and *Victorian Colonial Warfare: India* (London: Blandford, 1993). See also Raymond Sibbald, *The Boer War: the War Correspondents* (Stroud, Glos.: Alan Sutton, 1993).

③ MacKenzie, *Propaganda and Empire*, pp. 5—6.

④ John R. Macarthur, *Second Front: Censorship and Propaganda in the Gulf War*, 2nd edn (Berkeley and Los Angeles, CA: University of California Press, 1993), p. 147.

之间的区别变得模糊不清。

## 媒体所制造的防卫神话

主流媒体所复制出的优势观点,透露出自1945年以来,政府只在一些少数状况中曾进行自卫性战斗。因是之故,当无辜弱小的科威特(甚至,其暗示着是对弱小的西方人民)受到蛮横无理的萨达姆攻击时,海湾战争被描绘成一种合法且防卫性的反应。这种解释很明显地模糊英美两国国家体制与军事战略中的攻击性(而且时常是遮遮掩掩的)性格。

事实上,自1945年以来,英美两国几乎每年都曾在世界各地部署军队,只不过媒体通常没有注意到罢了。罗斯(Rose)就指出,1945年以来,英国军队比任何其他国家在更多地方参与更多次的战争[1];皮克(Steve Peak)计算出,福克兰战争是1945年以来英国第88次对外用兵[2]。而在美国的状况也一样,柯里(Cecil Currey)发现,自1950年以来,美国曾经对外动武或武力恫吓大约500次。[3] 美国中央情报局前干员斯托克韦尔(John Stockwell)指出,中情局曾卷入3000次大规模军事行动以及1万次小规模军事行动,导致全世界600万人丧生。[4] 美国国防部五角大楼顾问柯林斯(John M. Collins)对这些大多数秘而不宣的战争(即一般所熟知的低强度冲突,LICs)进行初步策略分析,过滤出了20世纪发生过的60个典型案例。[5]

主流媒体的观点并未使观众体认到国家本身的侵略性质,进而以为美国20世纪80年代在格林纳达、利比亚与巴拿马所进行的快速攻击(或当时政府所宣称的自卫行动)就是战争的典型,事实上,相反的状况才比较接近真相。柯林斯所提出的样本中,57%的持续不到5年,但有33%的超过10年。例如他就指出,对抗利比亚的低强度战争自1970年即已开始,1986年4月对利比亚境内目标所进行的为时11分钟的攻击行动(根据凯尔纳的说法,这是一件刻意被搬上媒体舞台的事件,甚至与美国晚上7点新闻时段同步进

---

[1] Stephen Rose, 'Spend, spend, spend – on military only', *New Statesman* (3 January 1986).
[2] Steve Peak, 'Britain's military adventures', *The Pacifist* 20/10 (1982).
[3] Cecil Currey, 'Vietnam: lessons learned', in Phil Helling and Jon Roper (eds) *America, France and Vietnam: Cultural History and Ideas of Conflict* (Aldershot: Avebury, 1991), pp. 71—90.
[4] John Stockwell, *The Praetorian Guard: The US Role in the New World Order* (Boston: South End Press, 1991), pp. 70—3.
[5] John M. Collins, *America's Small Wars* (Washington and London: Brassey, 1991).

行)①,只是多重冲突中的一个小情节而已。

大部分的新军国主义社会的战争进行方式,很明显地尽量避免使用大规模的武装部队,例如1991年冲突的初期动员阶段中,集结于沙特阿拉伯的联军部队就是如此;也不再进行大规模持久战(这是由于被军事工业复合体和媒体共谋的驱使而成),而是透过特种部队进行干涉行动,支持某些武装代表或领袖,发动外交、贸易与其他经济制裁,以特工部门制造动乱与暗杀。②

## 萨达姆神话的塑造

海湾战争神话的建构过程中,最重要的关键在于将萨达姆妖魔化。不过媒体对萨达姆神话的建构,在1990年8月前即已酝酿数月,到彼时才透过所有英国媒体支配主导所有报导。科威特遭到入侵之前,在媒体眼中,中东地区主要的大恶魔是伊朗。瑟尔(Searle)说明20世纪80年代《太阳报》(*Sun*)的种族主义色彩是如何对该国发动恶毒的攻势。1987年10月18日,当美国摧毁伊朗两座位于波斯湾的海上探油平台时,《太阳报》就评论说:"美国人拥有足够的武力将该国夷为平地,也许这对世界上其他人而言并非一件坏事。"③

在两伊战争期间(1980至1988年),伊拉克只被称呼为伊拉克或巴格达,西方世界主要成员当时比较倾向伊拉克,因此媒体对萨达姆的报导比较友善。弗里德曼(Robert Freedman)强调在西方媒体的报导中,还对萨达姆于20世纪80年代中期的经济私有化政策颇表赞同,甚至因此将之与撒切尔夫人相提并论。④

## 哈拉比亚的神话

媒体曾于1988年3月16日,对哈拉比亚库尔德族人所遭到的化学武器

---

① Douglas Kellner, *Television and the Crisis of Democracy* (Boulder, CO, San Francisco, Oxford: Westview Press, 1990), p. 138.
② See also Asaf Hussain, *Political Terrorism and the State in the Middle East* (London and New York: Mansell Publishing, 1988), p. 45.
③ Chris Searle, *Your Daily Dose: Racism and the Sun* (London: Campaign for Press and Broadcasting Freedom, 1989), p. 36.
④ Robert Freedman, *Middle East from the Iran – Contra Affair to the Intifada* (Syracuse, NY: Syracuse University Press, 1991).

攻击作出报导，也有所节制，即使在那一事件中，有超过5000位平民遇难，另外还有7000人终身重残。① 蒂默曼(Timmerman)宣称该事件中所使用的氢氰化合物，是由一家德国公司协助伊拉克发展出来的。② 这些毒气是在萨迈拉(Samarra)制造，与40多年前纳粹用来灭绝犹太人的毒气相类似。在对幸存者进行访谈之后，人权观察组织(Human Rights Watch)确认毒气弹是由伊拉克而非伊朗飞机所投下，因为那些飞机飞行高度低到机身标志可以被清晰辨识。③ 人权观察组织也列出60座于过去两年以来遭到芥子毒气、神经瓦斯甚至是两种毒气攻击的村落。④

对于哈拉比亚发生的残暴行径，媒体并没有对萨达姆个人进行多少谴责。并不是如同希特勒或纳粹一般的行径出现，《卫报》(Guardian)在1988年3月17日的报导最为典型："除了伊朗裔和库尔德族人所提供的'复仇'这一理由外，找不到对哈拉比亚的轰炸事件的任何解释。"萨达姆的疯狂性以及他对权力的极度渴望，被视为是种种暴行的发生原因，当3月24日一篇社论将该暴行界定为"伊拉克最新与最大的战争罪行"，就反映出了政府对这场战争的立场，是不站在任何一边，而要求停火。

同一时间，媒体则特别强调美国政府所宣称的伊朗人也必须为化学武器攻击事件负责这则新闻，《时代》(The Times)以显著的头条报导："美国有证据显示，伊朗也在使用化学武器。"另一方面，《卫报》引述路透社有关美国国务院发言人雷德曼(Charles Redman)的报导指出："有征兆指出，伊朗同样在作战中也使用了化学炮弹。"

在攻击事件发生后六周，一份由西班牙军医卡尔莫纳上校(Col. Manuel Domingues Carmona)所提出的联合国调查报告提出一项结论：伊拉克、伊朗或两者是否要受到谴责，这还很难说。⑤ 1990年2月，一份由美国陆军战争学院提出的报告指出，伊拉克无须为哈拉比亚大屠杀负责，"库尔德族所

---

① Steven Rose and Abraham Baravi, 'The meaning of Halabja: chemical warfare in Kurdistan', *Race and Class* 30/1 (1988), pp. 74—7.

② Kenneth R. Timmerman, *The Death Lobby: How the West Armed Iraq* (London, Fourth Estate, 1991), p. 293.

③ Human Rights Watch, Middle East, *Iraq's Crime of Genocide: The Anfal Campaign against the Kurds* (New Haven, CT and London: Yale University Press, 1995), p. 70.

④ ibid., pp. 262—5.

⑤ John Bulloch and Harvey Morris, *No Friends but the Mountains: The Tragic History of the Kurds* (London: Viking, 1992), p. 144.

遭到的杀戮事实上是由伊朗人的轰炸所造成的"①。是否因为伊拉克当时算是美国比较亲密的盟国，所以美国政府故意提供这种错误的信息？当然当时有些媒体曾对哈拉比亚事件提出几个关于伊拉克涉嫌的疑问，但这些怀疑在1990年的危机与之后发生的屠杀事件中却完全销声匿迹，反而在日后哈拉比亚事件才成为妖魔化伊拉克领导人的重要材料。

## 巴佐夫特矛盾情节

精英面对萨达姆时的矛盾情节，在《观察家》(Observer)记者巴佐夫特(Farzad Bazoft)1990年3月15日被逮捕的报导中相当明显。1989年8月17日，一场大爆炸摧毁了巴格达北部阿希拉的一家工厂，巴佐夫特与一位英国护士帕里什前往该地拍下一些照片，甚至采集一些土壤样本。② 在被伊拉克警察逮捕后，他"承认"自己是一名以色列间谍。在他被捕后，英国情报单位故意放出消息，指出巴佐夫特曾于10年前从一个住宅合作社中盗走500英镑。根据皮尔格(John Pilger)的说法，英国军情五处之所以有如此举动，是由于撒切尔政府想找出借口，以免被迫中止与萨达姆进行商业和武器交易。③

《太阳报》(The Sun)报头标题写着："被捕之人是一个强盗。"《邮报》(The Mail)说："巴佐夫特十足是一名以色列间谍。"《今日报》也写着："巴佐夫特是一名以色列间谍。"《今日报》(Today)也说："巴佐夫特是一名以色列间谍。"《星期日电讯报》(Sunday Telegraph)的一位编辑谴责他是间谍，专门从事攻评政府的调查报导。从事调查新闻报导的记者亨德森(Simon Henderson)也认为巴佐夫特是一名间谍，他说："英国从未承认巴佐夫特为其间谍，伊拉克也未能提出明确证明，理由很清楚：假如英国承认这件间谍案，两国的外交关系就会破裂。"这两个国家都不愿见到这种局面，"所以巴佐夫特事件就如此不了了之地平息下来"④。

---

① Stephen Pelletierre, Douglas Johnson and Leif Rosenberger, *Iraqi Power and US Security in the Middle East* (Washington, DC: US Army War College, Strategic Studies Institute, US Government Printing Office, 1990). See also Martin Yant, *Desert Mirage: The True Story of the Gulf War* (Buffalo, NY: Prometheus, 1991), p. 109.

② Daphne Parish 在 *Prisoner in Baghdad* (London: Chapmans Publishers, 1992)中提出他对事件的理解。

③ John Pilger, 'Shedding crocodile tears', *New Statesman and Society*, 20 March 1992, p. 10.

④ Simon Henderson, *Instant Empire: Saddam Hussein's Ambition for Iraq* (San Francisco: Mercury, 1991), pp. 214—16.

## 人情趣味新闻的宣传功能

当伊拉克于1990年8月入侵科威特之后,萨达姆的人格成了具有煽动性的媒体报导中的焦点,事实上萨达姆简直成为伊拉克的代名词。在这种思维方式之下,深植于新闻记者文化中的人情趣味偏向,扮演了重要的宣传功能,将庞大复杂的历史加以简化,严重歪曲冲突事件所代表的意义,将人们的注意力由重要的社会、政治、地缘战略、宗教与经济事实中转移开来。

如同柯伦(Curran)、道格拉斯(Douglas)与华纳尔(Whannel)所主张的,人情趣味的报导并非只是一扇不带偏见的窗户,它面对世界时会带着某种特殊的角度。① 因此,就算刻意排除基本结构上的不平等,然而在一个拥有既定自然性质的世界中,一些非历史性的力量,如"运气、命运与机会"仍会宰制人们看待事物的角度。保罗·肯尼迪(Paul Kennedy)将人类内心的好奇偏向,视为保守历史意识形态中的潜在症状,这种偏向会让人先注意到一些令人感到好奇的事实,而非事件更深层处所可能蕴含更接近真相的事实。②

斯帕克斯(Sparks)强调这种观点,他说:"一般流行的人物新闻,成为我们看待世界的解释架构,整个社会秩序于其中被看得一清二楚。"媒体因此而无法纵览"社会全貌",包括"复杂的制度性结构、经济关系等等重要事实"。③

将危机事件过度集中于人身攻击,最后成为一种重要的宣传功能,将所有谴责都指向同一人:萨达姆。因此,当1991年冲突期间,联军轰炸位于巴格达的阿尔梅利亚防空洞,以及攻击撤往巴士拉路途中的应征兵,造成了无数的死伤,都只有一种预料中的反应:这一切都是萨达姆的错。面对屠杀行为所引发的指责,联军总是回答说这只是踢一踢萨达姆的屁股,那些应征兵在他们眼中只是一群不具人性的野兽;对于伊拉克平民的伤亡,联军不是认

---

① James Curran, Angus Douglas and Gary Whannel, 'The political economy of the human interest story', in Anthony Smith (ed.) *Newspapers and Democracy: International Essays on a Changing Medium* (Cambridge, MA: MIT Press, 1980) pp. 288—316.

② Paul Kennedy, 'A. J. P. Taylor and profound causes in history', in Chris Wrigley (ed.) *Warfare, Diplomacy and Politics: Essays in Honour of A. J. P. Taylor* (London: Hamish Hamilton, 1986), pp. 14—29.

③ Colin Sparks, 'Popular journalism: theories and practice', in Peter Dahlgren and Colin Sparks (eds) *Journalism and Popular Culture* (London, Newbury Park, CA. New Delhi: Sage, 1992), pp. 24—44.

为证据不明,就是推说只是误伤。

## 希特勒萨达姆

在妖魔化策略与萨达姆神话的建构过程中,另一个重点在于将他比作新希特勒的代表。《电讯报》(The Telegraph)8月3日的报导最为典型,上面写道:"萨达姆总统入侵科威特的举动,更加证明了他像希特勒一样想做什么就做什么。"哈维(Robert Harvey)在一处显著的版面上说:"至少这次将之过度模拟为希特勒并非不恰当。"《邮报》(The Mail)编辑同一天也指出:"就如同20世纪30年代希特勒入侵捷克事件重演一样,伊拉克独裁者蔑视国际舆论,强行攫取一个弱小但富有的国家,这项暴行完全不具任何正当性。"在8月4日的《太阳报》上,阿拉伯事务专家拉芬(Dr. John Laffing)博士指出:"对权力具有狂热欲求的暴君萨达姆,他对希特勒元首梦幻式的模仿与崇拜,在昨日完全显露无遗。"

8月5日,《星期日泰晤士报》(Sunday Times)提及伊拉克的入侵行动时说道:"这是一种根据希特勒路线而来的策略:以闪电战并吞弱小的邻邦。"《观察家》社论同一天在"为何这位波斯湾希特勒非得如此"这一标题下写道:"如果想要摆脱这号人物,不靠动武是非常困难的。但假如他与希特勒的模拟成立,那么就会发现不太可能。"社论继续写道:"将某些人模拟于希特勒可能会发生一些反效果,例如艾登爵士(Sir Anthony Eden,他曾丑化那瑟)与里德利(Nicholas Ridley,他曾丑化科尔大法官)就付出了代价。但在萨达姆身上,全世界真的看到了另一个希特勒……他同样具有扩张野心且残忍毫无人性,如同那位德国元首一样,他内心想要以油田和武力为后盾,建立起一个所向无敌的伊拉克。"

《独立报》(The Independent)8月3日的社论指出:"当欧洲与希特勒交手并学到教训后,独裁者的胃口早已被喂大。"它在8月11日的人物介绍中说:"在不断地对希特勒以及斯大林进行比较后,发现一项重要的事实,即他与那些大独裁者一样都晓得某种秘密——他明了爱戴与恐惧之间的心理关系。"《镜报》(Mirror)更提高音调说:"萨达姆是阿拉伯世界的希特勒,如果现在不阻止他,西方世界将付出惨痛代价。"

美国媒体也出现类似的报导热潮,甘尼特基金会(Gannett Foundation)的研究指出,自1990年8月1日至1991年2月28日,平面媒体中将萨达姆比作希特勒的报导有 1035 次。① 在大西洋两岸,还另外以卡通方式强化这种模拟,麦克阿瑟评论道:"几乎没有任何记者听到有人反驳总统在记者会中提到的希特勒比拟。"②

然而这种希特勒的恶魔形象也不是"很自然地"出现在政客与媒体面前;它是为了一些重要的意识形态与宣传目的而出现。随着苏联的瓦解,"共产主义威胁论"不再能够作为合理化美国军事行动的借口,作为一种宣传工具,希特勒威胁论却十分有效:它很简洁也似乎不引发太多的争论。在一般人的言语中,希特勒早已成为邪恶与危险的最大象征,将希特勒的名字放在敌人身上,可以激起群众对敌人的负面情绪,同时也能提升对付敌人时所使用手段的道德正当性。《独立报》社论 8 月 3 日就很坦白地评论道:"由于俄罗斯所产生的巨变,有些人还正为失去一位罪大恶极的敌人而感到难过,此时他出现了。"萨达姆的确也是一名残暴的独裁者,8 月 11 日的人物侧写写道:"萨达姆总统已达到了极权主义典型的极致。"但近十年以来世界强权国家还极力设法将伊拉克当作朋友结交,在这些年中,媒体有好多次机会将希特勒这一标签贴在萨达姆身上。复兴社会党本来就有法西斯倾向,它在 1941 年于大马士革成立,前身是一个由阿尔发拉克与毕塔尔所组成的委员会,这个委员会的目的是为了协助阿里(Rashid Ali)在伊拉克所发动的纳粹式叛变。③ 1988 年 9 月 16 日第一次出现将萨达姆模拟于希特勒的说法。特姆良(Hazhir Temourian)写道:"萨达姆这个神经病,当他效法其英雄希特勒的时候,自以为可以逃过惩罚,然而最终必定会在文明世界的力量下受到处罚。"但这是左派刊物《新政治家与社会》(New Statesman and Society, pp. 20—2)所说出来的。

但 1990 年 8 月之后,这种将萨达姆模拟为希特勒的手法变得毫无忌惮,"1945 年以来有许多独裁者,但萨达姆却是万恶之极",然而这种宣称也没有什么历史标准可以证明其有效性;它只是纯粹为着言论的、意识形态的与最重要的军事或政治目的而服务。

这种不断重复的希特勒模拟,只会显得美国及其主要盟国在历史材料的使用上,充满着选择性与意识形态色彩的情绪。因为这种模拟的主要目的,就是利用前冷战时期的论调来遮掩许多历史事实,特别是英美两国在中东以及世界其他地方所展现的帝国主义作风。如同贝内特(Bennett)评论

---

① Gannett Foundation, *The Media at War*: *The Press and the Persian Gulf Conflict* (New York: Columbia University, The Freedom Forum, 1991), p. 42.

② Macarthur, *Second Front*, p. 72.

③ John Bulloch and Harvey Morris, *Saddam's War* (London: Faber, 1991), pp. 53—4.

的:"将萨达姆的人格生动地比拟为希特勒,显然与以往处理伊拉克问题的政策形成历史断裂,然后由一个看似全新的舆论中重建一套新的历史意义与情绪宣泄对象。"①

希特勒的模拟还扮演着一个更关键的角色,因为在复杂多层次的宣传计划中,它是被用来凸显除了军事手段外别无选择:因为希特勒终究只有靠武力才得以消灭。② 莱恩(Christopher Layne)就说:"运用20世纪30年代史实的这项模拟,假定'侵略'一定要加以抵挡而非姑息,因为如果一发生时不加以遏止,它就会如滚雪球般地无法收拾。"姑息是冷战或旧秩序多米诺骨牌理论的变量之一,就是因为它才导致美国于越南溃败。③ 质疑布什策略的人士会因此而被贴上"姑息主义者"的标签(重回1939年前的论调),然后把一些负面用语丢在他们身上。假如布什总统想要建立一个"新世界秩序",就必须要凸显出萨达姆以及他的国家会对全世界造成严重威胁,因此必须加以压制或摧毁。

对库尔德族的大屠杀之后,萨达姆仍然在位(美国仍继续对伊拉克政权采取一种暧昧的两面政策),希特勒模拟却忽然自媒体上消失了,这种模拟最终只透露出,它是一种试图将美国及其盟国之立场合法化的意识形态设计。

## 狂人萨达姆

在将萨达姆模拟为希特勒的同时,关于伊拉克入侵科威特报导中的另一个主要层面,是将萨达姆形容为疯狂邪恶之徒。8月7日,凯(John Kay)在《太阳报》写道:"英国特种空勤团(SAS)有能力刺杀疯狂的伊拉克总统,然后一举解除波斯湾危机。"《卫报》社论写道:"自从海湾战争结束两年以来,对于这两个从血腥战场中走过的受创政权,有时候真不知道要如何决定哪个比较疯狂或比较危险。"《邮报》8月3日版面中心的标题是"一个图谋创建个人帝国的新希特勒",将萨达姆描写成一名妄想自大狂患者。《快报》(*Ex-*

---

① Lance Bennett, 'The news about foreign policy', in W. Lance Bennett and David L. Paletz (eds) *Taken by Storm: The Media, Public Opinion and US Foreign Policy in the Gulf War* (Chicago: University of Chicago Press, 1994), pp. 12—40. See particularly p. 32.

② Glasgow University Media Group, 'The British media and the Gulf War', research working paper (Glasgow, 1991), p. 3.

③ Christopher Layne, 'Why the Gulf War was not in the national interest', *Atlantic Monthly* (July 1991), pp. 615—81.

press)标题是:"疯狂的独裁者妄想统治阿拉伯世界。"在战争准备开打之际,由以色列情报局所提供的错误消息也不断出现在媒体上,报导指出:"本周一位以色列笔相学家应以色列情报局之邀检查萨达姆手稿(但事实上根本不知作者身份),并判定萨达姆迫切需要心理治疗。"

与这种描写方式相关的是对萨达姆(以及其支持附从者)的野蛮与残暴个性之强调,事实上在媒体炒作下,他被塑造成为一个凶残、没有人性与野蛮未开化的妖魔鬼怪,使用任何手段对付他都不为过。

《镜报》8月3日描述道:"他已是一名大屠夫,犯下种族屠杀罪行,并以毒气化学武器残害平民与敌军,在与伊朗的战争中造成50万人丧生。"8月7日《太阳报》以很恶毒的方式提出以一种动物来做隐喻之描写:"昨日一块石头在伊拉克驻伦敦大使馆被举起,然后有一只爬虫慢慢地钻出来。"这件事是在讽刺萨里赫(Shfiq Al-Salih)大使被问及伊拉克境内英国人质命运时所表现的冷笑姿态。报纸继续写道:"我们希望美国的B-52轰炸机能将他那副奸笑的嘴脸炸烂。"在许多报导之中,萨达姆被当成邪恶的化身,8月3日《邮报》写道:"据悉萨达姆批准了30种酷刑,包括残害肢体、挖眼珠、割鼻、割性器官以及断手断脚,此外还有将钉子钉进身体、以火红铁钻烫伤皮肉、以火焰灼伤受害者。"

这种对萨达姆人物侧写的主要类型,最令人印象深刻的是,他被描写为生存于无法无天的自然噬血状态之下,在那里并不存在正常的人类基因。在英美帝国主义历史中,政治、宗教与环境机能于此人物描写中并未占有一席之地。这是历史所完全未提及的,很少有人注意到萨达姆具有高明的外交手腕,因此对他的主要描述就出现了很奇怪的两面评价,最后还是得透过地区危机与大屠杀取得一致性。

如同普林斯(Prince)对这些反历史的心理投射及图像的说法一般,"伊拉克因此自现代世界与20世纪中,被流放到前文明时期一个不知名的地方,在时空与道德上与西方世界彻底隔绝"[①]。

## 陷入大众文化结构中的萨达姆

这一具有复杂背景的危机事件,一开始就被摆在主流大众文化惯常理解的善恶争斗架构中。如同阿代尔(Gilbert Adair)所说的:"萨达姆成了集

---

① Stephen Prince, 'Celluloid heroes and smart bombs: Hollywood at war in the Middle East', in Robert Denton (ed.) *The Media and the Persian Gulf War*, pp. 235—56. See particularly p. 244.

万恶于一身之人,让我们想起〇〇七电影中的大恶棍。"①《镜报》编辑格林斯莱德(Roy Greenslade)对库尔德族屠杀事件所作的稍后评论:"我们是以相当主流且八卦式的方法报导战争,其中存在一位明显可见的敌人,萨达姆就是这一个恶徒,这是我们看待所有事情的基本假定。"②

薛斯塔克(John Schostak)接着发展此项主题,他写道:

> 如果我们回想一下被包装已久的二次大战神话,萨达姆的行径以及西方世界的反制作为就可以很轻易地向大众解释。在西方世界处理中东事务的复杂历史中,可以见到他们放任独裁者崛起甚至给予资助,但这些事实都被巧妙地遮掩了。西方强权对全世界的入侵与颠覆,就在这种善恶争斗的简化模式下被忽略了。③

根据福尔(William F. Fore)的看法,大众媒体的表达方式早已被那些在幕后利用它的文化操控者所简化④,它们只是在复制那些政治精英的说辞,例如布什总统曾告诉国会:"我已解决了心中所有的道德问题,这是一场光明与黑暗、良善与邪恶之间的争战。"这种反历史真相的道德化说辞,不断地在媒体上重复传播,终于致使伊拉克入侵科威特的行动变得那么地不可理喻。

## 媒体报导对库尔德神话的建构

自战事发生以来,媒体对萨达姆的描写明显摇摆不定。1991年库尔德族人叛变寻求建国,之前类似事件在媒体上通常被淡化处理,当时库尔德族却跃为民族解放斗争的英雄,萨达姆对库尔德族及南部什叶派的镇压行动,反而被用来强化其压迫者形象。

然而这种对库尔德族悲惨处境的浪漫式叙述(落入主流媒体简化善恶对立的描写方式),背后却掩藏美国中央情报局长久以来对库尔德族事务的

---

① Gilbert Adair, 'Saddam meet Dr Strangelove', *Guardian* (29 January 1991).
② Roy Greenslade interviewed in London, May 1994.
③ John Schostak, *Dirty Marks: The Education of Self*, Media and Popular Culture (London: Pluto, 1993), p. 85.
④ William Fore, 'The shadow war in the Gulf', *Media Development* (October 1991), pp. 51—3. See particularly p. 52.

涉入，但这些事情在媒体上通常是看不见的。① 如同海卡尔（Heikal）对库尔德族与什叶派事务的评论："假若两起叛变真的是想要改变他们在伊拉克的地位，他们或许早已成功，但就如同事实所呈现的，事件的参与者大部分只是想要趁混乱之际逞其贪婪与复仇意念。"②

此外，当媒体报导梅杰首相受到公众与媒体意见压力而幻想将库尔德族人自萨达姆的烧杀掳掠中解救出来时，却又受到其他政治现实所左右。③尤其是土耳其当局惧怕越过边境前来避难的库尔德族人，会壮大土耳其境内由库尔德工人党（PKK）所率领的库尔德族人反叛声浪，因此在报导中根本看不到此团体的声音，或是将之淡化处理。

或许由于海湾战争期间库尔德族对盟军的协助，库尔德族领导人觉得有理由期待从美国获得一些回馈。事实上，设立库尔德族保护区的构想，最早却是由土耳其总统奥扎尔（Turgut Ozal）于4月7日所建议④，梅杰是在隔天才提出计划。在南方，沙特阿拉伯所在意的是伊朗的威胁，什叶派的叛变因此注定要失败。

## 萨达姆如何被转化成一个顽皮的小孩

自从1991年3月以来，萨达姆有很长一段时间自媒体的视线中消失。一部分西方世界精英不讳言乐于见到萨达姆仍旧在位（用来阻挡伊朗的西进，并在必要时刻充作"敌人"，对其轰炸一番）。另外一些人则运用禁航区、秘密活动及偶尔进行的象征式轰炸行动压迫萨达姆政权，希望使其出局，但他不再被视为值得去征讨的全球性威胁。

尽管明显的是，在1993年1月以及3月间，由美国所主导的"零风险"空

---

① 参阅 Phil Agee, *Covert Action: What Next?* (London, Agee Hosenball Defence Committee, 1976); Bulloch and Morris, *Saddam's War*, p. 31, and William Blum, *The CIA: A Forgotten History – US Intervention since World War Two* (London: Zed Books, 1986), p. 278.

② Mohamed Heikal, *Illusions of Triumph: An Arab View of the Gulf War* (London: HarperCollins, 1992), p. 320.

③ 例如，Martin Shaw, *Civil Society and Media in Global Crises: Representing Distant Violence* (London: Printer, 1996), pp. 79—96, 他指出某些英国媒体，尤其是某些电视台，在说服梅杰首相推动"库尔德族安全区"计划上扮演重要角色。

④ Eddie Abrahams (ed.) *The New Warlords: From the Gulf War to the Recolonisation of the Middle East* (London: Larkin Publications, 1994), p. 40 and David McDowall, *The Modern History of the Kurds* (London and New York: I. B. Tauris, 1996), p. 375.

袭伊拉克行动，虽然所有的指责再度指向萨达姆①，但他的形象已然由邪恶更甚于希特勒，转变为偶尔需要"打屁股"的顽皮小孩②。

## 结　论

1991年的波斯湾冲突是一场由美国人制造用来驱散越战症候群的"大"战，萨达姆毫不令人意外地成为盟军征讨威胁全球的对象，所有围绕其人格所进行的残忍描述，却只是用来合法化盟军的立场，因此充满个人喜好偏见的媒体，于此历史与政治情境下，只是被用来扮演关键性的宣传角色。

如同里斯（Reese）与巴卡柳（Buckalew）所下的断语："这场战争是由媒体惯常手法所制造出的声势最浩大且难以反驳的（真实战场）幻像。"他们又说："政府、媒体与财团间牢不可破且相互滋生的三角关系，共同支撑着这次战争中的军事冒险行动。"③

美国自1991年以来所进行的军事干预行动，在媒体中并没有被宣传为一种英雄行径。此处所谓的新军国主义战争，是一种非常特定的、媒体中心的以及充满戏剧性的现象。如果相关条件不到可以明目张胆地进行大型战事的时候，这些战争就改以其他形式进行，如秘密行动（波斯尼亚）、低姿态占领"维和行动"（索马里与海地）或"惩罚萨达姆行动"（1996年9月美国轰炸伊拉克行动）。

事实上，如同西方世界精英谈及萨达姆时的摇摆态度，媒体舆论亦会随之起舞。

---

① Douglas Kellner, 'Gulf War Ⅱ, the media offensive', *Lies of our Times*, May 1993, pp. 17—19 and Douglas Kellner, 'The US media and the 1993 war against Iraq', in Yahya R. Kamalipour (ed.) *The US media and the Middle East* (Westport, CT: Praeger, 1997), pp. 105—18.
② Norman Fairclough, *Media Discourse* (London and New York: Edward Arnold, 1995), p. 95 and Richard Keeble, 'From butcher to bad boy' (London: Gemini News Service, 19 January 1994).
③ Stephen D. Reese and Bob Buckalew 'The militarisation of local television: the routine framing of the Persian Gulf War', *Critical Studies in Mass Communication* (Annendale, VA, 1995), vol. 12/1, pp. 40—59. See particularly p. 41.

# 7

## 隐私、公共利益与好色大众

### 公开贩售：何谓侵犯隐私权

曾有一份销售量颇大的报纸，刊登了一幅照片，上面是一位知名公众人物与另一位身份可以被明确辨认出来的人发生性接触。这一幅非常清晰但却不会令人讨厌反感的色情画面，旁边还附有一则新闻报导说明照片的意义。先让我们假设那份报纸可以提出一些看似合理的理由刊登这一则报导；他们所提出的各种理由稍后我们会再加以反省。有些报纸之所以不愿意刊载这一幅照片，只是因为它太刺激。且让我们承认，之所以要刊登这幅照片，只是为了用来足以佐证报导的内容。① 总之，照片的刊登并非毫无理由，但我们可以进一步追问：刊登这一则报导和照片有什么错呢？

首先，假如照片明显是透过不被许可的手段获得，那么这种刊载举动就是错误的行为。譬如，假如摄影者非法入侵私人住宅而取得拍摄画面，或者就算照片本身是合法的（几位同业皆宣称），但报社却经由非法渠道窃得，俱属此类行为。② 关于是否经过许可这一问题，还有一点令人疑虑之处，因为照片有时候可能是透过秘密渠道获得的，也就是说，照片主角并不晓得照片已经被他人取得。此处所谓的"秘密"，同时意味着某种卑劣以及偷偷摸摸的行为，也就是说在取得照片的过程中，隐藏着某些不正当或不光明的手

---

① 根据韦克厄姆勋爵（Lord Wakeham）对媒体报导与隐私和公共利益的看法，照片并非"只是说明性的"。参见 Roy Greenslade, 'Privacy on Parade', *Guardian*, 25 November 1996, G2 p. 17.
② Raymond Snoddy, *The Good, the Bad and the Unacceptable* (London: Faber, 1992), p. 35. 提供了"掠夺者"的例子，他们"伴随记者参与有关悲剧故事的访谈，并从壁炉架上掠夺（窃取）死者的照片"。感谢基兰为我指出这一参考资料。

段。我们假定此处不正当的举动并非先前讨论过的错误行为，而是指照片中的主角不但不晓得他们被偷拍了，同时他们也未预期自己会被偷拍。一位在杳无人迹且四周没有陆地的小岛沙滩上戏水的人，不会希望有摄影师在外海以长镜头相机偷拍。但是个人这种不想成为镜头对象的合理期望，却并不必然是一个他们不应被拍摄的合法期望，基于这明显的理由，媒体在对他们进行调查时，总是无法告知他们目前正在进行调查。

假如照片是靠对主角明显、持续且侵犯的骚扰方式取得，那么照片的刊载就是不正当的。一位日以继夜全程追踪某对象的摄影师，不让她离开其视线，拍下她的一举一动，这位摄影师的行径就是过分且不合理的，这种行为，法律应该加以阻止。取得照片的行为本身并非就是不正当的，毕竟它只是某个瞬间发生的拍摄动作。照片的取得之所以令人无法接受，在于它是透过骚扰的方式获得的。

如果照片的取得与刊载破坏了某种信任关系，就会被认为是不正当的。假如某人与另一个人进入一种信任关系中，而后者向他人透露一些借由此关系才有可能得知的消息，那么这个人就破坏了"信任"这一责任。这项责任可以透过某种表达或默契方式而产生，1993年一家小报刊载戴安娜王妃于健身房运动的照片，但由于她并不知道也未同意被拍摄，报社是在与健身房老板暗中合作下取得照片，因而她控告那位老板违反相互信任这一责任。然而在相似的案例中，即1990年《周日体育报》(the Sunday Sport)刊载演员凯(Gorden Kaye)在病榻上孱弱无助的样子，这条法律就没有被引用，虽然凯也可以提出相同控诉。一些人认为，在英国，与信任责任相关的法律可以包括对隐私权的侵犯。① 然而，这会令人担忧，有可能侵犯隐私的照片，是否一定是透过违反信任关系的手段而获得，这其中仍有讨论的空间。

最后，照片刊登时，如果图片的选择或旁衬的语言明显地意图羞辱、嘲弄、贬抑或污蔑主角，或者报导中的文字带有这种意图，那么就有可能引发道德上的关切。此处我们可以合理地认为，这一则报导超出了对有新闻价值事件的报导方式，而且没有对之进行公平的评论。这种报导方式根本上是对他人过失幸灾乐祸的心态，因为有时候这一过失就算不到需要加以谴责的地步，也该令人觉得遗憾，但报导方式却毫不分辨地为报导对象带来受惩罚的感觉。例如1996年间一些八卦小报对萨拉王妃颓废行径的大肆渲染，就让人有这种感觉。

---

① M. P. Thompson, 'Confidence in the press', *The Conveyancer and Property Lawyer* 57 (1993), pp. 347—58.

让我们假定，现在我们案例中的照片，并不会招致上述任何种类的担忧。假如在这种情况下还会觉得刊载照片会有什么不妥之处，那么人们的担忧之处，可能就在于他们并不认为个人私生活的自由，若非经过个人同意，应该成为媒体的报导对象，这种担忧触及对个人隐私的不当侵犯。本文接下来试图厘清这种担忧如何对抗将侵犯隐私权合理化的论证。

隐私权意指不让私人信息曝露在公共空间或不被揭露，私人信息指的是个人不想要被外界知悉或公开化的一些事实。这些事实不仅止于书面文件，还可以包括图像或语音记录。众所周知，个人越是想要保密的事情，旁人就越是想要一探究竟，某些人不喜欢别人知道其年龄，但也有另外一些人觉得无伤大雅，而我们大部分人会认为，个人的性生活与财务状况最好是秘而不宣。

这种对隐私权的理解并非唯一的可能途径。① 隐私权被定义为不受他人骚扰，管制对个人身体与私人空间的接近行为，私人事务的自主性，以及与世隔绝。没有任何隐私权的定义会被普遍接受，而且都会招致一般所熟知的批评与反例。此处最常提出的辩护与对定义的修正，主张隐私权指的是个人有权利限制他人对其本身以及私人信息的取得。② 因此，如果一位新闻记者获得关于我私人的信息，但是并未将之公诸于世，或许他所使用的方式完全合法，但在此定义下，仍旧算是侵犯我的隐私权。

在目前的讨论脉络中，至少有三个理由，可以支持我所提出的定义。③ 首先，我们有理由相信最好采用"非化约主义式"的隐私权概念，也就是说，隐私权无法完整地透过其他概念加以诠释。④ 假如隐私权被视为某种显著利益（因此对其侵犯是错误的行为），那么它就不应该被较基本的利益所界定。将隐私权定义为限制他人取得关于我个人的信息，形同以一种较基本的利益进行定义，那就是个人的自主性。假如我无法限制他人取得我私人

---

① 对这个议题的详尽资料搜集参见 Ferdinand David Schoeman (ed.), *Philosophy Dimensions of Privacy: An Anthology* (Cambridge: Cambridge University Press, 1984).

② Sissela Bok, *Secrets: On the Ethics of Concealment and Revelation* (Oxford: Oxford University Press, 1982), pp. 5—6 将隐私权定义为保护个人免受其所不欲的他人接近；I. Altman, 'Privacy: a conceptual analysis' *Environment and Behavior* 8 (1976), pp. 7—8 将隐私权定义为对个人或团体之接近权的选择性控制；E. Van den Haag, 'On privacy', in J. R. Pennock and J. W. Chapman (eds) *Privacy: Nomos* XIII (New York: Atherton Press, 1979), p. 149 则将其定义为个人对其所属领域的排他性接近权。

③ 也许这样的理由并不详尽，但对任何偏好定义的辩护将需要单独一章的篇幅。

④ J. J. Thomson, 'The right to privacy', *Philosophy and Public Affairs* 4 (1975), pp. 295—314 是对隐私权之利益著名的简化阐述，将其描述为财产、个人和秘密之利益的混合体。

的信息,因而遭受羞辱或误解,这是因为我想要限制私人信息不被外泄的欲求被藐视了。

其次,就算无法限制他人取得我私人的信息,然而被取得的私人信息如果没有另作他途,似乎不能算是对我个人隐私的伤害。假如我不再排斥他人取得我私人的信息,但是信息并没有被泄漏或公诸于世,那么我的隐私似乎并没有被侵犯。当然,对于限制私人信息被取得的保护动作与日俱增,而不想限制私人信息外流的人越来越少,个人隐私范畴逐步受到保障。但如果将为利益而服务与利益本身加以混淆,这是不对的。

第三,在目前媒体刊载的特定的照片及其报导被公认为错误的讨论中,我的定义最能够把握住当某人宣称其隐私受到侵犯时,到底是什么被侵犯了。①

根据非标准的定义,个人信息的揭露可能形成对隐私的侵犯。例如,假若我的电话被窃听,或者我的私人活动被刻意隐藏的摄像机拍摄,那么我的私人空间似乎就是横遭侵入且无法限制他人取得。此外,电话录音带或录像带的发行,也构成对我隐私的侵犯。

在我的观点中,对个人隐私最典型的侵犯方式,是巨细靡遗地刊载一些个人私密性的资料:例如某人是位同性恋、患有艾滋病、有婚外情、从事某种很特别的性行为、有私生子等等。这些就是一些小报所喜爱揭发的报导内容,同时也会促使人们从道德角度对个人的隐私产生关切。我并不想解决什么样的法律或官方规范程序是恰当的这一问题,例如是否应制定隐私权相关法律等等,我也不打算事先假定存在所谓的隐私权利。此刻我所主张的,只是每个人在其隐私上有极为重要的利益,而且任何破坏个人隐私的行为,有必要提出好的理由证明其行为的合理性。此处让私人事务得以被曝光的好理由,必须满足两个附带条件,首先必须指出这种行为是为了一项有价值的目的,其次须证明只有这种行为才有可能达成该目的。例如揭发一位内阁官员在性生活上的小过失,是可以显示出其伪善本质,以及他并不适任高官职位,但如果此时单单靠着观察其在政治事务上的举止就可以证明他不足以信赖,那么就没有必要以揭发其私人事务的方式达到同一目的。

没有人会天真到认为新闻记者没有能力合理化其行为。揭露政客的性生活的确可以是为了有意义的目的,例如为了彰显他是一个骗子或不值得信赖的人,但这种揭露也有可能只是为了讨好阅听人,他们会因为由报导中

---

① 在新闻脉络下对此定义的辩护,参见 W. A. Parent, ' Privacy, morality, and the law', in Elliot D. Cohen (ed.) *Philosophical Issues in Journalism* (Oxford: Oxford University Press, 1992), pp. 92—109.

窥知他人的性生活而备感刺激有趣。若借由诉诸于高尚的目的,将一项只为满足读者低级品味的内幕报导合理化,是一种伪善的做法,但这种做法一点也不令人意外,也并非罕见。这种合理化报导内容的现象,反映出编辑与报导者在人格上的缺点,但也不能直接显示,对报导的刊载是非法的。

同时我也认为,侵犯隐私权这一行为本身的错误性与侵犯隐私权时所使用的手段之间是有差别的。刊载原属隐私的事务可能是一种错误的行为,而以非法手段探查隐私事务,却是另一种错误的行为。因此,窃听梅勒(David Mellor)及其情妇间的电话,或者由阿什当(Paddy Ashdown)的律师盗取详载其婚外情过程的信件,这两种行为与单纯地揭发隐私所可能导致的错误性是不同的。①

最后我认为,传播媒体有自由进行适当报导的权利,这一基本预设是理所当然的,与此相关的自由之一是,媒体有权利刊载它们认为已经获得证实的事实。出版的自由是密尔(John Stuart Mill)在《论自由》(On Liberty)第二章所强力辩护的,其辩护理由诉诸于真理的考量,因为不受限制的多元意见表达空间,有助真理之探寻。当然,有人可能以类似的语调主张任何真理之获得,只有在相关信息公诸于世时才有可能。另一方面,密尔的主张似乎假定了真理本身是有价值的,由此他也可以进一步主张相关事实的公开化,是为了某种有价值的政治目的之故。这也说明,民主社会公民越是有能力提出妥当的判断(同时是为了他们自己的利益以及社会共同的利益),他们对相关事实就知道得越多。在这些事务上提出妥当判断的能力,可以确保民主程序所想要达成的政治成果。

无论是何种关于新闻自由这一论证的预设,重点在这一普遍性预设确实存在,它有利于媒体活动,甚至当报纸刊载有可能被指控侵犯隐私权的报导时,更是一项好理由。因此,当某报纸被阻止刊载这一类报导,不仅可以大声宣称新闻自由受到伤害,而且也可以指控该则报导所服务的特定目的被抹煞了。

假若有另外一种相反的预设,倾向于支持对个人隐私的尊重,我也同样认为它会是个很强的论点,但我同时也会认为,它不必然是个无法被凌驾的论点;保护隐私权的人也并未辩称它是一项绝对的权利。有什么理由可以合理化对个人隐私的侵犯行为呢?我认为有三点:(1)当某人成为一名公众人物时,那么在事实上他就丧失了隐私;(2)获肯定的公共价值要靠揭露该

---

① 窃听在道德上仍有争议,但却是合法的,因为这经过该夫妇所居住之寓所的房东同意;但信件的窃取则是犯罪,并且也受到了惩罚。

隐私来达成；(3)公众对窥视其隐私感兴趣。前两个理由大家常常听到，而且也常被视为好的理由，最后一个理由只有在与第二个理由对比时才会提出，而且明显是一项不好的理由。我想要对前两项理由提供批判性的意见，然后提出一些根据认为第三项理由可以立刻被否决。

## 公众人物并不被赋予隐私权利

　　让我们看一看由沃伦和布兰代斯（Samuel Warren and Louis Brandies）所写的一篇著名且具影响力的有关隐私权的论文，其中的一段写道："刊载一位保守内向的人苦恼其于演讲时的结巴模样或无法正确拼字，这就是对其隐私的侵犯，这种作法并不能获得认可，然而若是报导并评论一位可能成为国会议员的人士有相同的特征表现，就没有什么不妥之处。"①假设这两位人士认为将这种能力不足之处隐而不宣对他们而言是很重要的，那么那位有从政抱负的人士并没有什么理由抱怨其弱点被刊载。此处有两个方向可以理解这种看法：首先，我们可以说口吃或没有办法正确拼字对其所从事的公职适合性会有影响，这些缺点会使他成为一位很糟糕的国会议员，选民有权利获知任何会改变他们对公职候选人喜好与否的事实资料；其次，他们认为进入公共生活的确会因此而面临隐私权丧失的问题，成为一位公众人物，必然或多或少地会在身份地位上面临某些变化，其中就包括了个人隐私程度的降低。在第一个理解层面中，重点在于任何影响你公共角色的事务，都不再属于隐私范围；而在第二个理解层面中，公众人物之所以拥有较少的隐私范围，乃是由于其公众地位身份使然。

　　我现在要思考一下第二种理解层面。许多知名人士（有些人反对，而另一些人则勉强接受）谈到，隐私权随着名声的出现而逐渐丧失。很清楚地，只要你成为一位公众人物，就更难维持生活上的隐私。不仅是传播媒体，社会上其他人也都很有兴趣获得更多关于你与你生活上的一些消息，而这种兴趣是不会投射在凡夫俗子身上的。然而问题的关键在于，公众人物所想保持的隐私空间，是否应该被保障呢？

　　有一种思考方向倾向认为公众人物并没有所谓隐私权，这种观点涉及公平性问题。这种观点认为，公众人物不应该有什么隐私权是理所当然的。这种想法有一种普遍性的版本，但处理到公开性的角色问题，就让我们先考

---

① Samuel Warren and Louis Brandeis, 'The right to privacy', *Harvard Law Review* 4 (1890), p. 205.

虑其中某个特定版本。在1977年的一个案例中，上诉法院搁置一项禁止前新闻记者向外透露其所负责业务的禁令，此项判决的理由在于"寻求曝光出风头且对之欣然接受的人，当他们因此获得好处的时候，不该去抱怨其隐私遭到他们不喜欢的方式所破坏"①。如果为了追求出风头所带来的好处，因而不小心产生一些附带的坏处，那么就不应该有什么抱怨。同样地，假如出风头所带来的好处是以不诚实的方式加以保护，确实有可能产生一些利益，例如借由替公众人物圆谎或贬抑其他人。

但如果侵犯他人的隐私权，当中就有一些错误产生了。单单指出这种行为之所以错误，是由于它会产生一种坏处（坏的名声），而且抵消了所想追求与保障的好处（好的名声），这是不够的。想想看下列论证：选择以穿着来吸引钦羡目光的人，如果他被逼着穿上会令人难堪的衣着，这没有什么好抱怨的。或者说，想要以某种运动展示其才华并吸引众人称赞者，如果他被迫从事某种无法呈现其才华的运动项目，他也不应有什么抱怨。这些论证并非绝对性的，因为它们并没说好的名声一定会得到恶果。

一般的论证认为，隐私权的丧失是一位名人为其名声所必须付出的合理代价。名声所带来的好处甚多，像是财富、社会地位、知名度、权力与影响力等等，凭什么他们不必因此而付出代价，即拥有比普通人还要少的隐私呢？有一种看似合理的公平原则可能会同意，个人的社会地位纯粹是努力博得的，在道德上不应要求其付出代价。社会地位不像是职业、大学职位或选举胜利，它并不会不公平地牺牲其他落选者的利益。一般大众之所以使某位平庸者得以出名，这是他个人的运气；这种名声并非某种不应得到的事物，因此修正原则于此情境中并不适用。试想，一位幸运的彩票中奖者，当他获得大量奖金，而别人认为他应该为此作出某些回报时，他会作何感想？

想象一下，与此相关的某些公平原则，是建立在某种关于名声应该引发何种结果的共同理解之上，要达致这种对于公平原则的理解，相关人士并无需知悉其是否为名人或者即将出名。② 伴随着公众地位之获得而来的个人隐私范围缩水的代价，大家的共识在哪里？社会上所有渴求成名者都会拒绝这一"契约"，而且它也会对一些毫无选择，生来就带着特殊身份的人造成困扰。想象你身不由己地身为一位公众人物，例如你是首相的亲戚、重案目击者、灾难幸存者，你被迫忍受身为公众人物所可能带来的代价，而且根本没有选择空间。而你现在被告知，整个社会认为由于你的公众地位所以必

---

① Thompson, 'Confidence in the press', p. 350. The case was *Woodward* v. *Hutchins*.
② 这是罗尔斯（John Rawls）揭开"愚昧无知的托词"所得出的正义原则之雏形的粗略版本。参见他的 *A Theory of Justice* (Oxford: Oxford University Press, 1972), Part Ⅰ.

须在隐私权上有所割舍，你一定会反问，谁共享了这样的理解方式？

## 为了公共利益而损失的个人隐私

由公平与否的角度认为社会地位必然伴随着隐私权的损失，这种想法并不具有说服力。较具说服力的观点是，如果信息的揭露是为了达成某种公认的公共利益，那么个人的隐私有时是可以被侵犯的。新闻工作守则可能会规定一些条件，将某些目标视为刊载报导时所应确保的重大公共利益，例如调查或揭露犯罪行为、保障公共卫生、避免大众受误导。揭发公职人员贪污、腐败、严重失职、玩忽职守或不诚实，都是在公共利益的范围之列，因为这些缺失会直接影响其职务上应有的表现。因此，例如假若一位内阁成员在某家公司担任领高薪的非执行董事，而且这家公司定期会向政府承揽契约，那么大众就有权关注这些事情。然而，在大多数隐私权遭侵犯的案例中，所涉及的是性道德的问题，而在这些案例中，就比较难看出揭露它们与公共利益有什么关系。① 且让我们检视一些与刊载内阁成员不当性行为有关的论证（这些论证的形式都很类似）。

在进入讨论之前，必须要先澄清不当性行为所扮演的角色。在某些案例中，政客之所以不受信任的关键，在于其不当性行为是非法的，例如与未成年者发生性关系；或者这种不当行为可能伴随着其他过失，甚至是更严重的过失，例如梅勒（David Mellor）于1992年被迫下台，主要原因并不是与桑沙（Antonia de Sancha）的婚外情，而是后续揭露出他度假的经费是由鲍文斯（Mona Bauwens）付账，而鲍文斯的父亲是巴勒斯坦解放组织的创建者。那么到底有什么理由，可以说明揭发某人不当性行为与公共利益有关呢？

首先，有一种观点认为，个人在道德上任何的不当举措，都可以使人失去担任公职的资格。通奸者之所以不适任于内阁成员职位，原因无他，就是因为通奸行为本身就是错的，而且公职的适任条件之一，便要求个人在道德上的纯洁性。这种想法充满了维多利亚文艺复兴时代的色彩，就我们这个时代的观点来看，它完全脱离现实。我们的确应该将获得公职的标准订得比较高，但也不必高到要求我们的官员都必须像天使一样！

第二，我们可以将通奸者视为伪君子，而他也许真是如此。当个人在大

---

① 如同派里斯（Matthew Parris）的一本有趣的著作 *Great Parliamentary Scandals*, *Four Centuries of Calumny*, *Smear and Innuendo* 中所显示的，英国的政治人物常因性丑闻而声望大跌，他们在财务上的缺失反而较为无关紧要（assistant eds David Prosser and Andrew Pierce; London: Robson Books, 1996）。

众面前表现自己是一位重视家庭生活的人,并以捍卫家庭价值作为选战基本策略,如果他同时在私底下与情妇暗通款曲,我们会认为他是一个伪善的人。但知悉一位阁员是伪君子,这有什么重要性呢?没有什么理由相信他在所有事务上都是一位伪君子,特别是一些与其职务有关的事务之上。此外,他在这种特定状况中是否有伪善行为,其重要性已被目前我们大部分人所共享的一种想法削弱了,因为现在大部分人都认知到,很少人真的可以完全根据其所宣称的信念过生活。

还有一种危险的伪善行为。试想,史密斯处于一种可以影响某些领域的公共政策之地位之上,而该领域中的公民意见尚待讨论协调。请再进一步想象,他所公开选择去影响政策的方法,与他个人的喜好以及行为明显相左。那么我们就可以说,他所表现出来的行为使那些与他抱持共同利益者处于不利环境。那些有共同利益者可以由正义的观点视其伪善为一种有害的行为,同时应加以揭发。关于这种推理方式最明显的例子可以在"败德揭发组织"的声明中发现,这个组织的成员致力于将那些公开言行与其私人同性恋倾向相违背的政客以及牧师纠举出来。①

第三种观点认为,会向妻子说谎的人,同样也会欺骗自己的国家;破坏婚姻誓约的人,也会违背他的就职誓言。梅勒的岳父公开在媒体上指责他:"假如他会欺骗我家女儿,他也可能会欺骗国家。"②假如他在所有事务上都是说谎者与骗子,那么就应让他原形毕露。然而在人类各种伪善的类型之中,并没有办法证明,通奸者单单因为其通奸行为,会在其他事务上比较不可靠。大部分人都可以体认到,在道德意义与动机上,私人事务中的背叛与公共事务上的不忠之间存在着差别。当然,我们可以从某人所从事的行为,或者他试图隐瞒的事务,揭发他是一个不可信赖的人。例如帕金森(Cecil Parkinson)于1983年10月,由于破坏承诺与妻子离婚,并与情妇凯斯(Sarah Keays)结婚,使名誉备受打击。他或许可能在通奸事件曝光后全身而退,但不信守诺言的行为,却使他丢官卸职。③ 即使如此,在工作、友谊与许多其他爱情之外的事务中,个人还是可能被视为不光彩的人。

第四种观点认为,通奸的内阁成员会因为其通奸行为而于职务责任上

---

① 相反地,试想败德揭发组织的塔乔(Peter Tatchell)对于1997年1月,保守党国会议员海斯(Jerry Hayes)被媒体揭露其为同性恋者这一事件的评论:"海斯投票赞成同性恋者平权,以及废除同性恋者入伍的限制,他私下的行为与公开的表现是一致的。"*Guardian*, 9 January 1997, p. 2.

② 摘自 Parris, *Great Parliamentary Scandals*, p. 304 中的引述。

③ 关于他辞职的细节,例子参见 Hugo Young, *One of Us: A Biography of Margaret Thatcher* (London: Macmillan, 1991), pp. 343—5.

有所分心,或者较不能表现称职。这的确可能发生,但另一方面,内阁成员同样也可能由于他是一位顾家的男人①,或者由于喜爱打高尔夫球、阅读或其他种种私人性质的兴趣追求,而导致上述相同的后果。因此用这个理由②证明刊载隐私新闻的举措是不道德的,并不能自圆其说。

## 八卦新闻与公共利益

确实有一些私人信息与公共利益相关,但将私人性行为视为这一类信息的理由,却似乎有一点哗众取宠。由这一点我们可以进一步讨论侵犯个人隐私权的第三个可能理由,这个理由很简单,就是大众有兴趣或想要知道内幕,这种想要知道的念头无关乎公共利益,而只是大部分人想要知道一些事情,并从中得到一些乐趣。

就一般状况而言,与公共利益有关的报导以及引起大众兴趣的报导之间是有所区别的,而后者明显并非是报导得以刊登的好理由。在我的观点里,这种区别以及拒绝刊载的举动都过于草率。我并不打算主张此区别完全不存在,也不会认为大众对获悉某事的兴趣完全无法构成一种公共利益。应该说,社会大众对于公众人物私生活的兴趣有其一定的价值,因此应该协助媒体界定此范畴内的道德空间,这是迄今都为人忽视的课题。此处并非认为,在某些案例中,只有当对隐私权的侵犯有助于特定公共利益的实现,那么对于个人隐私的假定就可以被推翻。而应该说,我们首先必须做的是,在一般反对社会利益的认知形式下,塑造并限制隐私权的一般形式。进行这一工作的最佳途径,就是将新闻视为一种八卦出版品。

于街头巷尾暗中散布邻居不当言行以及将这些传言刊载于报纸头版,两者之间存在许多差异。首先,八卦出版品是一种书面文字,而邻居间的八卦谣言却是一种口头语言,对于美国法院而言,这是一种常识性的区别,但却又极为重要。③ 此外还有消息的传布范围问题,邻居间的八卦像是一个秘密,在正常状况下是一对一的传播,而且我们也可以预期所传播的信息只会个别地传布下去,但头版报导的信息传播速度却快速无比,而且所影响的人

---

① "多花一些时间陪伴家人"最近已成为辞去高位的人最常用的公开理由,这有意无意地暗示,完整的家庭生活和公职的表现是无法并存的。
② 在梅勒与女演员桑沙的事件中,这个理由就被引用。
③ 对此的讨论以及其他的区别,参见 Robert Post, 'The legal regulation of gossip: backyard chatter and the mass media', in *Good Gossip*, ed. by Robert F. Goodman and Aaron Ben-Ze'ev (Lawrence, KS: University of Kansas Press, 1994), pp. 65—71.

群也极为广大。因此，八卦出版品中的新闻当事人，并没有能力防止其个人事务变成街头巷尾的谈论题材；而在邻居间的八卦这一情境中，固然每个人也都可能知道某个八卦消息，但是当事人却不用认为所有人都知道。另外一项差别是，我们可以理解到，邻居间可能根本不必理会诽谤罪与损害名誉罪的法律问题。报纸上的八卦却比较容易被调查，即使该报导在意图上比较没有那么恶毒。最后一点差别是，在邻居间的八卦这一情境中，我们就是八卦消息传布的发动者，而报纸却是先判断大众想要知道某些报导，然后于此基础上扩充其销路；身为读者，实际上我们并未发动八卦新闻，我们的角色只是促使媒体去发动八卦新闻。

这些差别并没有严重到遮蔽一项事实，即新闻媒体对私人生活的揭露是一种八卦——而且也因为这项理由，这种揭露为人所厌恶。然而对八卦消息的进一步调查，可以对八卦的道德性提出不同的观点。试想，首先，有两点理由使我们觉得八卦新闻令人厌恶：发动八卦者的动机以及八卦新闻的受害者。八卦新闻极为无聊，它漫无目的也不用花什么力气，除了造成一些娱乐效果外根本没有什么用处。① 当然，它可以全然是幸灾乐祸，或者根本就是不道德的；它可以有各种不同的目的，例如散布受害者黑函，或使其名誉受损。不过其他闲言闲语的方式也一样可以达到此目的，但八卦新闻令人厌恶的原因，并非单单因为它是八卦新闻，关键在于其所造成的一些附带后果。八卦新闻可以使私生活曝露于大众目光检视下的人们受到伤害。但请注意，如同其他闲言闲语，八卦新闻会因为对他人造成恶意中伤而受到谴责。当我们提出保障个人私生活的私密性是一项重要的利益，也就是说如果隐私受到侵犯就是利益的丧失，这只是指出我们在隐私权上拥有重要的利益。这种主张并不会进一步导出（这正好就是问题所在），当社会试图了解那些想要保持隐私的个人时，对社会而言并没有什么利益存在其中。最后，有一点应该很明显，某些行为会对牵涉其中的一些人造成伤害，同时其动机（总是或有时）是不当的，但尽管如此它对社会整体而言会是一件好事。②

因此，八卦新闻不能根据错误的理由而滥遭谴责。这会使八卦新闻可能对社会作出的贡献受到忽略。且让我提出三种可能的贡献（而这三种贡献是环环相扣的），这些贡献在八卦新闻的人类学研究中特别被提到，并与

---

① 参见 Gabriele Taylor, 'Gossip as moral talk', in *Good Gossip*, pp. 34—46.
② 索沙 (Ronald de Sousa) 根据推论上的常用线索，将之与资本主义作了精细的比较。'In praise of gossip', in *Good Gossip*, p. 27.

人群间的关系有关。① 首先,在界定社群的范围以及维持其统合性这两方面,八卦新闻扮演重要的角色。由我们所谈论的八卦主角以及参与闲聊的人,可以将族群的内部成员与外人加以区隔。要如何将某人视为族群成员之一,可以根据他是否熟知八卦脉络以及是否知道以往八卦新闻的内容判断出来。②

其次,或许八卦新闻最重要的贡献与它所处社会的共享价值有关,这一点可以由几个方面来呈现。八卦新闻会对这些价值所看重的行为产生影响,而且之所以对该行为产生影响,乃是由于它本身就是有价值的。③ 八卦新闻借由揭露可能会被社会风俗所排斥的行为,成为测试这些价值的一种方式。④ 在八卦新闻之中,这些价值以及操持这些价值的族群之认同与统合,可以被再确认。⑤ 最后,八卦新闻使受到大众所不耻与讪笑的为恶者曝光,对于这种为恶者具有阻遏功能。⑥

第三,八卦新闻的贡献之一在于促进社会平等。八卦新闻揭开了某些人因社会地位而带来的神秘面纱;借由指出他们与我们普通人一样无法避免地在许多事务上会产生缺失,八卦新闻可以呈现出那些名人其实也是平凡人。在富豪与名流周遭弥漫着一种神秘感,这种神秘感,使人感觉凡夫俗子无论在成就或缺点这两方面都远不及他们。八卦新闻是对这种神秘感的测试,最常出现的观察是,大众媒体上所详实记载的"青年皇室"古怪言行,剥去了皇室所曾保留的某种神秘气息。如同对皇室抱持同情态度的人所曾评论到的:那种神秘气息,假如需要的话,现在也只能靠着在皇室成员活动范围四周所搭起的人工围墙来加以维系。

这也没错,人们生活的私密层面会比公开言行更能够呈现其真实个

---

① 感谢欧文(Joanna Overing)提醒我这些资料。
② Max Gluckman, 'Gossip and scandal', *Gurrent Anthropology* 4/3 (June 1963), pp. 307—16, esp. p. 313.
③ "八卦详述了使文化规范产生作用的行为特征,也就是那些让人们能够作出评价的信息",John Beard Haviland, *Gossip, Reputation and Knowledge in Zinacanton* (Chicago: Chicago University Press, 1977), p. 5.
④ "Zinacentecos 借由八卦流言,持续地测试对于真实行为的一般规范与评价字眼",ibid., p. 55.
⑤ "八卦和丑闻有其重要的积极优点,它们显然维持了社会团体的统合性、道德以及价值",Gluckman, 'Gossip and Scandal', p. 308.
⑥ "借由使那些破坏社会标准的人感到羞愧,八卦有助于强化共识的高尚价值",P. M. Spacks, *Gossip* (New York: Knopf, 1985), p. 141, 于 Ronald de Sousa, 'In praise of gossip', p. 32. 中引述。

性。① 因此这些方面的揭露(这也就是八卦新闻所能做的)，才能够使那些以误导方式建立其名声与社会地位的人的真实本质被摊在阳光底下。这不仅是那些名人其实与我们无异，以及认知到这一点是很重要的那么简单而已，重点是八卦新闻可以有效地戳破那些浮华虚名。

在上述提及八卦新闻对社会的贡献中，我并没有忽略掉可能有人会立即反驳，认为必须一一指出这些贡献为何能够成立，而不能只是假设它们就是有价值的。对于富人以及名人的尊重可以产生某些社会效益，若一味基于平等观去剥除这些人的神秘面纱，可能会对社会造成负面影响。有人也可能会反驳，将八卦新闻道德化反而使之不具吸引力，而且如同王尔德(Oscar Wilde)所指出的，八卦新闻具有一种魔幻般的吸引力，硬称其具有道德色彩，反而使之沉闷了。② 也有人认为，假定社会上所有人均共享同一组价值是很危险的，而任何强化或宣称此组价值的做法都因此而被认为过于保守。此类见解都可能存在。

然而有一些话还是必须交代。首先，八卦新闻对社会所可能带来的贡献太常被忽略了，我前面所提出的观点只是尝试指出它至少有此贡献。其次，传布消息的人不能只是因为传布会令当事人不悦的消息这一行为而遭受指责，整个社会的价值(有些是共享的，争论的，或忽视的)。问题不应该只归咎于公开传布某些价值的八卦媒体。将人们所实际持守的生活方式摊在阳光底下，反而是八卦媒体的一件功劳，借由这种曝光方式，我们得以更明了我们实际上的价值观是怎么一回事。且不论对或是错，例如我们可能会希望公众人物的行为会依循社会上的理想标准进行，但一旦理解到他们并不比我们更符合那些价值理想，我们就会怀疑自己所持守的那些价值理想是否不太妥当。当然或许有人会认为，如此一来整个公共生活就会出现价值堕落的情形(而且这么想也并非错误的)，但我们也可以反向思考，亦即或许可能是标准定得太高，使得我们很容易就犯错。这种由八卦新闻所刺激的想法，对于社会价值形成之重要性是难以估计的。

然而很不幸的，许多事情均指向一事实，即英国民众在清教徒般严肃生活背后的好色性格，这是一种着迷于性生活但却又厌恶它的不健康态度。太多对私人性生活的报导，似乎只是想从那些道貌岸然的公众人物身上获得替代性的快感。如同许多评论者所指出的，美国人对于公众人物性生活的着迷程度，迥异于欧洲人无所谓的态度。

---

① Aaron Ben-Ze'ev, 'The vindication of gossip', in *Good Gossip*, p. 15.
② Cecil Graham 支持这样的说法，参见 Act Ⅲ of Wilde's *Lady Windermere's Fan* (1982 年首度发表，1983 年出版)。

## 结　论

　　讨论至此，并没有哪一个特定情境可以合理化媒体对个人隐私权的侵犯。关于隐私权的价值及其基础，也不是那么清楚。我们讨论过几点可能可以合理化对隐私权进行侵犯的理由，结论如下：并没有理由认为个人成为公众人物之后就非得丧失隐私权，当然借由公开公众人物的私生活，是可以有公共利益的目的，但如果其所揭露的是公众人物的性生活内容，我们的讨论结果倾向于支持此类揭露行为的论证并不可信。

　　大众想要知道公众人物私生活的念头，在道德上也不应该被当成毫无价值，不过这种利益并非一般理解下的合法公共利益。而应该说，八卦新闻提供一个用以界定社群认同的论坛，让我们每个人可以在其中以其道德信念决定行为之对错。但这并不足以证明公共利益可以合理化对个人隐私的侵犯，它只是指出对于此类侵权行为的道德评价，仍存在进一步思考的空间。

　　因此，将公众人物的隐私当成公共利益而加以揭露，是一种很奇怪的想法，对于个人隐私的揭露并非因为此类利益而获得合理化。这种利益只是要指出某种社会规范目的，提醒我们其实大家在私生活上并没有两样，不管出名与否，不管是公众人物或普通公民，都可能在实现某些社会价值标准时有所差池，因此媒体就可能有责任为了公众需求之故，让我们可以从公众人物的私生活上学到某些教训。当然有人可能觉得如果能对照英国之外的一些媒体状况，或许可以获得更多的经验。①

---

① 本文于 1996 年 9 月在利兹大学的媒体伦理研讨会上首度发表，感谢与会者的批评指教，同时也感谢基兰先生助益良多的建言。

# 8

# 超越卡尔库特：英格兰与威尔士境内对私人利益的法律与法律外的保护措施

## 绪　言

1989年4月，因应国会与公众日益关心媒体（特别是一些八卦小报）对于个人隐私的侵犯事件①，保守党政府宣布设立"隐私权暨相关事务调查委员会"(Inquiry into Privacy and Related Matters)，并由王室律师卡尔库特 (David Calcutt QC)主持。这个委员会被要求对于平面媒体所造成的侵害以及针对这些媒体侵害所可能提出的救济进行调查。在调查过程中，委员会以大家所关心的同类例子中的一件案例来呈现调查报告：这个事件发生在《周日体育报》(Sunday Sport)的新闻记者与摄影师身上，他们透过渠道得以进入一位因车祸脑部受伤而休养的著名演员凯的医院病房，凯当时似乎同意接受采访并拍照，但稍后医学证据却显示出，事实上当时凯并没有完全的行为能力同意接受访问与照相。在采取后续法律行动禁止刊载原告所陈述的话语以及照片时，宾厄姆法官(Justice Bingham)指出报社对凯先生的行径是：

---

① 国会的关注程度或许可从20世纪80年代私部门法案(Private Members' Bills)被提及的频率看出，该法案寻求将不同程度的隐私权保护立法未果。当1989年4月政府宣布调查计划时，由华盛顿(Tony Worthington)议员所发起的答复权草案获得下院各党的支持，并进入了立法阶段。公众对于媒体侵犯的关注，完全显示在对该调查的配合上。1989年由莫利民调机构(MORI)为《世界新闻》(News of the World)所作的民调显示，73%的民众认为媒体对公众人物之生活的侵犯过甚。

对其隐私权的粗暴侵犯……假如个人有权在毫无公共理由之下不受陌生人调查,那么当他躺在医院且没有完全行为能力时,就不应受到打扰。这是原告控诉中所指隐私权遭侵犯的重要精神。不过这项权利再怎么重要,在英格兰法律中,他也没有资格在隐私保障上获得豁免权。①

虽然凯先生以其他理由禁止该项报导的刊载②,宾厄姆法官仍希望在对隐私权更妥当的保障建立上,正在进行中的调查工作可以获致丰硕的成果。《隐私权暨相关事务调查委员会报告》(The Report of the Committee on Privacy and Related Matters)〔简称《卡氏第一报告》(Calcutt Ⅰ)〕③于1990年提出,其中包括一系列的建议事项,虽然梅杰政府并不怎么重视这些建议,但以政府自己的说法来看,它们仍"为长久以来媒体规范与隐私权的争辩提供一个讨论架构"④。一份由卡尔库特爵士(新受封)针对媒体自律公约所进行的研究于1993年1月出版。该报告名称为《媒体自律公约评论》(Review of Press Self-Regulation)〔简称《卡氏第二报告》(Calcutt Ⅱ)〕⑤,检验了《卡氏第一报告》中的一项重要建议事项是否可能付诸实行:创设一个媒体申诉委员会(Press Complaints Commission,PCC)。随后出现了许多其他关于隐私权的争辩,由司法部及苏格兰办公室所提出的名为《隐私权之伤害》(Infringement of Privacy)⑥的咨询论文于1993年7月发表,政府的响应内容则在二年后以《隐私权与媒体侵犯》(Privacy and Media Intrusion)⑦出版。

本文将先逐项说明《卡氏第一报告》所意图在法律上保障的隐私权利。然后思索《卡氏第一报告》中为解决争议所提出的建议以及梅杰政府的响应。其中显示,在建立一套由法院所直接强迫执行的隐私权法案上,由于缺乏政治决心,因此至少在短期内,注意力应该摆在类似媒体伦理守则之类的

---

① Kaye v. Robertson (1990). Reported as Appendix I to the Report of the Committee on Privacy and Related Matters, Cmnd. 1102 (1990), London: HMSO. ('Cmnd.'表示,该报告是在皇室的指挥下进行,而非国会)。
② 下面将会检视之。
③ Report of the Committee on Privacy and Related Matters, Cmnd. 1102 (1990), London: HMSO.
④ Privacy and Media Instrusion: The Government's Response, Cmnd. 2918 (1995), London: HMSO, para. 1.5.
⑤ Cmnd. 2135 (1993), London: HSMO.
⑥ (1993) HMSO.
⑦ Cmnd. 2918 (1995), London: HSMO.

实用性与非法律形式的保障方式。而在结论之中，我会讨论《欧洲人权与基本自由公约》所可能提供的保障程度。继任的工党政府承诺将此公约纳入英国国内法律中，此举意味着它可能是达成隐私权保障的一条康庄大道。无论如何，一开始还是必须谈谈为什么隐私权非常重要。

## 隐私权的重要性

在大部分自由主义思想中，对个人自主性的保障明显为其理论重点。个人被赋予某些条件以便追求其自身所认为的美好的生活，隐私权观念或者私生活的保障范围就可以被视为这一类条件。在这些条件的保障下，个人不受他人的干扰，也可以决定谁有权利获知其私人信息，这种观念似乎是促进自主性的有用工具，由此可见那些条件对人类幸福而言是有必要的。反之，如果个人对其私人信息之揭露与否无法掌握或掌握程度有限，那么他与其他人建立有意义的关系，以及充分参与社群生活的期待就会受到伤害。当然，将隐私权当作一种绝对价值，这种作法也不正确，如同费尔德曼对我们的提醒，为了保护儿童免于双亲凌虐，父母的隐私权是可以被干涉的。①

## 法律对私人利益的保障

在英国法律中，并未对于一般所认知的隐私权形式，给予相对应的保障条款。任何想要避免隐私被揭露的人，必须由其他被认可的法律渠道寻求救济，例如诽谤、骚扰、信任等等。这些对隐私权保障的间接形式可以概略分成两个范畴：刑事救济与民事救济。现在将这些主要救济渠道的范围概述如下。

### 刑事救济

乍看之下，由刑法所提供的救济范围似乎并不怎么有用，因为刑法主要所关注的是对某些特定形式的行为状态进行惩罚，而非预防信息被揭露。最近有一本书在论及这一课题时试图完全避免触及刑法②，因而可能忽略刑法在规范媒体取得信息以供刊载时所可扮演的要角。粗略思索一下刑法，

---

① D. Feldman, *Civil Liberties and Human Rights* (Oxford: Clarendon Press, 1993) p. 356.
② R. Wacks, *Privacy and Press Freedom* (London: Blackstone Press, 1995).

可以发现下列行为有可能会受到刑法处分：蓄意截取邮件或窃听通讯①；"监视或骚扰"（或接近）某人住处或路过场所②；对他人骚扰的追逐行为③，以及有理由被视同骚扰者④。至于"媒体争道"的行为，理论上同样会被控以对高速公路不合理使用的诸多罪名，例如蓄意妨碍高速公路行车⑤，或是习惯法上的侵扰行为⑥。

## 民事救济

从受媒体侵犯者的角度来看，基于两项理由使得这一类救济渠道更具吸引力。第一，在正常状况中，对于民法中相关权利规定的侵犯，让受害者有权向加害者（被告）寻求赔偿。第二，在适当的状况下，法院会在正式审理之前，对被告发出禁令，避免审理事项被抢先报导。以下是对民事救济渠道的概述，这些渠道可以提供一些对隐私权的保障。

（1）非法入侵罪：假如被告违反原告意愿进入或驻足于原告所拥有的土地，非法入侵罪名就可以成立。不过这种救济渠道在凯事件这一类案例中并没有什么助益，因为该事件中，隐私被侵犯之个人，对所牵涉的土地并没有所有权。⑦ 在长镜头时代里，这一渠道也起不了什么作用，因为当事人的照片，可以远自当事人产业之外的地点摄得。不像接下来会讨论到的妨害私人利益罪，对非法入侵罪的可能修正之一是，原告不须举证他曾因非法入侵而遭受损失。

（2）妨害私人利益：当被告的行为干扰了原告对其土地的拥有权，而且原告同时也可以提出他因此而遭到伤害或困扰，原告就可以妨害私人利益为名提出告诉。但是此类救济，必须在被告的行为具有某种持续性的前提下方成立，因此单纯摄得一张照片很难被视为一种妨害利益行为，而持续性的空中监视或对原告日常作息巨细靡遗的拍摄行为，就会被视为一种妨害

---

① Interception of Communications Act 1985, s. 1. 然而，该法案并未应用到科技的监视设备上。
② 这个限制初始纳入成文法是从19世纪开始，Conspiracy and Protection of Property Act 1875, s. 7. 该罪行目前的形式参见 Trade Union and Labour Relations Act 1992, s. 241.《卡氏第一报告》认为，这项规定不可能用于抗衡媒体，虽然我们应该注意，尽管其法案名称如此，但仍受到堕胎外的非工业争议之集会所诉诸。
③ 至少在两种场合中——Protection from Harassment Act 1997, s. 7(2)。
④ 基于该法案的目的，"骚扰"包括引起他人的恐慌或苦恼，而"行为"也包括言论在内，s. 7 (1) and (3)。
⑤ Highways Act 1980, s. 137.
⑥ Hubbard v. Pitt (1976) QB142
⑦ 当然，医院管理者要信任这种行为是他的自由。

利益的行为。①

(3) 诽谤与恶意中伤：诽谤性的言论被认为会降低一般公众对原告的尊重感，或使公众不敢接近、避开或排斥原告。② 就算该言论属实，或是攸关公共利益，原告无论如何也会阻止该举动。有人会想进一步辩护言论的绝对权利(即使恶意的言论也可以被允许)或相对权利(根据恶意言论的内容决定其是否被允许)问题，绝对权利包括国会议员的言论免责权，相对权利则涉及新闻记者对议员言论的报导。

此类救济渠道最严重的问题，在于其并无法防止他人报导(不论真实的或威胁性的)关于原告的真实信息。此外，在案件审理完毕前，当被告提出抗辩、平衡报导或言论权利加以响应时，也没有办法禁止其言论。③ 然而，若原告最后胜诉，在诉讼中所造成的伤害还是可以获得弥补。

相对而言，有人认为恶意的错误信息在侵犯他人的隐私上是最不重要的工具，虽然它在侵犯隐私上具有强大的杀伤力。这类民事伤害的造成，在于被告刊载因恶意所提供的错误信息，会对原告造成某种伤害，而法律会在这一事件中对当事人提供协助。④ 言论禁令也可以对将要刊载的报导内容加以限制，只要原告可以明确指出被告所想刊载的内容明显是错误的。恶意且错误信息对公众的意义，已在此之前所提及的凯案⑤中获得说明，由于凯能够提出报导内容错误地陈述他同意被采访与拍照，因此他得以取得限制该报导被刊行的禁令。没有法官会合理地认为该项同意成立，法官会进一步思考如果没有该项禁令，而《周日运动报》的报导内容会让读者以为凯同意接受采访，那么凯会落入何种处境之中。这种行为构成了恶意的错误信息，因为凯会因此而招致伤害。此处伤害之所以产生，在于如果《周日运动报》刊载该报导，凯先生的财务状况可能因此受波及。毕竟如果独占权得以成立，凯的故事会有许多报社愿意出高价购买。

《卡氏第一报告》考虑这一判决时，认为这种动作对普通人而言没有什么价值，因为很少有人能像凯那样明确地指出所可能面对的伤害。此外，更大的障碍在于，就如同诽谤官司中令人困扰的一点，亦即很难明确指出什么是错误的言论。

(4) 职务保密：越来越多的律师会注意到，为了私人利益之故而违背职

---

① Bernstein v. Skyviews Ltd [1978] 1 QB 479.
② Tolley v. Fry [1930] 1 KB 460.
③ Bonnard v. Perryman [1891] 2 ch. 269; Fraser v. Evans [1969] 1 QB 349.
④ Joyce v. Sengupta [1993] 1 WLR 337.
⑤ Report of the Committee on Privacy and Related Matters.

务保密责任的行为。如同商业活动,职务保密的责任明文载于契约之中,如果原告想要证明一项违背职务机密的行为罪名成立,他首先必须指出所涉及的信息与资料属于职务保密的范围。① 因此在个人信息的情境中,关于个人性生活的信息也许会被职务保密的法律所保护。② 其次,信息必须在涉及保密义务的情境下才有资格获得保障,这通常发生在事先存在的关系中,例如雇主与员工、医生与病人、银行与客户之间就是此类关系。此外,当信息被透露给另外一位必须同样保持秘密的人,职务保密义务也同时会出现。而将必须加以保密的信息传递给第三者,后者也同样受限不得发布该则信息。③ 最后,某些未经授权的信息使用方式会不利于原告,而此时对于职务保密所提出的禁令就值得引用。④

上述所提出的,即为职务保密义务的概略范围,被告可以从公共利益的角度为其辩护,或者指出该信息早就公开过了。⑤ 维护公共利益这一理由有时候可以凌驾职务保密的义务而不会受到指责,例如警察办案时所可能提供关于嫌犯的一些犯罪信息。⑥

但是,在隐私权上,行为是否违背了职务保密义务其实并不容易判定,这一问题在它处曾完整提及。⑦ 其中主要的困难在于,在想要维持一定隐私的当事人以及暗中探知(例如利用监视或窃听器材)或意外获得私人信息的

---

① Coco v. AN Clark (Engineers) Ltd (No. 2) [1990] 1 AC 109.
② Stephens v. Avery [1988] 2 WLR 1280.
③ AG v. Guardian Newspapers Ltd (No. 2) [1990] 1 AC 109.
④ 《卡氏第一报告》发现:"在英格兰和威尔士,禁令在破坏职务保密的案例中要比在诽谤案中更容易被授与。尤其诽谤案中的被告只要提出他打算用以辩护的正当理由,禁令就会被否决……相反地,破坏职务保密之案例的被告,就必须提出强而有力的公共利益因素"(Cmnd. 1102 [1990], London: HMSO, at para. 8. 10)。1993 年 11 月《周日镜报》(Sunday Mirror)和《每日镜报》(Daily Mirror)刊登了当时的戴安娜王妃在加州一家瘦身中心 Isleworth Middlesex 运动的照片,在此事件中律师们为王妃取得了禁令,以她对破坏职务保密、契约和受托义务所提出之诉讼的判决结果等待期间内,阻止媒体更进一步的刊载。本案在报主捐赠 25000 英镑的金额给戴安娜王妃指定的慈善机构之后,达成了庭外和解。之所以达成庭外和解,可能是由于报业的合伙人担心,一旦王妃获得胜诉,并且因此建立起若干隐私权保护的制度,那么报纸的行为将会受到严重的限制。
⑤ AG v. Guardian Newspapers Ltd (No. 2) [1990] 1 AC 109.
⑥ 尽管我们应该注意到,其不公正的行为并不需要以公共利益为由来加以辩护。参见 Lion Laboratories v. Evans [1985] QB 526.
⑦ 参见 Interception of Communications Act 1985 at pp. 55—6, 129—39.

新闻记者之间,是否不存在职务保密的关系,这一问题并不明确。① 假如这一关系在职务保密问题上并非必要,而且职务保密的义务可以单单由信息的性质而获得确定,那么这一问题就得以规避,当然在该事件中对于公共利益的攻防仍会继续在法庭中上演。② 最近一些法官似乎就想从这一路径建立对隐私权的保障制度,最明显的莫过于高等法院在海勒威尔案中所作出的判决,在该案中,法官主张当某人以望远镜头自远处摄得他人私生活照片,而在未经授权的情况下径行发布,就会被视为对职务保密义务的伤害。③

(5) 法庭报导:英国法律承认,如果有孩童青少年在案件中成为目击者、受害者或被告,媒体若巨细靡遗地刊载法院审理过程,可能会对其造成某些伤害。若干法令对媒体报导涉及孩童的法院审理过程加以规范,而不像斯科特案的法官将之公诸于世。④ 在少年法庭的审理过程中,会限制可能使少年关系人身份曝光的相关资料(包括照片)⑤,这一禁令之所以下达,单单只是为了防止对孩童造成伤害。相对地如果在成年人法庭中,少年以被告或目击者的身份出庭,法官就会斟酌是否要保护其身份不被曝光。⑥ 而在成年人的案例中,也会出现对于个人隐私的间接保障措施,例如不让性侵害案件中的受害者曝光⑦,或者在审理时以匿名方式处理相关人士。后面一种方式就常被用来在刑事案件中鼓励目击证人出面作证,或者用来保护告密者的身份⑧,以及色情案件中的女性证人。⑨ 在这些案例中,我们必须理解到,采用匿名处理方式的动机并非考量目击者的舒适自在,而是着眼于对违法者

---

① 必须以职务保密关系为优先的主张参见 the Law Commission, *Breach of Confidence*, Cmnd. 8388 (1981), London: HMSO. 相反的观点则认为,职务保密会阻止有违世俗标准的不合理原则被揭露,参见 *Stephens* v. *Avery* [1988] 1 ch. 449,456 *per* Browne-Wilkinson VC; and *AG* v. *Guardian Newspapers* (No. 2)[1990] 1 AC 109, 281 *per* Lord Goff. cf. *M* & *N* v. *Kelvin Mackenzie and News Group Newspapers Ltd*. (1998) (未发表)。《卡氏第一报告》采取的观点则是,对于被指派的任务应以职务保密关系为优先。(Cmnd. 1102 (1990) at para. 8.1).

② *AG* v. *Jonathan Cape* [1976] 1 QB 752; *Woodward* v. *Hutchins* [1977] 1 WLR 760.

③ [1995] 1 WLR 804.

④ [1913] AC 417.

⑤ Children and Young Persons Act 1993, s. 49 (1) 加以修正。

⑥ Children and Young Persons Act 1993, s. 39 加以修正。在这些案例中有一个明显可见的趋势,即对于谋杀和强暴等涉及重大犯罪行为之刑案中主要涉案的未成年人,倾向可其未成年的身份,案例参见 *R* v. *Lee* (*Anthony William*) (*A Minor*) [1993] 1 WLR 103.

⑦ Sexual Offences (Amendment) Act 1992. 这项限制在被视为被害人的终生都是有效的,不论最后被告是否被判有罪。

⑧ *R* v. *Reigate JJ ex parte Argus Newspapers* (1983) 147 JP 385.

⑨ *R* v. *Hove JJ ex parte Gibbons* (1981), *The Times* 19 June.

有效起诉的长期利益。

## 《卡尔库特第一报告》与《卡尔库特第二报告》：改革刍议

　　《卡氏第一报告》所提出的结论是，国内法中对于隐私权的保障，可以透过刑法手段以及媒体更有效的自律来改进。民法对于隐私权受侵害的新救济方案被延后提出，以便让自律体系有最后的改善空间。①《卡氏第一报告》提议一套新的刑法制裁方式，以防止媒体的具体侵犯行为。而限制的内容包括：(1) 未经允许侵入私人财产，意图获取私人信息以供刊载；(2) 未经允许于私人产业安装监视器材，意图获取私人信息以供刊载；(3) 未经同意拍摄或窃听位于私人产业上的个人活动，意图将之刊载或使之曝光。不过被告的这些行为仍可以获得辩护，例如侵入行为如果是为了预防、侦察或揭发犯罪行径，或其他严重的反社会行为，或为了保障公共卫生与安全等目的，就另当别论。②

　　至于媒体自律体系的改进方面，其构想是设立"媒体申诉委员会"这一组织，专责处理报章杂志在刊载或取得私人信息的行为上，是否侵犯个人的隐私。许多新闻伦理的道德规范都体现在其行为守则之上，违反守则会引起"媒体申诉委员会"的严格调查。这一新组织由媒体同业资助运作，如果该组织没有办法提供有效的道德规范，国会就应该为其创造具有裁判权的法定地位，强化其调查力量。

　　1993年1月出版的《卡氏第二报告》③，其结论为：媒体为了响应《卡氏第一报告》所设置的委员会，在许多关键方面并没有做到《卡氏第一报告》所提出的要求。④ 例如《卡氏第一报告》中要求这一新组织之成员要由独立于媒体业界之外的机构任命组成，但后来在委员会成员的实际任命过程中，媒体却参与这一任命工作。《卡氏第一报告》也要求新组织必要时应主动进行调查，而非坐待他人前来申诉。此外，自《卡氏第一报告》提出以来，发生过许

---

① 因此全国传统协会的国务大臣（Rt. Hon. David Mellor QC MP）评论道，媒体是"在最后的赌博酒馆中饮酒作乐"。
② 在一个或更多新罪行被判决之处，《卡氏第一报告》建议，任何人只要具备"足够的利益"，就应该可以申请禁令，以防止借此取得的信息被发布。
③ Cmnd. 2135 (1993), London: HSMO.
④ 详见 Cmnd. 2135 (1993), London: HMSO, at para. 3. 94.

多媒体侵犯个人隐私的事件①，但有证据显示，这一时期所进行的申诉案件，却因调查时间繁琐冗长而令当事人不满。另外有一些人指出，由于媒体掌控了委员会成员的任命权柄，致使委员会根本不可能独立行使职权。因此《卡氏第二报告》提议政府应设置法定的申诉裁决单位，并建议政府制定专门处理隐私权案件的侵权法案。由此看来，当媒体许多侵权行为没有法律可以明确限制时，《卡氏第二报告》的建议明显超越了戴维爵士最早的构想。稍后枢密院②以及下议院的国家文化选拔委员会③就提出报告肯定这一新侵权法案的制定。看来，现在球又被丢回梅杰政府手中。

## 梅杰政府的响应

梅杰政府于 1995 年 7 月出版《隐私权与媒体入侵行为》（Privacy and Media Intrusion）④作为响应，彼时英国媒体已经采取了许多措施，以降低大众要求对媒体进行法律干预的呼声。1993 年 6 月，它们设立了一条电话咨询专线开放给公众，以调查媒体的采访行动是否侵犯公众隐私的问题。1993 年 11 月，"媒体申诉委员会"宣布，将对违反新版行为守则的记者与编辑进行惩戒。而在新版规约中，所谓对个人私生活的侵入，包括使用长镜头拍摄位于私人产业上的个人，这些行为都不被接受。⑤ 委员会还规定，如果被裁定违反守则，被质疑的媒体有责任以明显版面刊载判决全文。第五款进一步指出，经由窃听而获得的新闻材料，除非能证明其与公共利益有关，否则不应刊载。其他一些守则内容则禁止骚扰行为⑥以及借由误导方式取得信息或图像数据。⑦ 而在刊载涉及孩童的新闻材料时，相关的隐私权考量也被纳入规范。⑧

在新版守则发布之后，仍有许多改革自律体系的努力持续进行着。1994 年 1 月，设立了隐私权调查委员的职位，此职位有权力在守则的规范下对具有急迫性的申诉案件进行调查。调查委员同时也有权力主动

---

① Ibid. at ch. 4.
② Joint Report with the Scottish Office, *Infringement of Privacy* (1993), London HMSO.
③ *Fourth Report*, *Privacy and Media Intrusion* (1993), pp. 294—1.
④ Cmnd. 2918 (1995), London：HMSO.
⑤ Clause 4.
⑥ Clause 8.
⑦ Clause 7.
⑧ Clause 12 and 13.

进行调查工作①，并向委员会（现在大部分成员已均非媒体人士）提交其建议。

在审视业界对自律体制的改进努力后，《隐私权与媒体入侵行为》的结论指出，没有必要对媒体另行提出法律规范。② 换言之，政府认为可以再对媒体进行一些改革，而用不着对法律体系进行变革。在刑法制裁方面，政府认为根本不可能建立有效的相关法令③，而在民法救济渠道上，枢密院指出在从事这一改革的问题上，并没有形成一定的共识④。

## 法律之外的保障措施：媒体守则

如今，布莱尔所领导的工党政府也并不想要对《卡氏第二报告》或其他类似研究中所提出的隐私权问题法制化的建议进行响应。由此可见，非法制化的隐私权保障形式在实际运作上仍扮演着重要的角色。在本节中，我将进一步分析广播电视中所包含的一些隐私权保障守则。

前面我已提过一些关于记者与报章编辑的守则，在广电媒体的例子中，"1996年广电法"（The Broadcasting Act 1996）设立了"广电规范委员会"（Broadcasting Standards Commission，BSC），取代"广电申诉委员会"以及"广电规范会议"的规范功能。"广电规范委员会"根据1996年"广电法"的要求制定了一套守则，以指导：

> 从业人员所应遵守以及依循的原则与实践方式，以防止……(b)对个人隐私的不当伤害，以及借此行为取得新闻材料。

不过，委员会却由于在隐私权问题判决中未能注意到一个重要的思考层面而遭受批评，例如吉本斯就说：

> 在关于言论自由已出现众多文献之际，而且人们也期望在宪

---

① 《卡氏第一报告》在1990年就已提出此项建议，但遭到媒体申诉委员会主席麦格雷戈勋爵（Lord McGregor）的否决。
② Cmnd. 2918 (1995), London: HMSO, pp. 4—8. 媒体申诉委员会自此就制定了申诉规章，以保证其在与公众的互动中能有明确的服务标准。
③ Ibid. at para. 3.4.
④ Ibid. at para. 4.4—4.14.

法与一般法律中对之明文保障，委员会却不想以之指引其思维模式。①

吉本斯认为这项缺失使得委员会不太能够被广电业者所接受，甚至有些人会认为它只是在进行某种新闻检查。② 罗伯逊与尼科尔就曾指出，对委员会的年度报告进行审阅后，就会发现许多不一致甚至矛盾的判决。③

吉本斯也注意到，在守株待兔的例子中，亦即记者守在当事人居家或工作场所外以便在当事人一出现时能够迅即获得第一手言论，这种方式是否构成对隐私的不当侵犯，委员会对此采用了不同的解释方式。④ 其中一项判决认为，守株待兔的行为只有在所有其他采访方法均已用尽时才具备正当性。另外一项判决则指出，即使所有其他可能的采访方式均已用尽，长期驻足、不择手段的采访方式仍有可能构成对隐私的不当侵犯。而第三个判决则允许可以根据采访行为对受访者所可能造成的不安程度，决定其对隐私权的侵犯是否正当。人们希望此类不当的事件，能够透过"1996 广电法"中的"广电规范委员会"加以避免，并有义务解释和说明法令判决所仰赖的价值和规范。

这一新的规范体制同时也希望能够对"广电规范会议"所发展出的一些守则进行反省，它主要触及品味与礼节的问题，用以提醒广电媒体必须注意在其报导中私生活被曝光之当事人的利益问题：

> 在某些案例中，私生活必须在事后花心力加以重建，广电媒体的报导方式不能不顾及个人隐私，以免个人在镜头撤去后难以回归正常生活。

"广电规范会议"也指出，对于隐私之合理侵犯必须先提出该举动涉及公共利益，此外也要求在医院、工厂、学校以及其他封闭场所中进行摄影时必须事先获得同意。

---

① E. Barendt, S. Bate, J. Dickens and J. Michael (eds), *The Yearbook of Media and Entertainment Law*, vol. 1 (Oxford: Oxford University Press, 1995), p. 134. 我们也许可以补充，任何一个有原则的言论自由之讨论，都必须要问，这个自由的限制为何。

② Ibid.

③ Geoffrey Robertson and Andrew Nicol, *Media Law*, 3rd edn (Harmondsworth: Penguin Books, 1992) p. 554.

④ *Yearbook of Media and Entertainment Law*, p. 134.

如同其前身的职权，对于违反守则所造成的伤害，"广电规范委员会"并没有办法强迫广电媒体提出道歉或补偿。不像"媒体申诉委员会"，"广电规范委员会"并没有权力进行主动调查工作。①

在由"独立电视委员会"（Independent Television Commission，ITC）核准发照的商业电视台案例中，其守则的第二部分对个人隐私应该被尊重的情境设定了一些指导原则。②

## 隐私权及《欧洲人权与基本自由公约》

当前工党政府曾宣示将这一公约列入国内对隐私权的保障问题上，此公约第八款提及：

1. 所有人均有权要求其私人与家庭生活被尊重，居所与通讯不受干扰。
2. 在此权利下公权力不应对之干涉，除非根据法律规定或为了民主社会中的国家安全、公共安全、国家经济安定、防止失序与犯罪、保障健康与道德、保障他人权利与自由等必要利益才容许例外。

因此若想确立某行为违反第八款所保障的隐私权利，申诉者必须提出三件事情：

1. 隐私权概念包括限制取得私人信息的方式；
2. 国家允许个人或组织取得与刊载私人信息，就会被视为未能尊重个人隐私权利；
3. 对于个人隐私之干涉未能：
 （1）根据法律，或
 （2）基于正当目的，或
 （3）合乎民主社会之需求。

---

① 在 R. v. BCC ex parte Granada TV (1994) The Times，14 December 中，上诉法院指出，委员会被赋予相当大的自由权限去决定"隐私"的构成要素，换言之，法院不会轻率地干预委员会在这方面的观点。
② The Broadcasting Act 1990, s. 7 指出，独立电视委员会必须"尽其所能以确保规范中的条款在执照核发中被检视"。

当欧洲法庭对隐私权概念包括限制取得私人信息的方式不感怀疑,而当国家允许个人或组织取得与刊载私人信息,就会被视为未能尊重个人隐私权利,这一原则就出现了问题。在 XψY 与荷兰①一案中,法庭就认为第八款不仅触及政府不应干涉他人私生活的消极义务,更指出政府有积极义务提出措施防止个人隐私受他人干涉。而如何选择第八款所规定之保障隐私权的工具,这就是政府评估工作的范围。②

在衡量特定情境下的隐私权利是否可以要求政府提出保护措施,法庭会考量申诉者所指出的利益性质,以及该权利受承认后会给政府带来多少负担。如果申诉者所持有的利益微不足道,但对政府所造成的负担过重,就会影响到对其权利可能遭受侵害的判断。因为政府可以主张妨害私人利益、职务保密以及其他相关法令就足以构成某种程度的法律保障。

至于其他条件,亦即对于个人隐私之干涉必须根据法律、正当目的以及民主社会之需求,然而在英国却远未能达成此条件,例如媒体的侵犯行为就没有任何具体的法律规定。③

尽管有这些对于个人隐私权保障的积极征兆,我们还是必须记得,当问到言论自由与隐私权争议的问题时,委员会在威纳案④中判决,国内法中对保障隐私权相关具体法令付之阙如,并不足以证明英国较不尊重个人的私生活与家庭。威纳抱怨有一本书揭露其婚姻生活(有些部分是事实,但也有虚构的部分),他认为该书违反了第八款,然而其申诉被驳回了。不过其隐私权利并非完全不受保障,他还是可以就书中的误导性内容引用诽谤法提出诉讼。当然威纳案并没有告诉我们,当真实的信息被揭露,而又没有国内法律救济渠道可以保护当事人时,委员会或一般法院会如何处理。当公约出现直接冲突之处,法院会倾向于容许政府拥有较宽广的裁量空间。

# 结　论

本文思考了防止媒体侵犯个人隐私的法律之内与法律之外的保障情形,虽然法院倾向于采用既有的法令进行保障工作,例如援用职务保密法,

---

① (1986) 8 EHRR 235.
② 在其中法院并不会加以干预。
③ 参见 *Malone v. UK* (1985) 7 EHRR 14. 一个在此并未触及的个别问题是,干预是否是为了正当的目的。
④ *No.* 1087/84, 48 DR 154 (1986).

而继任的政府也不赞成对违反隐私权的行为，引入其他新的救济渠道。目前受媒体侵害者仍会循"广电规范委员会"、"独立电视委员会"以及"媒体申诉委员会"等渠道寻求救济。无论这些渠道是否足够，未来仍会出现许多媒体的错误行径。最后我指出，似乎《欧洲人权与基本自由公约》可以用来界定个人隐私以及媒体自由间的平衡何在。

# 9

# 驯服八卦媒体：市场、公众人物与媒体规范

## 自吹自擂与自我规范

1996年1月31日，"媒体申诉委员会"（PCC）主席韦克厄姆（Lord Wakeham）高呼1995年为"媒体申诉委员会"与媒体展现自律精神最重要的一年。新闻稿中很谨慎地提到："委员会拥有独立地位，必要时可以主动出击。"但该委员会自从1991年成立以来所历经的风风雨雨，使得少有观察家会认同韦克厄姆将委员会形容成一个严格把关者的说法，甚至更少有观察家会赞同韦克厄姆对委员会的表现自吹自擂与乐观评估。韦克厄姆的自信心显然来自于1995年受瞩目的一件案例，该案例等于为委员会注入一剂强心针。

1995年4月，全英国最年轻的八卦小报编辑摩根〔Piers Morgan，后来担任《世界新闻》(*News of the World*) 编辑〕刊载一篇关于斯宾塞伯爵夫人（Countess Spencer）住院治疗的头版新闻，并用了极夸张的标题："戴安娜妯娌入院治疗酒瘾与暴食症"。对摩根而言，这一则新闻可望成为一系列有关皇室及其他人丑闻之报导中的最新战果，该系列报导已在他短短16个月的编辑工作中，为他本人及他所效力的报纸赢得三次奖项。但对伯爵夫人的丈夫斯宾塞伯爵（Earl Spencer）而言，状况就似乎完全不一样，他向"媒体申诉委员会"控诉该报导侵犯其妻的隐私，且恶意违反委员会所制定的行为守则。由于斯宾塞的名声地位以及他在本事件中的勃然大怒，其申诉引起了媒体的注意。摩根很坚定地为其决策辩护，他指出斯宾塞夫妇已在《哈罗》(*Hello*) 杂志中享尽出风头的好处，因此也必须为可能出现令其不悦的新闻有所准备。当然摩根也晓得，委员会的守则为此侵犯动作留下了辩护空间，

他以前也曾使用过。因为如果报导内容"可以使公众不被个人或组织的一些言论误导",那么这一刊载行为就可以获得保障。其报纸的标题很直率地指出:"伪善者斯宾塞,为了金钱可以出卖隐私。"就像标题所暗示的,斯宾塞其实很乐于接受某种形式的公开出风头,甚至还为此收取金钱,因此就道德角度而言,其公共形象有必要受到《世界新闻》的调查与揭发。

  这一事件似乎是八卦小报编辑与受害名人之间最典型的争议,但之后的一些信件往来却使两者之间的关系发生了巨大变化。韦克厄姆史无前例地致函给《世界新闻》的老板兼发行人默多克(Rupert Murdoch),这种将发行人牵扯进来的作法,是"媒体申诉委员会"有限利器中的新招术,虽然在1995年初委员会即已威胁要采取此策略。然而如同默多克众所周知的令人难以测度的风格,他将摩根大骂一顿,使后者大吃一惊;甚至在5月12日他将自己的谴责予以公开,连媒体评论家都吓了一跳。他将摩根形容为僭越职守的年轻人,"我已经严词提醒摩根先生,他身为编辑(以及我们所有的记者)在职务上应负的责任"①。摩根显然被默多克的申饬所震慑,他公开向斯宾塞伯爵夫人致上诚挚的歉意,而且毫无保留地接受"媒体申诉委员会"的判决。韦克厄姆晓得"媒体申诉委员会"要求媒体自律的目的已达到,所以他也很欢迎该报老板的介入。

  这一扭转"媒体申诉委员会"的转折点,提升了大众对媒体自律问题的关注。首先,为什么侵犯隐私权会是如此重要的议题,让我们觉得应要求全球媒体大亨默多克介入处理?假如"媒体申诉委员会"申诉案件的性质象征着一定的公众意见,那么报导的正确性会比报导带给公众的观感问题更为重要,例如1995年间3508件申诉案中,有70%是属于报导正确性的问题。然而"媒体申诉委员会"却认为隐私权的侵犯问题更具重要性,在1995年的年度报告中提到,"1995年委员会接受的申诉案件中,虽然只有12%的案件与隐私权侵犯问题有关,然而确保隐私权条款获得落实的工作,却为'媒体申诉委员会'的核心要务"②。这种观点甚至连英国最有权势的媒体大亨默多克都表示认同,为何会如此?其热衷此道的理由之一,在于"媒体申诉委员会"察觉到了威斯敏斯特对此议题的关注。过去10年间,有许多保障隐私权的法案在一些小议员努力下试图闯关,其中包括根据1990年卡尔库特报告而未通过的法案。该报告建议对隐私权立法明确保障之,并于1993年对

---

① Joanna Coles, 'Murdoch blasts his young editor who went over the top after press body attacks No W's countess coverage', *Guardian*, 15 May 1995.

② Press Complaints Commission, *Annual Report* 1995 (London: Press Complaints Commission), 1995.

媒体自律体制进行体检,晚近的研究报告,还包括枢密使麦凯(Lord Mackay)对隐私侵权法案的建议。① "媒体申诉委员会"也针对公众所关心的媒体角色提出响应。1992年由"市场与民意研究国际公司"所进行的一项民意调查,呼应了威斯敏斯特对媒体行径的担忧。或许正是因为如此,"媒体申诉委员会"与默多克才体认到,隐私权议题在目前剧烈变动的媒体环境中,已跃居核心地位。

## 八卦小报与市场压力

众所周知目前在新闻媒体中八卦色彩越来越严重,对于名人之关心,尤其想从窥知其私生活以获得快感的欲望,已逐渐成为一些大众化八卦小报的主要新闻取向。② 在此发展趋势中,《太阳报》(the Sun)及其姊妹报《世界新闻》无疑位居市场领导者的地位,虽然事实上已陆续有许多仿效者出现。许多事件促成了此新闻价值的转变趋势,首先,英国新闻界的一些主要人物,例如20世纪80年代《太阳报》编辑麦肯齐(Kelvin Mackenzie),他们相信此类新闻是读者所想要看到的,而且报纸销售量也会因此而大幅增加。靠着庞大发行量确保收益的八卦小报,非常在意其销售量,而且漂亮的销售成绩也会带来丰厚的广告收入。这种小道消息是很受欢迎的,而受欢迎则是八卦小报赚取利润的先决条件。其次,小报之间的竞争异常激烈,20世纪90年代的价格战已取代20世纪80年代的摸彩战,尤其1993年7月12日《太阳报》发动降价大战后更加激烈。

但为了提高发行量,就得时常追逐八卦新闻以维持之,而这种追逐促使记者习于揭发人们的私生活。如果可能的话,最好是一些名人的私生活;退而求其次,一般人的私生活情节也可以报导。此行业中的一些编辑在其版面中也认可了这些报导方式,一位小报资深工作者就曾向前《每日镜报》(Daily Mirror)编辑格林斯莱德(Roy Greenslade)谈论摩根由《太阳报》带入《世界新闻》的一些价值观,他说:"我必须这么说,摩根很喜欢死缠烂打的采访方式,他的胃口永远都难以满足。"③战后八卦小报在销售量上长期低迷,再加上广电媒体的兴起竞争,因此八卦小报市场处于激烈的竞争环境之

---

① 对各种媒体管制改革计划的讨论,参见 Bob Franklin, *Packaging Politics*: *Political Communications in Britain's Media Democracy* (London: Edward Arnold, 1994) pp. 45—9.

② 对于变迁中之新闻价值的讨论,参见 Bob Franklin, *Newszak and News Media* (London: Arnold, 1997) and James Fallows, *Breaking The News* (New York: Pantheon, 1995).

③ 在 Roy Greenslade, 'The nuts and bolts of the Screws', *Guardian*, 17 April 1995 中引用。

中。尤其广电媒体传播信息的速度比小报还要快,不过受限于一定的规范与限制,它们没有办法让观众尽兴。而面对这些广电媒体竞争,小报媒体的响应方式,是以死缠烂打的方式为观众挖新闻;或者换一种方式来说,以不断侵犯个人隐私的方式满足读者的兴趣。更广义地来说,小报是以人们的私生活(尤其是性生活)来销售报纸。有一些报纸(尤其是太阳报系)自20世纪中叶开始,就特别着墨于性、犯罪、丑闻的报导。① 这一种对名人甚至一般人性生活锲而不舍地疯狂追逐,已经浸染了大部分的媒体报导。

这种小报风潮并不限于《太阳报》或其他追逐销售量的小报媒体,一些大幅的印刷品也会撷取小报的报导,并跟随其脚步,因为它们也有自己的销售战争与价格战场。这股风潮在 20 世纪 90 年代以戴安娜王妃与不同男人之间的绯闻为大宗,其他还有影星格兰特(Hugh Grant)在洛杉矶的召妓事件,尤其《卫报》(*the Guardian*)对这一则新闻的报导比其他报纸更为完整。② 此外,八卦小报所引领之风潮,其影响力并不局限于平面媒体,学术界人士以及媒体主管就曾批评一些主流新闻节目的小报化倾向,指出越来越多的名人私生活报导,已逐渐取代严肃的国际事务以及其他重要新闻报导。③ 观察家说明这种对个人私生活的报导偏好,来自于广电媒体激烈的收视(听)率竞争环境,以及媒体规范的逐渐松绑。例如在管理最宽松的有线电视新闻中,生活电视台(L!ve TV)的新闻就出现小兔子以大拇指往上或往下的手势,来表明对该则新闻的好恶;而新闻短讯也穿插在上身裸露女郎掷飞镖以及紧身内裤男士排球赛节目中出现。

《国家询问报》(*National Enquirer*)八卦新闻编辑沃克(Mike Walker)发现,近二年当其报纸于英国创下 10 万份销售量时,出现了对八卦新闻的不同态度。他在 1996 年受邀上电视时指出,他不再被问到"有关隐私权、伦理以及诽谤官司的问题,现在人们直接称我为《国家询问报》八卦新闻精神领袖"。然后有点开玩笑地问:"欢迎!欢迎……嗯……莎朗斯通现在跟谁搞在一起呀?"如果沃克的说法可信,就足见八卦新闻已深入人心,无需惊讶,他所提出的理由是:"毕竟,八卦只不过是一种以煽情文字写就的新闻。"④

---

① 参见 Matthew Engel's *Tickle the Public*: *One Hundred Years of the Popular Press* (London: Gollancz, 1996).
② Steven Peak and Paul Fisher, *The Media Guide* (London: Fourth Estate, 1996).
③ Rod Pilling, 'Changing news values in ITN's bulletins for ITV', unpublished MA thesis, University of Keele, 1995.
④ Mike Walker, 'Painting for gossip? Just enquire within', *Guardian*, 27, May 1996.

## 托辞之言

这一股偷窥个人隐私的八卦风潮及其对新闻界造成的压力,足以说明为何20世纪80年代末期至90年代初期,隐私权问题会成为公众最关心的媒体议题。[1] 要求对隐私权立法保障的趋势,亦正好说明了韦克厄姆以及默多克对该议题之重视与敏感态度,而他们两人都试图说服大家隐私权已受到了适当的保障。然而事实上却并非这么一回事,媒体界对个人隐私的有限保障明载于"媒体申诉委员会"的《行为守则》中,虽然该守则受到媒体决策者认可,但也是由他们资助该委员会。守则明言除非为了"公共利益",禁止侵犯个人隐私,而所谓"公共利益"可由三种方式表述:"调查犯罪与严重不当行径"、"保障公共卫生与安全"或"防止公众受某些个人或组织之言行所误导"。[2]

摩根就是以第三种公共利益辩护其对斯宾塞夫妇私生活的侵犯举动,他认为是他们自己愿意将私生活暴露于大众目光之下,所以《世界新闻》对其形象所进行的修正报导,当然也是合理的。在以往涉及隐私权侵犯问题的讨论中,《世界新闻》以及其他八卦小报就是以这一种方式为其行为辩护。而且不仅只有他们抱持这种想法,一些记者在广播谈话节目中也曾指出,对于寻求出名的人而言,其隐私受到若干侵犯,这是很公平的;观察家据此指出,这是小报媒体中具有影响力的一种伦理观。此外,最近《世界新闻》的一些报导不但未受到批评,反而让它获得许多奖项;由于成果斐然,摩根与其同事在其同业间获得许多赞誉,其中就包括几则对性丑闻的报导。摩根的观念是,斯宾塞似乎希望媒体照着他自己的想法报导一些具有正面效果的新闻,但守则却赋予其调查并揭露其伪善形象的权利。对于其他担忧隐私权问题的人而言,守则中的这一条款似乎大开方便之门,让媒体在遇到热门新闻时,得以有借口侵犯名人的隐私。

"媒体申诉委员会"驳回了摩根对该守则的诠释,此举使摩根及其同业大受震撼,这一判决亦使原先似乎很明确的界限受到质疑。或许已经享受成名乐趣或为此获得报偿的人,并不一定得在隐私上忍受侵害,不过这一结论并非必然的;因为"媒体申诉委员会"的判决明显地将斯宾塞先生及其夫人的隐私权分别对待,他们所关切的是对后者隐私的侵犯问题。无论如何,

---

[1] Ray Snoddy, *The Good, the Bad and the Unacceptable* (London: Faber, 1992).

[2] Press Complaints Commission, *Code of Conduct* (London: Press Complaints Commission, 1994).

"普通"人会认为,隐私受到守则保护的程度,必须视申诉者的社会形象与名声所定,而并非所有人都像戴安娜的兄弟及姘姗这样具有高知名度。曾指出"媒体申诉委员会"中许多自律缺失的知名媒体律师罗伯逊(Geoffrey Robertson),在委员会提出判决不到一个月之后,就宣称委员会的判决根本就是自欺欺人。① 不过有一点可以确定的是:大部分以往肆无忌惮的小报记者,在追踪名人隐私上已受到阻吓,一定的隐私权也被民众所公认。

## 老板的压力真的是一种规范力量吗?

前述对隐私权的捍卫行动引发了一项重要议题,即媒体发行人在自律中的角色问题。摩根之所以提出改善并承诺遵守"媒体申诉委员会"的守则,默多克的介入是一项很重要的因素。此举触动了一条敏感的神经,断定委员会运作并不成功的评论者认为,委员会只有在获得两大发行人支持〔即所谓金-汤姆森合议(King-Thomson consensus)〕的时候,才真的能够有所成就。② 相反地,20世纪80年代中晚期委员会功能不彰的时期,许多判决正好是针对默多克报业集团而非其他人。甚至在麦肯齐主政下的《太阳报》就曾以挪揄"媒体申诉委员会"判决,并违反其声明为乐,而且也未受到默多克的责备。由此可见,媒体自律并非一个可以独立运作的体系,而必须仰赖媒体发行人或老板这些有权力的个人方能实现。这种义务形式在自由民主社会中是值得担忧的,因为它并未体现于宪法内容也不曾透过公共程序加以确认,是不可靠的。

发行人的支持是很没有保障且容易改变的,1993年"媒体申诉委员会"著名的戴安娜王妃个案〔俗称"监视小戴案例(Di Spy)〕即为一例。"镜报集团"(MGN)在受到已故的委员会主席麦格雷戈(Lord McGregor)批评后随即宣布退出委员会运作,该事件肇因于《每日镜报》决定刊载七页有关戴安娜王妃穿着紧身衣使用健身器材的照片。这些照片是由隐藏于健身房天花板上的摄影机所拍得,并由健身房老板卖给《每日镜报》。麦格雷戈决定以个人身份提出一份简短的声明,宣称镜报集团"故意违反报业竞争行为中被大家所公认的伦理界线"③。而在争论中,《镜报》辩称其获得的照片正好显示了保护戴安娜王妃的安全措施漏洞百出,同时健身房是公共场所,而且他们只是取得照片,而非由自己的摄影师去摄得照片。但这一套说法未能说

---

① Geoffrey Robertson 在 Peak and Fisher, *Media Guide*, p. 24 中引用。
② 参见 Jeremy Tunstall, *The Media in Britain* (London: Constable, 1983).
③ Andrew Gulf, 'Press counts the cost of outrage by Mirror' *Guardian*, 8 November 1993.

服麦格雷戈及其同业①,麦格雷戈甚至呼吁广告商抵制镜报集团,后者则以形容他是"跳梁小丑"来响应之。

在照片刊出两天后,《镜报》编辑班克斯(David Banks)宣布镜报集团退出"媒体申诉委员会"的运作,这意味着占英国四分之一销售量的报纸媒体脱离了自律体系,"媒体申诉委员会"也失去了镜报集团超过10万英镑的经费挹注;同时,原有的自律体系亦因此而丧失公信力。情势的严重性可以由调停者的身份窥知,默多克与英格利希爵士(Sir David English)介入调停镜报集团与麦格雷戈之间的冲突。而就在退出"媒体申诉委员会"的24小时之内,《每日镜报》又再度重回该组织,耗时两个钟头讨论如何强化自律体系的公信力以及预防法律体系的介入。② 麦格雷戈认为这些高层人物的介入,意味着自律体系获得强有力的支持,不过这也显示出自律体系的脆弱之处。由这些权势人物所维持与形成政策的自律体系是很难运作顺遂的,因为它缺乏公众的认可,而且它是建立在权势人物的任意为之而非任何合法的权威之上。同时此案似乎也显示,相关人士所担心的是这种自律体系是否受到威胁,他们只是想要维持其权力而非服从合法的权威。

## 改革自律体系的公正之道

假如自律体系具有潜在的不稳定性,而且"媒体申诉委员会"先前的成就也不值得一提,那么还有什么可替代的方案呢？需要提出更进一步的管制方案吗？记者与编辑早已习于以六种理由反对法律体制的介入,因为他们相信:检查制度大体而言是不正当的;它一点也不切实际且根本无法运作;实际上已存在许多对媒体自由的法令控制;没有证据显示其具有必要性(例如1995年"媒体申诉委员会"只对报纸提出28次质疑);自律体系较能在读者与媒体之间保留对话空间;自律体系可以透过同侪之间的审议评论对潜在的犯规者提出有效的制裁。传统上英国国会对立法限制媒体自由极为小心谨慎。资深保守官员韦克厄姆加入"媒体申诉委员会"时说:"作为一位国会议员,我在直觉上较赞成媒体自律并反对立法限制媒体自由。"③

记者其实早已受到许多法令限制,沃尔德格雷夫(William Waldegrave)

---

① 参见 David Bank, 'Put up or shut up', *UK Press Gazette*, 14 February 1993, p. 1 and Hugo Young, 'Privacy curbs would only be half of it', *Guardian*, 11 November 1993.
② Andrew Gulf, 'Rivals press Mirror to rejoin Commission', *Guardian*, 10 November 1993.
③ Press Complaints Commission, *Annual Report* 1995 (London: Press Complaints Commission, 1995).

于 1992 年所提出的白皮书《开放政府》(*Open Government*)中列举了 251 条限制媒体报导政府业务的法令。① 此外报纸也受到了 46 种法律限制,包括 1911 年至 1989 年间制定的各种《公务机密法》(Official Secrets Acts)以及 1989 年制定的《反恐怖活动法》(Prevention of Terrorism Act)②。这些信息保障机制以及其他出版禁令,在法律以及宪法上并没有相对的信息权利机制加以平衡。宪法并没有保障人民为了公共利益而可以取得信息的权利,也没有一套信息自由法案的出现。著名的媒体与民权律师罗伯逊始终相信,一般法律会鼓励侵犯个人隐私,但却不鼓励为了公共利益进行调查报导:"英国法律对媒体极不友善,它抑制了媒体的美德行为但却鼓励恶行,瞎眼的正义女神执起宝剑伸向进行深度调查的记者,另一手却抚摸着扒粪之人。"③

一些律师可以诉诸不同理由兴讼,以保障有权有势者的隐私;但反讽的是,最近令人不耻的一件案例却是由一位媒体大亨所引发。马克斯韦尔(Robert Maxwell)雇用了一群律师,对一些宣称他滥用"镜报集团"退休基金的记者进行调查,成功地阻止这个消息被刊载出来,直到马克斯韦尔死后,这一久为人们所怀疑的罪行方始曝光。不过罗伯逊一点也不觉得意外,他早在十年前就指出了瞎眼正义女神的这一缺失:"她以藐视法庭、破坏保密义务与著作权为借口,刻意将邪恶资本家、声名狼藉的财团以及伪善政客的实际行径加以隐瞒。"④

罗伯逊坚信,法律本身的规定,使得小道消息比严肃的调查报导更容易出现,而且这也使得整个新闻市场容易走向小报化倾向,并进一步对个人隐私产生压力。对于有钱人而言,诽谤法是一项有力的武器,高额的代价即使对最有勇气的记者,亦是强大的威胁与警告。对于一些不怎么精确的报导,法庭所提出的赔偿判决可能令大部分人无法消受,但却也无法真的使隐私权获得保障。假如报导者精确地获知消息的某些层面,该新闻一样也可以被报导出来,结果法律还是无法保障个人私生活的某些方面被报纸所揭露,因为有可能一些内心有所不满的情人、妻子、丈夫或情妇会将所谓"罗曼史"

---

① 在 Hugh Stephenson, *Media Freedom and Media Regulation* (London: Association of British Editors, 1994)引用。

② 参见 Andrew Belsey and Ruth Chadwick, *Ethical Issues in Journalism and the Media* (London: Routledge, 1992).

③ Geoffrey Robertson 'Law for the press', in James Curran (ed.) *The British Press: A Manifesto* (London: Routledge, 1978).

④ Robertson, ibid.

交给小报作为报复,而且他们所提供的信息一样也会是正确详实的,最终没有任何人可以有效保护其隐私。但相对地,为了公共利益理由进行严肃深度新闻调查的记者,却在发掘真相的过程中拥有过少的权利,且在揭露与刊载的过程中备受阻碍。

20世纪80年代末期公众对媒体行径的关注态势,形成立法限制侵犯个人隐私嫌疑行径的压力;但遗憾的是,这一立法压力的结果却过分倾向于限制媒体行为,提供受访对象过多权利,而非赋予记者适当的调查与刊载权利。1989年,国会强烈支持制定隐私权相关保障法令,此举促使政府注意到媒体行为,并资助卡尔库特研究计划。国家文献委员会秘书梅勒(David Mellor)告诉媒体,它们恣意行事的时间不多了。卡尔库特报告建议裁撤效果不彰的媒体自律组织"媒体委员会"(Press Council),另行成立新的自律组织并予其18个月的观察期,同时在法律中加入隐私权保护条文。① "媒体委员会"的支持者不多,于1990年底被解散,随后"媒体申诉委员会"成立并取代之;然而,相关法令却未获得通过。不过"媒体申诉委员会"最后仍被卡尔库特判定为毫无效果,他转而建议成立具有法定执行权力的组织②,但政府却不太在意其提议。"媒体自律委员会"自行提出改革,制定更快速的申诉程序,新设隐私权申诉官,增加更多的非业界成员;而在其主席韦克厄姆爵士提出批评之后,这一自律组织的领导体系获得了新生命。然而尽管出现了这些变革,许多观察家仍相信政府应该对媒体规范提出更广泛与前后一致的声明。1993年所承诺的白皮书至今仍被搁置,1994年3月,"英国编辑协会"(ABE)在对政府暧昧态度深表不满之际,自行出版其白皮书《媒体自由与规范》,认为英国媒体业已被过度规范,没有必要再将个人隐私权受危害的罪名加在媒体身上。③ 基于此看法,"英国编辑协会"拒绝麦凯爵士(Lord Mackay)的绿皮书所提出的建议,该建议主张制定隐私权相关侵权法令,并同时对侵权行为处以最高1000英磅的罚款。1995年7月,政府当局终于提出其对隐私权与媒体自由的政策看法,最后的结论是,对于媒体的进一步法令规范是不必要的。④

对于这一波风起云涌的改革行动,关乎媒体的焦点在于卡氏报告以及

---

① David Calcutt, *Report of the Committee on Privacy and Other Matters*, Cmnd. 1102 (London: HMSO, 1990).
② David Calcutt, *Review of Press Self-Regulation*, Cmnd. 2135 (London: HMSO, 1993).
③ Stephenson, *Media Freedom*, p. 12.
④ *Privacy and Media Intrusion: The Government's Response*, Cmnd. 2918 (London: HMSO, July 1995), p. 16.

政府的相关响应，由国家文献委员会的报告得知，国会较注重媒体行为的改革，包括设置具有法定权力的媒体报导申诉官以及索利(Clive Soley)议员的一些提议。他所提出的媒体自由与责任法案，是在主张以法令限制媒体行为的看法中，少数同时主张赋予媒体为公共利益进行报导的权利。不过直到1996年，还未曾有相关法令获得通过，韦克厄姆、"媒体申诉委员会"以及媒体业界不断试图说服政客与公众，一定的自律体系就足以对个人隐私提供保障。

  编辑们反对压制新闻自由以及反对新闻检查的声浪，拥有光荣悠久的传统，边沁(Jeremy Bentham)就曾明确地指出："新闻自由的确会带来若干坏处，但其所造成的影响却远不及于新闻检查所可能带来的恶果。"① 这一传统在麦考利提出新闻媒体是自由民主社会第四权的主张时获得强化，媒体有责任报导当权者的一言一行。在此认知之下，很少有人会愿意制定法律将媒体揭露政府或媒体大亨腐败内幕的机会加以限制，反而许多人会希望看见法律在这一方面能够强化媒体第四权的执行空间。不过现实中，目前公众与政治人物对于媒体的关注点不在于其第四权角色，因为众所周知目前我们处于一个个人私生活细节都可能会被当成商品出卖给大众媒体的时代。小报新闻的辩护者《世界新闻》编辑摩根就认为："我们只不过是报导一个已婚妇人与乡下警察有染，她的丈夫发现了这一件事，然后就演出一场全武行。事后有人将该事件告诉了《世界新闻》，然后我们就刊登出来，这有什么错？而且你看，上周有490万人从我们的报纸中得到乐趣并获得愉悦。"②摩根指出，事实上读者自己会去判断他们要什么。《每日镜报》前任编辑格林斯莱德在论及媒体争论《每日邮报》(*Daily Mail*)采访《独立报》(*The Independent*)副主编托因比(Polly Toynbee)私生活事件上，他关注到这种以个人隐私为卖点的新闻："事实上对于个人隐私的侵犯事件远比人们所感觉的还要少，但一旦引发广大回响，受害者的生活就会不断受到干扰。"③格林斯莱德点出20世纪80年代中期以来媒体规范争论过程中的一个核心问题："谁有权利享有隐私权？"在市场竞争压力与法律规定下，除了媒体大亨之外，似乎很少有人拥有这一权利。目前新闻界的趋势倾向于将新闻与八卦视为同义词，八卦编辑沃克则将八卦当成另一种饰以煽情外表的新闻。④

---

① 在 Alan Lee, *The Origins of the Popular Press in England* 1855—1914 (London: Croom Helm, 1976), p. 23. 中引用。
② Piers Morgan, quoted in the *Guardian*, 17 October 1994.
③ Roy Greenslade, 'The Polly and Paul show', in the *Guardian*, 17 June 1996.
④ Walker, 'Panting for gossip?'

## 结语：自律的代价与奖赏

于此八卦小报趋势下，个人的私生活会付出什么代价？谁会因此受害？很明显的，公众人物会发现他们最容易成为被报导的对象，因为他们的私生活最有卖点。1996年电视演员斯科特(Selina Scott)向"媒体申诉委员会"提出其诉愿，因为有一篇名为"我与斯科特风流史"的报导，刊载了据称她在18年前发生的一段情事。不过，这种新闻报导趋势最严重的受害者将会是一般的市井小民，当他们的生活具有某些悲剧色彩时，就容易成为媒体感兴趣的焦点。由于没有足够的金钱与法律手段阻止媒体的入侵，他们的日常生活与经验就被转换成可以提高报纸销量的商品。随着对小报的规范逐渐增加，这类寻常的"悲剧故事"大量出现；有些"幸存者"指出，记者报导他们故事的行为，比起引发媒体关注的第一手事件，更令人感到困扰与伤害。① 对于市井小民而言，媒体自律不过是一桩代价高昂的生意罢了。

那些政党倾向明显与小报相左的人士，也会成为被调查的对象。1996年《独立报》的托因比(Polly Toynbee)撰文支持离婚法案的改革，这是《每日邮报》所极力反对的；她发现《每日邮报》在调查她与一名已跟妻子分居的已婚记者的交往关系。她认为这样的响应并不会成为她个人议论的主要反驳点，但是却出现了将她喻为婚姻强盗的描绘，于是她也撰文抨击《每日邮报》作为响应。② 1995年末工党副主席普雷斯科特(John Prescott)发现《每日邮报》正在调查他的过去，他开始接到20世纪50与60年代同船水手打来的电话，警告他有《每日邮报》的记者盘问他们有关普雷斯科特年轻时候的事情。询问的内容显示，记者对他政治上的特质并没有多大的兴趣，焦点放在他有没有女朋友、是否饮酒以及是否曾是个流氓等等事情上。③ 普雷斯科特和托因比一样，决定在报导问世前先予以反击，他利用《世界新闻》的邀稿专栏，谴责《每日邮报》"公然以污蔑、毁谤与讽刺的手法，试图破坏我的名声"。《每日邮报》则解释道，这不过是一则人情趣味的特写，却遭到了误解。托因比和普雷斯科特都能够利用彼此敌对的媒体来为自己辩护，在普雷斯科特的案例中，这似乎终结了任何的特写；在托因比的案例中，则诱使《每日邮

---

① 关于那些悲剧事件的当事人，如何对付随之而来的对该事件之媒体报导的叙述，参见 Anne Shearer, *Survivors and the Media* (London: Broadcasting Standards Council and John Libbey, 1992).

② 这个案例的细节参见 Greenslade, 'The Polly and Paul show'.

③ Seumas Milne, 'Wary of the Press Gang', *Guardian*, 22 January 1996.

报》以一篇描述"委屈的妻子"的特写来加以响应。这也引起了许多不同角度的媒体评论,《每日电讯报》(*Daily Telegraph*)的固定专栏作家埃米尔(Barbara Amiel),同时也是该报所有人、加拿大报业巨子布莱克(Conrad Black)的妻子,对托因比的困境就未展现太多的姊妹情谊。在抨击托因比在新闻界的纪录和观点之后,她提出如下的解决之道:"说到抹黑式的新闻报导,我已经将之转化为收益了。我的丈夫曾是许多拙劣的调查以及可加以控告的新闻报导的对象……我们有一个协议,我可以拿他一部分的和解金去买衣服;既然他从来没有败诉过,这对我的服装预算就大有帮助。这在辩论中虽然微不足道,对我而言可是很重要的。"[1]媒体律师罗伯逊对这种观点可能不会感到惊讶。他在约20年前就指出,诽谤对于已经有钱有势的人来说,是提供保障以及更多财富的特殊来源,是"一份免税的津贴,用以抚平有钱的诽谤案诉讼当事人的自尊心"[2]。埃米尔在现今的情势中,显然觉得充分受到保障,还有高贵的衣服可穿;但那些没有嫁给媒体巨子的人又该如何呢?当八卦谣言越来越酷似"穿着红色紧身衣的新闻"(news in a slinky red dress),他们能期待获得什么保障呢?

---

[1] Barbara Amiel, 'Publish and be damned by your cant Polly Toynbee', *Daily Telegraph*, 13 June 1996.

[2] Geoffrey Robertson, 'Law for the press'.

# 10

# 电子暗房时代的影像新闻伦理

123　　在《沉思录》(*Meditations*)一书的怀疑阶段,笛卡尔(René Descartes)曾经以为其所有经验都可能是由一个恶魔所故意制造而出:"我以为诸天、空气、地球、色彩、形状、声音以及我们眼中所见的所有外在事物,都只是他置放于我们周围的假象与谎言。"①这个恶魔巧妙地操控笛卡尔的感官输入,以一些令人信以为真的假象与现实世界交战,笛卡尔在这场战争获取一些与真实相同的感受,然而这全都是恶魔的杰作。

　　恶魔在当代抱持着犬儒心态的影像新闻记者或编辑身上,找到了他的化身,后者使用崭新的电子技术操控新闻读者所能看到的画面。在目前精密的计算机技术协助下,任何画面均可转换为像素,然后透过电子控制,几乎每个人都可以将影像操控到令人不觉有疑的地步。②只要花几分钟,就可以天衣无缝地将两张图片拼在一起,造成某种错觉,例如明明梅杰和布莱尔各自站在房间的两边,但却被变造成梅杰在与布莱尔交谈。或者调整两座金字塔在画面上的距离,以便作为封面,例如《国家地理杂志》(*National Geographic*)③就曾使用过这种手法。一些不太方便透露的细节可以被抽换而不留下任何蛛丝马迹,而且还可以撷取其他影像合成一张新的画面。目前摄影技术流行对模特儿照片进行电子修片:他们的双眸常被放大,双腿则被加长,我们再也不能相信照片中所见之物。

　　面对这种情形的唯一合理策略,或许就是如同笛卡尔的做法,除非能绝对地确信其为真实之物,否则就将所有得自于影像的看法视为虚妄。我们

---

① Rene Descartes, *Discourse on the Method and the Meditations*, trans. F. E. Sutcliffe (Harmondsworth: Penguin Books, 1968), p. 100.
② 关于数字影像的书目参见 *History of Photography* 20 (1996), pp. 336—8.
③ 此案例之详情参见 Fred Ritchin, *In Our Own Image* (New York: Aperture, 1990).

有一长串的证据显示,那些如同恶魔般的影像编辑不时想要欺瞒我们,这使得传统上受人推崇的影像新闻的真实特征,也逐渐为人所质疑。

在报章杂志新闻中,影像技术向来扮演着重要的角色,提供文字叙述中视觉上的证据。譬如战争影像比任何其他谈论个人恐怖与受难经验的印刷品更具感染力。越战在我们许多人心中所残存的记忆,就是那些记载一系列特定事件的许多照片,它们象征着不必要的生命伤亡以及残暴手段。布朗(Malcolm Brown)那幅以自焚表达抗议的和尚画面、亚当斯(Eddie Adams)那幅警察局长在西贡街头以手枪处决越共军官的照片,以及黄幼公(Huyn Cong Ut)那幅令人难忘的小女孩裸身被汽油弹燃烧而在镜头前奔跑的画面:这许许多多的画面使人们对于战争的理解产生深远的效果。但其效果是建立在对它们所试图呈现的事件而言,它们是足资信赖的纪录性证据,如果丧失与事实之间的因果关联,这些画面也只会被当成捏造出来的宣传工具,失去其原先所应拥有的见证者地位。报章杂志的读者通常会将这些如实呈现的画面视为事件的真相,这种看待新闻影像的传统建立于信任之上,即信任摄影者不会欺骗编辑其所摄得照片的实际内容。

在目前这个电子暗房时代,有智能的读者们应该对影像的来源抱持怀疑态度,或者甚至必须体认到那种镜头不会说谎的传统信任态度,已是过时且不能再被接受的陈腔滥调,换言之,从今而后影像新闻已然死亡。米切尔(William J. Mitchell)等理论家就曾指出,我们已迈入一种后影像时代[1],报刊读者迟早会理解到这一点。

不过,我认为这种悲观看法是错误的,它是建立在对影像新闻性质与其所能够提供的证据种类以及传统上所能提供的证据种类的迷思之上。我认为比较乐观的看法是,新科技的使用反而迫使摄影师与影像编辑更加警觉其工作行为的道德意涵。[2] 这种看法并不用发出影像新闻(尤其是影像新闻伦理)已然死亡的警告,电子技术的革命也可视为影像新闻再生的契机。

## 新的影像技术与旧技术有差别吗?

之所以会有人认为我们已然迈入后影像时代,是因为他们相信电子影像技术基本上有别于以往的光学以及化学技术。该论点指出,在新技术之

---

[1] 例如其著作次标题,*The Reconfigured Eye:Visual Truth in the Post-photographic Era*(Cambridge, MA:MIT Press, 1992).

[2] 桑塔格(Susan Sontag)认为影像并不能传达道德知识,该讨论参见 Nigel Warburton,'Photographic communication', *British Journal of Aesthetics* 28 (1988), pp. 173—81.

下，拍摄对象、画面与读者之间出现了某种新关系，因此对影像画面制造以及接收过程的传统看法必须跟着转换。新影像技术与旧有技术的不同在于：

1. 容易操纵

虽然大部分影像历史中，已出现了修剪、遮掩、局部曝光、合成等许多暗房技巧，但电子暗房却助长这些操纵手法至前所未有的程度。例如为了制造一张足球球员在罚球区以手触球的犯规画面，如果原件中球在该球员足部位置，那么在传统方法下，必须要有高超的影像处理技术才有可能做到。另外一种可以达到相同效果的方式是使用喷雾剂，但这也要具有高超的技巧才可能做出令人信以为真的成品。然而在目前计算机设备的协助之下，此类影像改造工作相形而言非常简单，甚至一位初学者也可以在数分钟内做到。最后结果是：只要拥有适当的机器设备，任何人都可以做到这种影像改造技术。

2. 难以找出破绽

这一点包括两方面。首先，以电子技术操纵改变画面的方式很难找到破绽。在新媒体中，天衣无缝的合成技术是可以做到的，但在旧有技术中则不是一件简单的事。在上述例子中，可以让你看不出足球的原先位置。第二，电子暗房并不会留下任何可以让人追溯其真实性的证据。不像传统的影像处理技术会留下底片（除了拍立得与幻灯片），让人们拿来与被改造过后的画面作比较。录像带就不需要留下此类对象，编辑过的档案并不会泄露出曾被动过手脚的事实，而原件也可以轻易地删除掉。因此任何意图证明电子影像曾经过操纵的尝试，都不是一件简单的工作。

3. 模拟式至数字化

传统影像作品是其所呈现事件的模拟化：任何在底片上形成的变化都具有某种具象功能。而新的影像作品则是数字化呈现，这意味着它们是可如实再现的，因为每个像素都可以被数码化。完美的再现对于影像技术而言是一种新现象（虽然旧的影像技术一开始时也曾被誉为对事件的完整重现）；不过这一点与本文对影像技术的讨论并无关联。

4. 可传递性

在新技术中，数字化的画面可以透过电子储存方式传送，且品质丝毫不受影响。这对摄影记者的工作非常重要，但也不是本文讨论的课题。

前述新影像科技的四项特征，只有前两点与影像真实性的议题直接相关。不过值得一提的是，在这四项特征中，并没有任何一项让新旧技术之间产生类别上的差异，它们最多只是一种程度上的差别而已。任何新科技所会使用的操纵技巧，仍可以在前电子时代中找到其影子。在传统技术中，一样也有可能制造出让人很难找到破绽的画面。此外，大部分利用影像取得成功的欺骗行为，都是在暗房之外进行的。想想看蒙骗专家近乎半世纪的科丁利精灵事件①，以及卡帕的共和国士兵瞬间死亡的案例，就可以发现：其实许多常被质疑的事件，并没有用到太多非法的影像处理技术。② 新科技只是增加影像新闻工作者的处理速度而已：从这一观点来看，新电子科技所能做到的，与旧光学化学时代就一直提供的，两者之间并无本质上的差别。

## 新闻影像技术的伦理

因此目前讨论的问题是一般的影像新闻伦理，而非仅为电子影像新闻问题。为了让大家注意到影像新闻伦理的主要问题，有必要提到一些传统上对影像新闻工作的看法。影像技术当然可以使用于各种不同用途之上。而此处我所注意到的是新闻用途的影像技术问题，尤其是用来作为事件发生证据的影像画面。我所关心的并非这些影像本身的主题为何，或者新闻摄影记者侵入公众人物私生活的行为是否为毫无意义、冒犯他人或是毫无责任感的举动。我所注意到的伦理问题是，他们如何制造出画面，以及这种制造行为是否有欺骗读者之嫌。

想象以下画面，你在早晨上班途中选购一份小报，头版上出现一幅皇室成员的照片，一位已婚王妃赤裸上身暧昧地与其侍卫共处于公共海滩之上。这幅照片看不出有什么造假之处，你可以看到当中有谁以及明白他们在做什么，也毋需再作特别的说明，照片本身就是证据。

---

① 这些影像如何被生产，以及许多人如何受骗，详细完整的说明参见 Geoffrey Crawley, *British Journal of Photography*, 自 1982 年 11 月 24 日至 1983 年 4 月 8 日。

② 关于此影像哲学蕴涵的讨论参见 Nigel Warburton, 'Varieties of photographic representation', *History of Photography* 15 (1991), pp. 203—10.

照片之所以能够作为证据,或者说我们之所以认为其内容不会有什么问题,是由于我们向来有意无意地认为用来陪衬新闻情节的照片是不会有问题的。我们预设影像内容就是照片旁边文字所说明的;我们预设照片中看似发生的事果真发生过;我们预设眼前的画面是一张照片而非技巧高超的绘图。对于照片内容的解说,或许我们会以较为健康的态度质疑海滩上是否真有其事,但在传统影像新闻观念中成长的读者,除了以影像纪录向其说明新闻情节外,没有其他更好的方法。影像提供了我们关于事件经过最令人信服的证据。

请再想想看画面是如何产生的,摄影师带着机器攀爬至树上,然后待在上面数个钟头,等候那对情侣出现。他几乎无法相信从远镜头中看到的景象。他暗中注意事情的发展,然后拍完一卷底片;心里想着,不用几个钟头的时间,一整年的薪水就有了着落。但使他惊慌的是,胶卷出了差错而使大半画面无法显现,洗出来的画面也没有任何看似暧昧的镜头。但还好并非所有画面皆无法显现,于是他将洗出来的照片扫描进计算机,然后在半个小时内就制作出一张合成照片,依稀将他在镜头下看过的情景重现出来。他自认为这样的做法并无不当之处,因为他晓得该合成照片并没有误导大众,他有责任揭发真相,而最好的方法就是使用这张令人震惊的照片。

他将电子影像寄给报社影像编辑,后者决定将之刊载公诸于世。然而为求自保,编辑回电确认照片是否有欺骗之虞。他问摄影师照片内容是否真有其事;摄影师也很诚实地回答确有其事,于是隔天照片便登上报纸头版。没有任何读者注意到该幅照片是如何被制造出来的,编辑也未发现,他们都认定照片是真实的影像纪录,因此他们都假设它是王妃行为失检的影像证据。

先不管任何隐私权的侵犯问题,那位摄影师的所作所为是否有任何不当之处?答案当然是肯定的,至少有三项理由:

1. 他交给报社的画面并非所指涉事件的影像证据。
2. 摄影师制作照片的过程包含某种欺骗手段。
3. 其欺骗行为会造成一种滑坡效应(slippery slope),使新闻影像技术全然不受信任。

我们接着逐一思考这些理由。

## 影像证据

由于具有最直接以及可追踪的因果关系，影像可以作为其所指涉事件的极佳证据（亦即事件影像可以直接曝露在镜头之下，并于感光底片上留下痕迹）。如果是移动中的画面，就会比静止中的影像更容易博取人们的信任，因为大部分静止中的影像，某些方面有点含混或令人觉得不确定。但假如你拥有影像所提供的外在证据，你就比较能够解读所有信息。

例如奥运百米短跑所使用的摄影终判；我们可以从中判定谁先跨越终点线，而先决条件是，我们相信摄影机角度没有误导，而且必须知道谁在哪一条跑道。① 航拍影像也可以协助我们绘制地图，当然我们要先知道摄影高度多少，以及气候或其他条件导致影像歪曲的可能性。X光以及超声波画面可以为我们提供骨骼、胎儿以及内脏器官状况的可靠信息，但必须经由专家解读，并在高度控制的环境条件下进行。在每一种使用例子中的信息，都可以直接透过影像追溯其原因。我们透过这些蛛丝马迹解读信息，几乎如同看见实物一样。但在上述某些用途中，有些影像外观容易使人产生误解，因此我们需要其他事实证据，据以假设形成影像外观的可能原因。

然而，大部分影像新闻工作者使用影像的方式明显异于前述用途。通常读者并不太了解画面取得的详细信息。影像标题、内文等所透露的信息并不多。这一点可以由法国的著名案例来说明。杜瓦诺（Robert Doisneau）曾拍摄到一张年轻女人坐在塞纳河畔咖啡馆喝酒而旁边坐着一位老人家的照片。该照片被用于传单上宣传酒类的危害；然后又被用在《观点》（*Le Point*）杂志的一篇报导，标题写着"香榭丽舍大道的娼妓"②。在这两例中，影像看起来都说得通：其内容并没有与标题意义不相符的画面。然而这两个例子的标题却产生了误导效果：因为镜头下的人物既没有酗酒也没有卖淫。可是在上述安排之下，读者并不能由画面本身正确解读事实为何。

影像新闻画面的意义来自于三个互相关联的方面：

1. 它们如何被制造；
2. 它们看起来像什么；

---

① 斯奈德（Joel Snyder）与艾伦（Neil Walsh Allen）讨论过摄影终判所提供证据的种类，参见 'Photography, vision and representation', *Critical Inquiry* 2 (1975), pp. 143—69.

② 此案例参见 Gisele Freud, *Photography and Society* (London: Gordon Fraser, 1980), pp. 178—9.

3. 它们如何被应用于特定脉络之中。

影像纪录之所以易解，原因在于我们对摄影师以及影像编辑的信任关系；以新闻影像为例，读者相信自己不会在画面的产生方式以及解说内容上被误导。呈现出来的作品内容直接（透过标题或内文）或间接地（透过人们内心的传统看法）传递着某种诠释画面的可能性。在大部分案例中，影像本身并不会向读者传达，其内容呈现是否就如同作者所说的那样。例如卡帕共和国士兵的影像，我们需要外在证据证实其为共和国士兵快速死亡的解释，而非其所宣称的共和国士兵于训练时失足受创。所以我们不但要依赖作者的诚意，也需要任何我们可以获得的证据。

在前述虚构出来的王妃案例中，摄影师所使用的画面并非事件的直接证据，它并不算是所指涉事件的真实影像（虽然如果你获知该影像是刻意制造出来，你还是可以毫无疑惑地从跟着该画面而来的直接证据中，解读一些事实细节）。它也不能算是该事件的影像纪录，因为在影像的形成过程中，事件并未扮演具有适当因果关联的角色。其作为证据的价值，只不过等于画家根据记忆绘出的素描。它是伪装成影像纪录的图画式影像[①]：事实上，它是经过设计欺瞒的伪影像纪录。

## 欺骗手段

这些案例中最令人不安的就是读者被欺骗的问题，不过并非在王妃与侍卫到底发生什么事情这一层面被骗，而是在影像的制作过程上受骗，也就是证据种类呈现的问题。在报纸新闻版面上出现的作品，会在不知不觉中向读者传达新闻影像纪录工作中所信奉的一些传统信念，但它们事实上却没有做到。在新闻影像传播过程中会出现一些习惯。粗略地说，日报读者会期待新闻情节旁边的图片并非只是影像式插图，也并非只是对事件的图画式诠释，而是其指涉事件的痕迹。换言之，假如王妃和侍卫的影像被用来作为新闻报导的一部分，读者就会很自然地假设它是作为一则影像纪录而呈现出来，亦即那对暧昧的恋人真的摆出影像内容所摄得的样子。许多影像清楚地具有误导大众的可能性，所以影像编辑的工作之一就是尽可能选择不会有问题，以及至少不会在实际议题上产生误导的画面。假如你发表

---

[①] 关于影像在纪录与图画式使用上的区别，参见 Warburton, 'Photography, vision and representation'.

一张某个王妃做出某种特定行为的影像,那么其行为必须是该影像产生过程中的直接原因;假如你挑一幅看来很像的影像指称某事发生且被拍下,那么它最多只能作为事件的影像式插图而已。

假设你在文中说明,或于标题上注明影像的处理过程,发表影像式插图是可以被接受的。对于许多人而言,看到二战轰炸机登陆月球的影像,所产生的效果是不会有人相信的。1988年4月24日《周日体育报》就在头版上刊登一则标题为"月球上发现二战轰炸机"的报导,不过该则报导的标题并不会比随附在旁的影像更令人相信。如果那幅影像是放在《独立报》的头版而非《周日体育报》上,恐怕会更令人相信了。那幅影像自身就透露出它是图画式的处理成果,因为其所指涉的事件并没有确切地发生。在此例中,画面如何被产生,是以传统光学化学方法合成还是以电子数字方式处理,这些问题并不重要。然而在王妃与侍卫头版新闻影像这一案例上,对于其制作过程的期待就会产生落差:因为影像所指涉的是一件有可能发生的事情。这是我们应该关注的新闻欺骗手段:所呈现的此种视觉证据形式有说谎之虞。

我所提出案例中的摄影记者是有意欺瞒编辑以及公开其影像到底从何而来。看似影像纪录的证据,其实只是其所揭露事件的插图而已。它是一件伪装成影像纪录的拼贴作品。那位摄影记者或许会说:"那又怎样?反正我揭发了一则更重要的真相,我所做的只不过是一种善意的谎言,它只是用来传达更重要事实的小小谎言罢了。"

其论点在于,影像可以不必与所指涉的情境具有直接的光学化学因果关联,尽管如此它还是传达了事件发生的真相。既然摄影师已竭尽所能重建应出现在底片中的画面,人物动作的一些细节与差异可以被忽略,反正那些精确的细节在目击证人眼中一样也有可能被忽略。该影像传达了事件的重要真相,这才是值得关注的地方。

再者,该影像的某些部分的确与所指涉事件具有直接因果关联,例如当中并无演员去假扮事实,穿着、发型等均无造假。换言之,影像的某些部分的确符合传统想法中对影像证据的要求。所以该影像中存在某些与所指涉人物事件具有因果关联性的直接与间接关系,所发生事件的真相也如实地保留了下来。

此外,过多的要求似乎并不合理,因为在平面新闻中,有时为了版面之故,经常容许甚至鼓励删节某些言论。例如一些讲话吞吞吐吐的演讲者常会有一些"嗯"、"喔"的字眼,不会有人质疑将这些字眼删掉的作法。平面新闻所应关注的重点在于其报导内容是否在删节过程中被扭曲了。对于逐字誊写的讲稿,报纸读者并不会有兴趣,反而会比较愿意看到润饰后的版本。既然如此,如果事件确有其事,为什么又担心影像是否为指涉事件的直接证据呢?

　　这种反应源自于误解了传统观点中新闻影像之使用方式以及改变那些看法的后果。这些看法包括,为了让画面更易于辨认所使用的一些小技巧,例如调整色彩对比与修剪一些不重要的细节,都是可接受的。然而这些看法并不会容忍任何扭曲读者对影像与其主题间因果关联之理解的作法。这是影像新闻工作人员基于专业完整性,对于这些传统遵行与否的问题。影像新闻工作者的角色义务必须包括不欺骗公众画面是如何产生的。在我虚构的王妃、侍卫以及摄影记者的案例中,问题并不在于摄影师使用电子魔法的手段可否被接受,而在于摄影师掩饰了事件与影像之间的因果关联。

　　先不管个人人格与专业完整性问题,任何一种平面新闻中的欺骗行为,对于公众对影像新闻的信任都会产生伤害效果。这种论点在论及一般的说谎行为时也经常被引用。例如哲学家沃诺克(G. J. Warnock)就指出:

> 有人会说,并非错误信念的灌输会造成伤害,而是被灌输者会心生疑虑。因为这种做法伤害了信任感,一旦人与人之间的信任感被伤害,那些依赖人们认为他人会实行,所以自己也会跟着一起做的合作性工作,就必定陷入瘫痪。①

　　换言之,说谎在道德上之所以是错误的,并非由于它会让人们获得假信念,而是在于它会摧毁合作与沟通所须具备的信任感。将这一论点放在影像新闻之上,我们得出的结论会是,我所举出案例中摄影师的行径之所以是错误的,在于他伤害了人们的信任感,进而使影像传播的可能性受损。假如此领域中的信任感遭受实质伤害,那么就不再有派遣摄影师去取得新闻影像的理由。反正只要使用图库和一台计算机,就可以造出记者所需的图片,而且还栩栩如生。

## 滑坡效应?

　　为了真相而容忍小小的欺骗手段,这是滑坡效应中走向一般忽略真相

---

① 引自 Sissella Bok, *Lying: Moral Choice in Public and Private Life* (Brighton: Harvester, 1978), p. 287.

的欺骗手段的第一步。假如你容许在不告知读者的情况下操控影像，那么不久就会发现你也将会容许摄影师去捏造事实。如同大部分的滑坡论证一样，这一论证之凭据，在于你是否相信有可能阻挡下坡之势，并说出"决不会再滑下去了"。然而在大部分应用到滑坡论证的地方，很容易就可以指出已滑下了一段不小的距离。但在影像欺骗的例子中，由于很难找出破绽，所以没有那么容易确定欺骗行为的程度如何，这一点提供了阻止滑坡效应的可能性。

## 到底为什么要有那些传统看法？

我们为什么要如传统般地认为，发表出来的影像一定要具有某种因果关联呢？为什么不能只是一幅最好的新闻插图即可？换句话说，设置生动的场景并拍摄下来，或以电子方式制造合成画面并将之刊载于报纸头版，这样有什么错误呢？这两种方法不都是可以让事实呈现出来吗？

有两点理由可以说明为什么在新闻报导中宁愿选取影像纪录而非图画。其中之一与其证据地位有关，另一个理由则是人们观看影像时的心理问题。

### 作为证据的影像纪录

影像纪录本身就是证据，图画式的影像则否；后者无论多么真实，最多也只是一种移植的记忆，即使其所指涉的事实确有其事。新闻影像的内容包含连摄影师都未想到要纳入的所有信息。而对这一特点的可能响应是，大部分此类信息对于一般读者而言并不会产生影响，而如果要完整呈现则需要大量的背景资料才有可能诠释之。换言之，所谓的影像新闻纪录其信息要比单一的迹象来得多。新闻影像的另一问题在于以特定事件指涉某种普遍意义的方式，或至少是某种整体的从部分指涉视觉举隅法。但如果新闻影像完全是图画式的，同样也可以做到这一点。如果想要了解新闻影像相对于图画画面的影响力，我相信主要的问题在于，我们观看那些我们认为是事件痕迹的画面时的心理状态。

### 观看遗迹的心理

由于影像纪录是一种痕迹以及描述，所以它们与所指涉事件有着直接的因果关联，并拥有遗迹的地位。这就和亲眼看到纳尔逊于特拉法加岬战场所穿之衣物的效果一样。新闻影像是曾经发生过的事件的遗迹：事件在世界上留下痕迹——纵使是在摄影记者主导之下。这种与事件关联性的认知对于新闻影像的观者有深刻的影响力，只不过是一件人类心理的事实。并非是由影像宣称事件发生了，应该说当事件发生后，影像让我们产生一种临场感，而这并非只是因为细节之精确性才会如此。

在可以选择的状况之下，我们大部分人会喜欢接触真实的世界，而非邪恶科学家利用虚拟实境机器造出的那种无法借由感官辨别真假的世界。如同诺齐克(Robert Nozick)所说的：

> 接上一部局限于人造实境的经验机器，进入一个不会比人类现实能力更具深度与重要性的世界。虽然机器本身可以制造出刺激感，但却没有任何具有深度的实际接触。许多人想要拥有这种接触方式以及探究更深层的意义。①

接触真实世界，而非他人眼中真实的翻版，其好处可以从埃文斯(Harold Evans)讨论奥斯威辛解放后影像的观点中看出：

> 影像新闻的主要贡献之一在于其超越了想象的局限，它让大家相信原本不相信的事。②

在一些特例中，新闻影像可以让我们了解想象能力的局限。某些事件除非看到影像，否则的确超越我们所能想象的范围。当然这并不是说影像与其指涉事件之间的关系毫无问题：影像并非通往过去的唯一窗口。③ 但它们能够带来可供辨认的证据，且让我们接近其主题；这就是为什么目前即使已进入电子暗房时代，对于影像新闻纪录的传统看法还是值得保留下来的原因。④

---

① Robert Nozick, *Anarchy, State and Utopia* (Oxford: Blackwell Publishers, 1974), p. 43.
② Harold Evans, *Eyewitness: 25 Years Through world Press Photos* (London: Quiller Press, 1981), p. 8.
③ 说明我们可以迅速如实地从照片中看见其所指涉的事物，这样的尝试，参见 Kendall Walton, 'transparent picture: on the nature of photographic realism', *Critical Inquiry* 11 (1984), pp. 246–77. 对此观点的批评则参见 Nigel Warburton, 'Seeing through "Seeing through" photographs', *Ratio* ns 1/1 (1988), pp. 64–74.
④ 我很感谢基兰在本文稍早的版本中所提出的建言。

# 11

# 媒体是（合乎道德的）信息吗？

## 导　论

　　本文所触及的，是有关电视媒体的道德意义问题。此处我所指的"媒体"，并非将电视视为一种大量炒作新闻的事业。我所讨论的对象，主要是一些标准的影像呈现（尤其是那些被杜撰出来的），以及精心设计这一典型时所使用的编辑、运镜、叙事形式等技巧。此外，我也同样关心此类电视影像的道德状况，不论它们是哪一种影像。

　　虽然形式与内容的区别是个过时的话题而且并无定论，不过或许我至少可以暂时性地以先前的讨论结果来界定我所处理的话题领域，然后本文将从某些具代表性的观点出发，来探讨一般人所认为的电视媒体所具有的道德意义。

　　此外，在通篇论文中，我所主要关心的是那些在道德上存有疑义和隐忧的相关电视表现形式。我详细讨论媒体的负面色彩，而非那些正面有益的层面，因为对媒体表现的负面批评乃是一项主要的传统，大部分评论者对电视采取轻蔑而非赞美的态度。

　　我假设对于电视是否具有道德上的重要性这一问题几乎是没有什么好讨论的，虽然许多人的看法未必如此。由积极层面来看，的确有证据显示出人们可以自电视中学习不同的生活形态，因此可能于其日常生活上带来道德意义的变化。来自于第三世界文化的人民可以借由电视学习第一世界人民的生活方式，女性也可以借此认识男性文化，对电视的接触无形中正在鼓励他们改变既有的生活形态。甚至有人指出，由于透过电视得以认识西方世界的生活方式，因而导致苏联帝国部分人民心生不满并投入后续反抗运动。同样地,有人认为透过对社会暴力色彩的渲染,电视有时候也造成了道德风气的败坏。例如某些节目会进行一些很彻底的宣传,对种族主义产生推波助澜之效果。

不过,电视所带来的这种结果,似乎较属于节目内容而非媒体表现形式的问题。而目前我们所要面对的问题是:电视所呈现出来的这些表现形式,是否具有道德上的意义?特别是,它们本身在道德上是否有可议之处?

为什么会有人认为答案是肯定的?或许这与观众花过多时间在电视屏幕前有关。观众花在电视机前面的时间逐年递增。我们通常会有一个印象,就是周遭亲友每天花费在看电视上的时间几乎与工作睡觉的时间差不多。这一说法的确有其道理,因为假如人们花那么多时间进行此事,那么一定会受到某些影响。此外,我们似乎也有理由相信,这些影响部分源自于电视节目的表现模式。例如我们常常听到有些节目借由其结构安排,压缩观众的反应时间,导致观众的认知不足。同样地,我们也可以推论,这种作法可能会使观众产生道德缺陷。这种假设之所以不由得令人相信,是因为在当代工商业社会中,电视占据了日常生活很大的一部分。

另外一种认为电视媒体具有某种道德意义的论证途径,或许源自于麦克卢汉(Marshall McLuhan)"媒体即信息"(the medium is the message)这样的洞见。亦即,麦克卢汉促使一整个世代的研究者,停止在表面内容的层次上(例如肥皂剧以及游戏节目),而是在其所隐藏的结构层次上,去追问电视的意义。麦克卢汉他自己发现了一种道德上对社会有益的信息——新部落主义与地球村预言。但电视问世半世纪之后,世界似乎并没有变得更好,甚至可能还更糟,信奉麦克卢汉理念的人开始担心媒体信息对社会可能根本没有好处。这种担忧可能犯了倒果为因的谬误,亦即因为自从电视时代来临,道德沦丧已经到了无以复加的地步,这种结果必须(至少部分)归咎于身为主要传播媒体的电视。

当然,这些怀疑太过分了,标准的媒体当然可能在道德上产生一些影响,任何事情都可能有此效果。但在我们产生道德警觉之前,必须再三确认我们不是仅由抽象上的可能性面对问题;我们会希望找到一些根据好让我们相信电视的确有可能造成道德沦丧。但这在批评工作上会出现举证问题,批评者必须提出某些看似合理的媒体负面效果,而这些效果可以合理地由传统电视形式中追溯出来(至少观众反应时间被压缩似乎就可以被视为简化的电视形式的可能结果,例如广告、音乐录像带、头条新闻剪影、情境喜剧等)。

另外一种方式是,当我们关心电视媒体会带来朝向不道德的后果之前,我们必须看看一些具体假设,这些假设解释媒体所带来的不道德效果,以及造成这些效果的可能因素。这也就是说,我们希望批评者能够详细说明媒体叙事的手法,以及这些手法对观众道德生活可能带来的恶果。

本文将论及三种关于效果与手法之间关联性的假设,我分别称之为写实主义(realism)、避世主义(escapism)与催眠主义(hypnotism)。虽然我相信在对电视的批判性论述中,常有人试图将这些手法重新分类,我也承认我对它们特征的描述都是理想形式。电视批判常常很零碎且过分简要,很多预设也未被提及。我想着手进行的,是将常见的对电视谩骂批评中所提到的一些直观观念加上理论内涵。因此,接下来我会将一些对电视道德状况的主要忧心问题进行理论重建工作。

然而,由于我的目的在于质疑这些假说所根据的论证,有人可能会对我为了反驳这些观点而先对它们进行理论重建提出怀疑,认为我可能在一开始就在讨论中动手脚,就好像造出稻草人然后再将它烧掉一样。对于此类怀疑,我的响应是,这些稻草人的确真的是由稻草所扎成,同时如果对那些假设所提出的论证,有比我或前述批评者所提出的论证还要完整的表现形式,那么我认为举证责任就是那些质疑者所必须承担的。

有关电视道德地位低落的论证,亦即写实主义、避世主义与催眠主义,并非电视这一媒体所独有的问题,我将重新审视这一论证。某些资料是出自于长期以来对大众艺术与媒体的争辩,尤其是视觉艺术。某些论证要素可以追溯自柏拉图,它们在对电影、动画、低级文学、音乐等领域的批判中不断出现。在许多例子中,那些不断出现的攻击电视的论证,似乎并非旧瓶装新酒的问题。当然有人会期待,由于文化开展之累积,我们似乎可以将一些新要素嫁接于传统问题之上。不过总而言之,这种作法应该会使大家更加信任我对反电视论证的理论重建,因为只要它们是建立在早已存在于目前对流行娱乐文化广泛讨论中的信念,那么论证中的缺口应该很容易就可以填满。

# 写实主义

标准的电视影像是图画式的,例如特写或长镜头。此外,画面处理所援用的技巧,与我们日常生活中所使用的视觉能力是相同的。我们是否使用相同的知觉过程,去认知传统上被认为与所谓"自然"相应的画面,这是值得争论的。事实上人类对画面的认知过程可以是一种固定式的认知能力。这提供了为何电视可以广为人们所接受的部分解释原因,因为在电视传播体系中，一些基本的画面几乎是每一个人借由其天生知觉能力就可以接触的事物。

当然，即使我们比较喜欢使用知觉符码（codes or conventions of perception）这一用语，而非固定式的认知能力，我们还是可以同意所谓相应于个别画面的知觉符码，一方面是相应于世界的，另一方面是相互紧密相连的。就这一点而言，电视画面是写实主义式的：我们借以遨游于电视画面的视觉符码或认知能力，与我们日常生活中所使用的符码或能力是完全相同的。

事情其实可以不必如此发展。早期电视发展出来的技术，是用来向远方（例如跨越海洋）传布文字语言（例如财经信息）。假若它仍在这一模式之下发展，假如它成为一种艺术，那么最后将会趋向传统（写实）小说的模式；它可能成为（写实）小说的传送系统，而不会如同戏剧与电影般呈现出来。

但事实并未如此发展。最后的结果是，标准的小屏幕画面是写实主义式的，因为电视画面的（知觉）处理过程与我们观看一般物体的方式（相对于文字阅读）是相同的。电视媒体贩卖视觉表象，那些视觉表象引发知觉过程，这一历程与那些表象于现实世界的物体，对一般人所造成的知觉过程是相似的。

我们所知的电视与真实的连结，由于其与摄影技术的关系而更加巩固了。电视位于照片摄影与电影的文化脉络中，事实上其许多素材初始是源于电影艺术的手法。此外，这样的摄影技术与纪录也息息相关，从历史上看是如此，只要想想照片摄影的若干原始目的就可得知；而从形式上观之亦然，不论是以电影或录像带为基础，电视影像一般来说都是世界上所发生之事件的纪录，即使该事件其实是人们所演出的戏剧或虚构情节。电视与纪录的关系，提供了更深远的立论基础（虽然是不一样的基础），让我们可以声称其影像是真实的，既然它很典型地是取材自现实，该现实包括了之后被视为纯属虚构的演出场景。

根据柏拉图的看法，图像不过是自然的一面镜子，它处理的是视觉的表象（基于此点理由，对柏拉图而言，图像与从思索理想型所得的知识相比，在认识论上的认知是有缺陷的）。不论画家是否运用这种无意识的手法，这样的观点显示，电视影像只是真实的写照，是用电子化手法呈现的机械式纪录；它或许可以被视为真实事物的表象，激发并触动了我们寻常的、低层次的物体辨识能力。

假如我们如此理解电视真实，将其视为透过在某种程度上涉及纪录的过程，致使人们运用日常的认知能力，这样的看法似乎至少是可靠的。然而批评家相信必然会有其他的效果，伴随着各种感官真实而产生，我们也许可以称之为同化效果(naturalisation effect)。经由对先前特质的真实呈现,也就是经由惟妙惟肖的表现与纪录,影像使其所呈现的对象充满了自然而然的意味;也就是说,使之再现了事物实然与应然的样貌。

换言之,我们之前所讨论的真实影像,被视为具有某种修辞的力量,亦即它带来了其所描绘的皆为事实这样的印象。从某些方面来说,感官真实意图说服观众,使其相信他们所眼见的真实。因此,假如电视影像透过感官上十分真实的画面,呈现出种族的刻板印象,那么一般认为观众会倾向于接受这些刻板印象是真实的再现;例如他们会相信,黑人就是会表现出特定的行为模式。

经由感官真实的手段所制造的影像,据称具有一种溢散效果(spillover effect);粗略地说,就是会使观众倾向于接受,该影像再现了事物真实的模样。也就是说,将黑人描绘为狂妄的骗子、游手好闲者与恶棍无赖的影像,被认为借由其感官真实的力量,确认了这一类的人真的会做出此种行为。

更有甚者,外溢效果应该比我所指出的还要更为强大。这样的论点含有强烈的决定论倾向,不仅暗示被描绘为真实的事物某种程度上确为事实,也暗示了它一定会是事实;相关的形式不只是真实而已,更具有某种必然性。举例而言,电视情境喜剧如《范戴克剧场》(The Dick Van Dyke Show)、《罗丝安妮》(Roseanne)中对核心家庭的反复真实再现,一般认为不仅暗示核心家庭乃为基本的社会单元,更暗示了它必然如此;也就是说,这是人类与生俱来的天性,这是自然而然的事情。

所以同化效果最后导致观众相信,既有的社会关系是无法逃脱的。这种效果对道德议题而言格外关系重大,假如它真的发挥作用,将会提醒观众道德标准何在,并阻止他们认同对立于既有社会秩序的非传统看法。这尤其使得道德改革家感到惊慌,例如那些反对只有异性婚姻才是自然的事情这样的概念,因而反对任何一种阻碍其他性别关系可能性之陈述的改革人士。因此,对于某些改革家而言,这种推定的同化效果特别具有重大意义,这些改革家担心它被用以使一般观众倾向满足于既有之不道德也不公平的社会关系。

借由感官真实的手段,电视影像被认为对于各种不道德且专制压迫的社会关系,赋予了可信度。族群、人种、性别和异性恋的刻板印象被呈现出来,并且被自然化了;其他所有关系的规范亦然,例如雇主与员工之间的关系,警察、罪犯与守法公民之间的关系,医师、护士与病患之间的关系,律师、法官与当事人之间的关系,以及父母与小孩之间的关系等等。感官真实可能暗示阅听人,这些关系不但事实如此,而且理当如此;例如父亲的确必然最有学问(若非如此,那么就是母亲)。

此外,电视会限制观众关于道德可能性的认知,将其局限于经由推定的感官真实之修辞所认可的范围之内。也就是说,假如感官真实的溢散效果暗示事情没有其他可能性,该影像就缩减了其所描绘之社会和人际关系形式的道德反应。

进一步说来,如果将有关同化效果的假设与某些我们所观察到的电视对社会关系的反复描绘连结在一起,那么我们所知的媒体便呈现了一种明显且即时的道德危险性;因为它的"世界"往往与真实世界大相径庭,在其中有太多的暴力;太多的医师、太少可怜人以及不成比例的众多白人男性等等。因此电视借由感官真实的手法提供给观众的"世界",是对社会的扭曲;含蓄地说,它以感官真实的幌子,将精心的设计伪装成真实的描绘。最后假如这些相关、同化和外溢效果,使阅听人倾向于将"电视世界"视为事物必然的模样,那么观众的道德评价能力就在暗中被减损了。因此,这样的电视影像开始被视为具有道德上的问题。

这个假设提出了一种效果,也就是影像使观众倾向于相信,事物(尤其是社会关系)没有其他可能性;它同时也提出了一种机制,也就是透过感官真实而运作的同化。这两个假设似乎都有其可质疑之处,我们先来看看效果的部分。

电视使观众倾向于相信事物没有其他可能性,特别是在道德上无法被改善,这样的假设是可靠的吗?这似乎很难概括电视的全貌,因为许多其实具有强烈的改革倾向;举例而言,很多所谓"问题电影"特别致力于此,它们呈现种族、虐待儿童、殴妻和艾滋病等等议题,借此说服阅听人,这些重大的社会病症是可以而且也应该革除的。我几乎没有理由怀疑,这些努力有时的确能够有效地在道德上触动阅听人;因此电视透过感官真实的运作,无法揭示事物有其他的道德可能性,这样的说法是不成立的。

此外,所谓文化研究领域的研究者将电视视为一种抗争的场域,他们的意思是,观众会对许多节目中所呈现的意涵提出异议。举例而言,当美洲印地安人看到白人移民遭到屠杀的画面,也许会感到雀跃,他们不会温顺地接受白人帝国主义的必然性。也许文化研究的学者过分夸大了人们观点的抗争程度,但他们确立了某种抗争的存在,这足以对自动使观众陷于道德惯性的所谓同化效果假设提出质疑。

当然,人们总是会怀疑同化效果假设的理论基础。根据推测,感官真实引起了某种外溢效果,也就是媒体所呈现的是事物的实然甚至应然面貌这样的印象。这个推论的第一步似乎就十分模棱两可。

我们可以这样说,写实主义作为一种风格,就意味着其担负呈现事物真实样貌的义务;而阅听人也是这样看待真实再现。但是由此观点看来,感官真实并不是真实,它只是以激发日常视觉过程,特别是辨识能力的方式来呈现事物,并不保证可以精确地再现世界,尤其是社会世界。这一点至为明显,既然它原则上与虚构情节是并行的;阅听人也理解感官真实原则上并不保证是对世界的精确再现,他们知道阿莫斯和安迪(Amos and Andy,译者按:Amos and Andy 为美国 20 世纪 40 年代著名的广播剧,剧中人物全为黑人,但 Amos 及 Andy 两位主角却由白人编剧担纲演出。20 世纪 50 年代此剧因大受欢迎而被搬上电视银幕,却招来社会舆论的非议。美国全国有色人种福利促进会即发表声明,谴责此剧强化了黑人劣等、愚笨、懒惰及狡猾奸诈等负面形象的偏见)不是真实存在的人物。所以我们为什么要假设观众会认为,感官上真实的电视影像显示了事物的实际面貌?

在这一点上,我们或许可以这样说,观众并不会将个别的项目当作是真的,而是将某种社会形式与情境视为真实。阅听人知道阿莫斯和安迪并不存在,但是感官真实说服他们相信某些类型,例如透过阿莫斯和安迪的形象所描绘的人物是确实存在的。然而即使我们不是柏拉图学派的信徒,依旧会提出这个问题:既然感官真实指涉的范围通常都是单独的项目,例如个别的人物、行动、物体和事件,为什么其与观众对类型之认知的塑造会有特别的关联? 是什么样的心理机制,使我们从不相信项目表象的存在,进而却接受类型的真实性?

假如感官真实与"这就是事物的实然面貌"这样的信念之间的关联是令人存疑的,那么其与"这就是事物的应然面貌"这样的印象之间的关联则似乎更加牵强。为什么感官真实会赋予其所再现的对象一种宿命的决定论意味? 我们对世界事件既有的认知过程之应用,并不会涉及宿命论;当我看见我的房间一团糟的时候,不会推测这个状况没有其他的可能性(或者就算我会如此,我的妻子也不会)。所以为什么我们在看电视时运用正常的认知过程,就会使我们相信事情不可能有所改变?

如果这个问题的答案是,确保此效果的并非感官真实,而是叙事结构,那么我们必须指出,电视的叙事往往引导社会朝向良善道德的方向变迁。也就是说,许多这种叙事的行为模式,其实与同化效果提倡者所预言的相反。

因此我的结论是,基于媒体的感官真实,而对电视的道德地位本身所产生的忧虑,很遗憾地在基础上是有问题的。

## 避世主义

以道德名义对电视所做的指控，其中最常见的一种就是，电视是逃避现实的。这个指控乍看之下就有问题，因为它其实指涉了很多事情，而这些事情并非全都是坏的。举例而言，假如"逃避"指的只是从一种活动转换到另外一种，而其他活动可能是有益的（例如专注地聆听古典音乐），那么这个词汇其实不应该受到责难。然而批评家指称电视"逃避现实"，其内心是带有轻蔑的意味。

一件事情被轻蔑地贴上"逃避现实"的标签，可能是由于某人于应该做其他事情的时候却在进行该事的倾向。由此观点看来，躲避应尽的责任而只顾着看电视，就是一种逃避现实。在某人因为花费太多时间在荧光屏前，却不追求自我成长或参与政治活动而受到指责时，这种避世主义的说法会被使用。但是在这里有错的是个人的逃避行为，而非媒体本身；因为从这个观点看来，一个人在应该去探望他也许并不喜欢的卧病之亲戚时却开始工作，这同样也是逃避现实的。是故当批评家使用"逃避现实"的标签时，他们必定指涉其他的事情。

或许是这样的：在此情境之下的避世主义与沉迷于幻想的倾向有关；是故电视据称与沉迷幻想有关，在这里幻想本身则被视为是道德沦丧的。如果这就是批评家所主张的，那么我们一来必须要知道，为什么幻想是道德沦丧的；二来则必须知道，电视如何格外助长了幻想。

但是幻想本身究竟有什么错误？尤其这里并非意指我们在应该做其他事情时，却只顾着幻想。或许有一种看法主张，幻想分割了我们的行动和情绪反应；当我们幻想事情，也就是当我们在做白日梦时，我们历经了各种情绪状态，但这些情绪状态是与行动分离的。我们对周遭各种不公不义的事情感到愤怒，但我们不须采取行动，白日梦切断了情感与责任之间的连结。这或许被认为充满道德上的危险性，包括我们可能借由在幻想中表现愤怒，自欺欺人地以为自己已经满足了道德的需求；我们会偏好对幻想的事物表现情感，更甚于真实世界的事物（对想象中的可怜人表现情感，更甚于真正的可怜人）；我们会偏好表现情感更甚于付诸行动（宁可看电视而不从事社区服务）。

但是即使这些具体的问题只不过是有可能肇因于幻想的伤害，或许还是有人会主张，不论幻想的内容为何，基本上幻想结构上的本质就是会切断情感与行动的连结；而这可能被认为是对我们心理系统正常功能的扭曲。

就好像手淫被视为歪曲了性功能,幻想或许会被视为对情感—行动系统的扭曲。将情感与行动分离,危及了系统的顺畅运作;也许这使得我们更可能对某些真实世界中的事件没有反应,因为我们已经习惯了在自己的幻想生活中只表现情感,不付诸行动。因此既然幻想腐蚀了,或可能腐蚀情感与行动的连结,而情感与行动之间的连结对于道德行为又极为重要,故幻想不论其内容为何,在道德上都是可疑的,因为它篡改了道德活动的条件,它使得我们满足于情感感受而不付诸实践。

此外,人们或许声称电视格外有益于幻想;也就是说,它以一种非偶然的方式助长了幻想。正如毒品激起了与行动分离的纯粹情绪性幻想,电视也是如此。这不仅是针对那些应该做别的事情,却转而看电视的人而言;关于助长幻想的重点在于,它应该是遍及所有的电视观众,不论其所处的情境为何,这与媒体本身以及其所固有之逃避现实的倾向有关。此外,主张此论点无须讨论任何特定的幻想内容,诸如财富、性与权力等等诱人的(或许是补偿性的)想象;因为所指控的是媒体本身助长了幻想,而幻想本身在道德上是可疑的。

但媒体是如何与幻想扯上关系的呢?对此或许有人会主张,这是由于其画面是充满幻想色彩的。它们力量强大的感官真实使我们停止去怀疑,它所创造出来的东西,例如电视电影《X 档案》(X-Files)的"下水道惊魂记"(The Host)这一单元中的水中寄居怪物,是真正存在的;结果我们经历了恐惧的颤栗感,却无须有逃走或奋战的念头。同样地,我们对电视电影《埃弗斯小姐的孩子》(Miss Evers' Boys)中虐待儿童的情节感到愤慨,但却不必有任何的对策。此外,这个过程是基于一种欺骗:我们接受了虚假的信念;换言之,我们相信呈现在面前的假象是真实发生的事件,这加强了避世主义性格的道德伤害。

是故假象是一种可让电视影像助长幻想的机制,而幻想本身有避世主义的倾向,在道德上是被贬抑的。从柏拉图开始,视觉和情感间就被认为有一种未经证实的关联,尽管在当前的论调中,道德批评的对象并不是情感本身,而是经历(以及享受)分离于行动和行为责任之情感的状况。电视催化了假想式的情感,然而某种程度上它的运作犹如一种电子化的替代幻想,之所以谓其替代,是由于它虽然落实了我们的想象,但对我们而言,它既然不需有行动加以配合,也仍然只是幻想而已。

因此电视是逃避现实的,因为它助长了幻想,它本身自然而然的是一种对行动之重担的逃避;且它是透过欺骗的或虚幻的影像来助长幻想。但是这个论调中提及的两个罪状似乎是有缺陷的:其一是对于幻想的质疑,其二则是"影像是虚幻的"这样的概念。

对于幻想的质疑似乎是建立在过分狭隘的心理学之情感概念上；传统上情感总是与行动连结在一起，且两者之间的关联对于道德行为来说是极为重要的。然而这并不一定表示，没有行动加以配合的愉悦情绪就是扭曲了人性。人类不需要行动就能经历情感状态这样的能力，极有助于适应环境，且能够促成更有效率的进一步行动。

对不符合事实的危险情境的描述，可能会使儿童受到惊吓，也可以使他们对未来将会面临的险境有所准备。我们展望未来的行动，并经历有关我们的想象之情绪反应，这使我们能够得知，真正去做这些事究竟会遭遇什么情况；且因而有助于我们做出实际并符合道德的决定。我们无须行动就可表现情感的能力，也让我们能够仿真同样的情境，并在最后谨慎且符合道德地调整我们的反应。在上述的所有事实，以及许多其他的状况中，分离情感和行动的能力对人类心理而言完全是有益的，而不是一种扭曲；且这对道德行为往往意义重大，而非使之沦丧。

因此若说"逃避现实"与"适应环境"两者有相反的意义，那么纯粹的幻想能力并不一定是逃避现实，或是有悖于道德生活的。因为脱离行动而从事情感想象的能力，至少有助于我们符合道德地去深思熟虑未来的行动；对于学习估量违反现实的情境，包括日后可能成真的重要道德情境而言，也是意义重大。此外该能力也有利于我们收集关于他人的感受以及可能采取之行动的信息，包括那些与道德相关的信息。因此原则上幻想并不具道德上的错误，只有特定的幻想才会如此。

同样地，如果电视和幻想之间有特殊的连结，在排除了那些由特定节目内容所煽动的特定幻想之后，就没有什么可讨论的问题了。就算电视与幻想之间没有特殊连结，该连结只是电视与其他媒体所共享的，我们也无须假设我们受其激发所想象的任何事物都会危及道德。事实上，假如情绪性想象的幻想一般说来在道德生活中是有用的，那么我们也没有理由认为，电视作为替代的想象不会同样有用。或许对描绘种族歧视和性别歧视之虚构情节的情感反应，能够促使我们对于真实世界中相同的种族歧视和性别歧视状况，采取适当的情感态度。

当然，之前对于幻觉论的叙述也有若干错误。根据推测，电视影像是一种假象，使我们对其所再现的事物不加怀疑。这让我们有可能做出情绪式的反应，因为一般假设情感需要信念加以配合，而不加怀疑的态度将我们带入这种必然的情境：它使我们相信自己眼前所见的。

然而有人会怀疑，在此论述中是否至少有两个步骤是多余的。因为假如想象(心中愉悦的、与真实无关的想法)能够激发情感,且感官真实无需任何对幻想的见解,就能独立地提供想象的基础(例如有关埃弗斯小姐的孩子正被虐待的想象),那么我们可以直接将幻想以及不加怀疑的态度省略不谈。况且这是绝对有益的,因为这两种概念似乎都暗示,阅听人相信他们眼前所看见的,而为什么他们不将情感与行动加以连结则依旧无法解释。

因此,认为电视的虚幻影像导致了心理上的扭曲,所以它是逃避现实的,这样的想法似乎考虑不周;因为一来幻想(也就是与行动脱离的情感想象)并不一定具有道德轻蔑的避世意味,二来这里所讨论的想象并不是幻想式的。电视影像传统上是属于感官真实的,但这不会让人们产生错误的信念,只会使其辨识出视觉的大量再现。而且虽然感官真实或许会助长情感想象,但这些想象的道德地位是取决于其内容,而非心理状态的类别。

这里或许有人会质疑,我改变了论述的词汇,使用想象这个说法而非幻想。但是如果幻想只是意指顽皮的情感想象,那么显然如前所述,我们所评价的应是其状态的内容,不是状态的类别。电视的确会助长情感想象(虽然不是透过道德沦丧的幻想),但是既然情感想象本身并没有错误,那么媒体本身就不具有包含道德问题的避世色彩。

## 催眠主义

如果避世主义论调所关注的问题是,从某个角度看来,媒体激发了太多想象活动(谴责地说是幻想)的空间,那么催眠主义所争论的问题就是,电视几乎不允许我们拥有任何的想象空间。催眠主义论调一开始就注意到电视的重点乃在吸引我们对它的注意力这一无懈可击的事实。制作人希望我们去收视,在这一点上他们无异于电影制片。

然而从各种角度看来,在吸引我们的注意力这一方面,电影制片较电视制作人更具某些优势。一般说来电影画面要比电视大得多,电影屏幕通常比我们还要大,然而一般而言我们都大过电视机;此外,电视画面的分辨率通常不像电影画面那么鲜明而光亮。因此,基于这些层面,电视画面的力量可说是微弱的,尤其与电影比较起来更是如此。在黑暗的放映室中,我们的眼睛会被巨大而明亮的电影画面吸引(事实上我们也几乎没有什么别的东西可看);而在自己家的客厅里,色彩晦暗且分辨率低的电视屏幕,还得与其他的事物竞逐我们的注意力,我们的注意力很容易就转移了。既然我们的注意力有游移的倾向,因此电视制作人的首要任务就是,使我们的眼睛专注于电视屏幕。

基于这个考量，电视制作人主要的对策就是对影像轨迹的组织。我们的知觉系统对于变化和移动格外敏感，这是很容易理解的：对早期的人类而言，环境中的律动往往是一种信号，代表掠夺者或猎物的到来，也就是危险或食物即将出现；因此我们的眼睛基于本能反射，会被变化和律动所吸引。电视制作人可以利用这个原理来维持我们对电视屏幕的专注力，结构性地组织影像轨迹，使其充满律动和变化。

为了达到这个目的，可以运用的手法包括剪接、移动摄影机、将镜头拉近或推远、叠印以及淡入淡出等等。这几种视觉手法在电影中当然也可以看到，但是它们在电视中（尤其是广告片、音乐录像带等类型）出现的频率，往往比在电影里要来得高。如果我们将这些手法的使用称为"结构性的连结"，那么经过评论家的计算，在商业性的电视节目中，每60秒通常就有8到10个结构性的连结；而在广告片中，平均每30秒就有10到15个结构性的连结。当然，在诸如《迈阿密风云》(Miami Vice)这样的商业动作片中，结构性连结出现的比例甚至会比商业节目的平均值更高；而音乐录像带的剪接，几乎达到每分钟20个镜头那么频繁。

不用说，电视并非只从事这种技术或结构的变化，出现于画面中的快速移动也可以吸引我们的注意力，这就是电视偏好篮球或足球而非棒球的原因。此外，情境喜剧惯用一连串的机智应答，以快节奏的揶揄语气互相辱骂，也无疑是一种结构化；因为从一个人迅速跳到另一个人的镜头切换，加上一连串的妙语如珠，就能够维持我们的注意力，即使剧情并无任何吸引人的发展。同样地，新闻提要的节目总是快速地转换每一则新闻，并跳到下一个视觉画面，不让我们的注意力有丝毫衰退的时间。事实上，我看过镜头重复出现两次的新闻报导，这或许就是为了增加段落中的镜头数目。

对视觉轨迹做大量的结构性连结，一个十分明显的作用是，借由触动我们与生俱来的注视律动与变化的倾向，吸引我们对画面中将要出现的东西产生兴趣。透过诸如剪接这样的结构性连结手段，制作人将律动和变化带入视觉行列之中，且步调往往十分显著。这是在夺取注意力，结构性连结可说几乎是以分秒必争的方法在加强或活化我们的注意力，而且它还要应付我们将注意力从屏幕上移开的倾向。或许可以这样说，结构性连结设下陷阱捕捉我们的注意力，诱惑我们至影像中；它吸引了我们的注意力，并且刺激我们对于有重要事情即将发生的自然期盼，因为那是我们的律动探测机能会期待的。因此结构性连结使我们持续收视，且对节目涉入渐深。有一种说法是，我们的注意力不由自主地被锁在影像轨迹上，就好像我们正处于被催眠的出神状态中。或许还可加上一点，这也是人们看这么多电视的部分原因。

但是如果媒体的结构性特质的确有此作用，为什么这在道德上是有问题的呢？针对这一点或许有人会声称，电视用以维持我们注意力的方法，某种程度上说来，会导致我们去"追逐影像"。当结构性连结快速地接踵而来，我们必须跟上影像的轨迹；我们忙于试着应付结构性连结的来袭，以至于几乎没有时间去思考，举例而言，几乎没有时间去发挥我们想象的能力。我们将注意力运用在追逐结构性连结的急流上，这压缩了从事任何其他认知活动的机会。

也就是说，由于制作人开发了媒体的某种可能性，使得影像占据人们注意力的程度，已经阻碍或排挤了其他重要认知能力的运作，因此电视强调高频率之结构性连结的标准形式，在道德上有其问题。当然，这种说法与特定的认知能力有关联；批评家断言，由于变化多端的影像轨迹大量占据了我们的注意力，因此该认知能力被排挤而无法发挥作用。

认知能力至少有两种：我们的批判能力和想象力。有一种说法指出，影像的流逝极为迅速，我们忙着集中注意力去跟上它，因此无暇从道德批判的观点做出评价。但更令人忧心的是，我们的注意力沉溺于刺激中，这可能阻碍了想象力的运用。

在此催眠主义的主张与写实主义有一相同的前提，想象力被视为道德思考的重要元素，因为它是一种展望其他可能性的力量；道德判断的前提就是，认可事物可以与现状有所不同。诸如剪接这般快速连续的结构性连结，使观众无暇想象道德上的其他可能性；人们忙着注意视觉影像，以至于道德想象力没有空间可以向下扎根。因此，由于与需要价值判断的虚构或与纪实素材相关的道德想象力之运作被阻碍，因此电视影像典型的结构在道德上受到质疑。

写实主义与催眠主义的论调都认为，电视影像的道德问题乃在于，它阻止观众展望事物的其他可能性，使观众认为事物不可能与屏幕上所描绘的有所不同。然而，两种论调达到这个结论的路径相异。写实主义宣称，此效果是经由同化作用而产生的，亦即透过"这就是事物的样貌"这一印象的传送。而催眠主义则主张，由于压倒性不间断的一系列结构性连结夺去我们的注意力，想象力因而失效了。

催眠主义也可以连结至避世主义的若干概念。如果就我们所知避世主义的概念是指，当我们在该做其他事情的时候却只顾着做某件事情，这样的行为就是逃避现实的，那我们或许可以断言，由一系列令人屏息的结构性连结组织而成的电视，可说是借着将我们的注意力变成电视屏幕的俘虏，而促成了避世主义。在该做其他事情（例如追求自我成长、参与政治活动等等）的时候继续看电视,这并不全然是我们的错；因为制作人为了其自身的目的,以强化惯性的方式操控着我们的知觉特征。换句话说,成为一个整日坐在沙发上盯着电视的人,这不全是源自我们性格上的缺点。我们已经被电视典型的连结方式所催眠,这与影像的内容没有关系。

所有沉迷于电视的人,事实上都是落入了电视影像的圈套,但他们并非只是持续地被束缚在屏幕前而已。当他们坐在那儿,他们的想象力,尤其是道德想象力有效地被麻醉了；他们专注地沉迷于影像中,以至于道德判断就休假去了,而这使得电视典型的形式本身就有道德上的问题。

毋庸置疑地,影像轨迹的构成是为了留住观众最多的注意力；就这一点而言,催眠主义的提倡者可以站得住脚。然而问题是,催眠主义的论调是否高估了媒体在这方面的有效程度。我认为催眠主义严重夸大了影像轨迹使阅听人出神的力量,它或许特地被设计来用以解决注意力闪烁不定的问题,但在这一点上它鲜少百分之百地成功。

我们常常是在注意力不集中的状况下看电视,看电视和之前收听广播一样,往往与许多其他的活动（包括做家务事）同时进行。当一家人围着电视机坐在一起,屏幕上的东西通常比不上互相交谈来得重要。有些评论家将我们典型的电视收视行为描述为"瞥视"（the glance）,这与"凝视"（the gaze）是不同的。凝视的概念指的是专注地看,就像我们在电影院里对电影画面的注意力；而瞥视则是一种比较随意的注意形式,例如学生从家庭作业中抬起头来,再回到他们的代数功课之前瞄一下电视节目。我并不想直接主张,电视收视总是一种"瞥视"的行为,反之电影观赏则总是所谓凝视的行为。不过对我来说,电视影像似乎的确不像批评家所宣称的,具有如此强大的催眠效果。不论许多的结构性连结如何诱使我们持续收视,要挣脱其掌控是很容易的,这从人们往往边做其他事情边看电视这一事实,应该就明显可见。

人们可以这样做的事实,也使得电视真正排挤其他既发性认知活动之可能性的程度,更加令人存疑。事实上它根本没有阻碍想象：人们可以很轻易地跟随《星舰迷航记》（Star Trek）的剧情,而陷入某种程度的白日梦。事实上,怀疑电视阻碍了想象似乎是大错特错,因为为了了解任何特定节目的内容,某些形式的想象活动是必要的,甚至可能是基本前提。

如前所述,电视节目经过剪辑,且往往是大量的剪辑。为了理解这些经剪辑的画面之意义,我们的头脑必须进行某种形式的建构活动,而这也许就涉及了想象力的运用。我们所讨论的结构性连结并不能完全阻碍想象力的运用；仅凭着在认知上难以理解的本能反应，我们无法专注于结构性连结的展现，否则画面将显得毫无意义。但既然这些画面一向富有意义，我们当然会假设，某种建构、想象的心智活动正在运作。

此外，看电视不只激发我们想象建构能力的运作，我们的道德想象能力也同样就绪。典型的电视节目，不论是虚构的或是新闻节目，总是不断要求其观众做道德判断；这必须以道德想象的活动为前提。如果我们辨认出某个角色是邪恶的，我们一定能够指出，他的行为可以有其他可能性。如果电视节目排除了道德想象，它们如何同时使人领会道德意义，以理解节目内容？显然地，如果节目意图以需要道德判断的方式跟观众沟通，那么道德想象就不可能不发挥作用。同样明显地，既然画面常常引起来自观众的必要的价值判断，它就不可能使我们的道德想象力失效。为了理解节目内容，观众必须做某些价值判断；能够理解节目内容，表示他们恰当地发挥了道德想象力。在注意力方面跟上影像轨迹，并不妨碍人们用灵敏的道德想象理解它。

不过或许有人会主张，电视束缚或限制了道德想象；我们的确在作价值判断，不过仅限于那些制作人希望我们做的有关其节目内容的价值判断。但是这显然是错误的。既然包括一般民众在内的批评家都会对电视中的暴力和色情感到愤怒，这种说法怎么可能正确呢？制作人当然不乐见这些道德反应，也不希望它们出现。做出这些道德反应所需的道德想象之运作，并不会被影像轨迹的组织以任何方式加以摧毁。在这一点上，我们没有理由怀疑电视本身再现事物的风格，一定会对道德想象的运作产生威胁。催眠主义的论调并不比写实主义或避世主义来得有说服力。

催眠主义的主张似乎也无法解释，人们为什么要看那么多电视。一连串影像组织的方式也许可以吸引人们对屏幕的注意力，但它的持续能力却十分有限；逃避其掌握并不需要费太大的力气。这个明显的事实或许可以解释，为什么我们往往因为放纵自己看电视的习惯而产生罪恶感。

假如我们看了太多电视，这可能应该归咎于，在我们的文化中，我们并未花太多时间教导人们如何使用媒体，也就是如何将之并入我们目标明确的人生计划中。当然，这本身或许也反映了，某些社会并无意将思考个人如何过日子、追求这样的生活必须培养哪些习惯等等问题纳入基本教育中。那么过量的电视收视就是一种道德问题，它之所以成为道德问题，是由于更大的文化上的缺憾，而不能归结为媒体及其影像所造成的病症。媒体或影像在本质上并非不道德的，即使教导人们如何使用之的社会系统性缺失，或许也无法负责。

# 参考书目

Carroll, Noël, 'Conspiracy theories of representation', *Philosophy of the Social Sciences* 17 (1987).

Carroll, Noël, *A Philosophy of Mass Art*, Oxford: Oxford University Press, 1998.

Dyson, Kenneth and Homolka, Walter (eds), *Culture First/Promoting Standards in the New Media Age*, London: Cassell, 1996.

Ellis, John, *Visible Fictions*, London: Routledge and Kegan Paul, 1982.

Fiske, John, *Television Culture*, London: Methuen, 1987.

McLuhan, Marshall, *Understanding Media*, London: Routledge and Kegan Paul, 1964.

Mander, Jerry, *Four Arguments for the Elimination of Television*, New York: Quill, 1978.

Meyerwitz, Joshua, *No Sense of Place*, Oxford: Oxford University Press, 1985.

Plato, *Republic*, Harmondsworth: Penguin, 1974.

Tester, Keith, Media, *Culture and Morality*, London: Routledge, 1994.

# 12

# 事实与虚构中的性与暴力

## 规范色情刊物

色情刊物（不论是带有性爱或暴力性质的）会导致真实事件的发生，这一主张成为一般社会人士试图规范色情刊物的基础，而一系列为人所熟知的论证呈现于1983年麦金农（Catherine MacKinnon）与德沃金（Andrea Dworkin）针对明尼阿波利斯城所提出的争辩之中。这一争辩已延续许久且许多问题早经讨论，却在日后一再被提出来，这不仅是由于色情刊物的出版量据信已日益成长，同时媒体的出现更助长其影响范围：录放机、卫星电视与因特网，这些新兴媒体扩展了色情刊物所能影响的范围，同时削弱了社会对色情刊物的控制力。例如以往的色情杂志会被查封与销毁，但同样的行动却不可能发生在网络上。

应用在新兴媒体上的控制形式目前正处于研究阶段，例如新加坡政府试图限制个人对网络的使用，欧美国家主要网络供应者也正研议一些自我检查制度。然而经验却告诉我们，即使是决心最坚定的国家，对色情刊物的控制力也非常有限。例如伊朗就发现，尽管在宗教威权的持续监视之下，还是很难封锁或限制卫星电视。同样地，虽然我们能够防止儿童或年轻人进入戏院，但却很难阻止他们躲在房间里观看电视或录像带，或甚至在浏览网络时发现色情资料。

结合新兴媒体的尺度与流通性，人们也普遍认为，由于所有这些新兴媒体所独具的视觉性质，因此它们会比较危险，因为对性与暴力所进行的视觉描绘，比单纯的书面文字还更有力量。在色情刊物风起云涌之际，性暴力的出现会令人惊讶吗？有比我们目前面对的新危机更严重的问题吗？

反对色情刊物的论证完整罗列如下：

1. 对某一类行为的描绘，会促使这一类行为的发生。
2. 这些是对社会有害的行为。
3. 为了预防伤害发生，社会有权限制个人行为。
4. 因此，社会有权限制制作与散发色情刊物的人。
5. 所以，社会有权规范意图看色情刊物的人。

这一论证最近被附会至由虚构导致事实的案例之中。有人认为，澳大利亚塔斯马尼亚连续杀人犯布莱恩特（Martin Bryant）就是模仿几个月前发生在苏格兰邓布兰的汉密尔顿屠杀孩童案，人们很自然地会追问这两则事件中是否存在某些关联性。至少有一位心理学家指出，如果电视与报纸能够更加谨慎地处理邓布兰所发生的事件，的确可以降低塔斯马尼亚相似事件发生的可能性。假如其看法正确，似乎等于将某种道德责任加在记者与编辑身上，这种想法最后意味着报导者与编辑的工作是造成许多人伤亡的帮凶之一，这一看法远较一般人的认知还要严重，需要对之付出更多的关注。

色情刊物作者身上也少不了同样的指责。虽然与（大多数）报纸或电视记者相比他们在社会上很少得到尊重，但如果要将无辜生命的死亡归咎在他们身上，似乎又太过严重了，因为他们通常被视为堕落而非罪恶的源头。其实，指责所根据的理由在事实与虚构的例子上并无不同。对于性与暴力的描述，不管是事实或是虚构出来的，都是危害社会的重要因素之一，基于此理由，我所使用的色情刊物一词将同时包括事实报导以及虚构影像。

我所陈述的论证是建立在一些预设之上的。我将在本文第一个部分指出并检验这些预设。之后我将指出这一论证的天生弱点。其结果为，假如我们有适当的理由对性与暴力的描绘提出异议，那么论证就必须改采其他途径，而不能再基于造成伤害这一理由来进行，本文第二部分我将勾勒有哪些可能的途径。

## 伤害与色情文学

这一论证最明显的预设是第一个前提：对某一类行为的描绘，会促使这一类行为的发生。这一诉求该如何建构与评估呢？值得注意的是此处抽象推理并没有什么用处，人们常说：不管是事实或虚构的，屏幕上暴力镜头越多，街头上的暴力事件亦随之增加，这是"理所当然的"。但是当要求他们提出证据，却又有人认为根本毋需证据证明。戴利(Janet Daley)就这么写：

> 根本不需要也不可能去证实在观看某部电影以及引发特定行为之间存在某种关联机制。
>
> 影像暴力与实际暴力之间的关系并没有什么特殊之处，这只是人类心理学的普遍事实，任何经验与后续行为之间的特定因果关联都从未被证明过……(但)就算没有办法证明其关联性，对论证之成立并无损伤。充斥于通俗文化中的残酷画面使暴力成为一种常态，这是无可争论的事实。
>
> 这是不需要证明的命题，它是自明的。①

一般哲学家都认为，在严格意义下，没有任何与事实有关的命题可以是自明的；这一命题诉求只能在经验证据下加以检验。戴利当然会否认这一点，但不管根据何种论点，其论证都是建立在两项重要的错误看法之上。首先，即使我们对经验与后续行为之间的特定因果关联的确没有办法证实，但还是有可能在其影像与行为之间建立某种统计关系。其次，命题本身无法被证明这一事实，并不能免除我们可以透过其或然性来决定对之相信与否的义务。休谟(David Hume)认为我们应使信念与证据之间保持对称关系②，这种看法可以应用于决定性证据不存在之时，以及所接受命题均为或然性命题之时。的确，因为我们大部分的信念均落于这一范畴中，那么对之进行理性的或然性判断也是合理的。

同样的推论也可以用在二手烟的例子上，一般人都会认为假如抽烟会伤害身体健康，那么二手烟理所当然地也会危害他人健康。许多人主张这是不证自明的事实，当面对提供证据的要求时，此推论的信奉者可以宣称，在多重复杂的事实之中，根本不可能证实某个人的死亡是由某次吸到的二手烟所造成的。尽管如此，我们还是可以将关于二手烟的诉求放在临床与统计测试之中，而且至今为止，其结果似乎显示，所谓"理所当然"的命题事实上并非完全正确。

关于色情刊物所造成的伤害效果，似乎也缺乏令人信服的证据。③ 没有

---

① John Daley, *Daily Telegraph*, 26 June 1996.
② David Hume, *Enquiries*, Section X, 'Of miracles', Part I.
③ 对证据的评论参见 D. Howitt and G. Gumberbatch, *Pornograph*: *Impacts and Influences* (London: HMSO, 1990).

任何研究可以指出统计上明确的关联性，即使看似最明白与最具说服力的例子也无法解决这一问题。造成这种状况的部分原因在于，用来支持该诉求的心理动机理论，本身就允许不同方面的诠释。人们所常引用的最具说服力的例子，就是某些影片中令人作呕的杀戮或强暴画面。但此处的困难在于，就算我们获知某人在现实世界中实现其心中幻想，但我们也没有理由单就这一点，便认定其间存在某种因果关联。或许我们只能说那些受画面诱惑的人，其心理状态与杀手或强暴犯的心理状态是相似的。

同样的道理也可以用来处理由虚构导致事实的论证上。有时候会有人宣称，关于暴力新闻的报导，由于呈现出罪犯的犯罪意念与模式，会刺激犯罪事件的发生，引起所谓"犯罪模仿"。例如常有人抱怨，英国广播公司的《刑案监视》(Crimewatch)节目，原先是想要警告社会大众并协助追捕逃犯，但实际上却等于对那些具有犯罪倾向的人提供新的犯罪方式。根据这一理论，报纸与电视报导提供了一些点子给想要犯罪的人，让他们得以实现其犯意。这种事情似乎的确发生过，但这些看似模仿而来的犯罪行为，最多只能显示出其犯罪形式受到新闻报导所影响，但却不能因此就认为是该报导诱发其犯罪行为。似乎有些预备犯罪的人会在看到报导时决定变更计划，改采报导中学来的方式；此外，如果说这些人在未翻开报纸之前，心中都尚未存有犯罪意念，这种情形好像并不多见。再说一次，为了证实犯罪描述（不管是事实抑或虚构的）与犯罪事件之间存在某种因果关联，我们需要明确的实证经验，不论是犯罪模式还是实际犯罪的动机。光靠宣称该因果关联是自明的，这是不够的。

邓布兰与塔斯马尼亚的例子证实了这一点。无论塔斯马尼亚杀人狂布莱恩特是否精神错乱，但至少关于其精神状态的证据就可以显示其性格古怪。就此而言，大部分的连续杀人犯的精神状态均是如此。如果我们仔细研究波士顿绞杀手、达默(Jeffrey Dahmer)、尼尔森(Dennis Nilson)等人，就会发现即使并未在临床上发现其精神错乱征候，但在这一类人身上，我们很难理解其信念、欲求与行动之间的关系。[1] 此困难有很大一部分在于，信念与行动之间的关联并无一定标准。由这些人对完全无关紧要之事物的看重程度，及其欲求与兴趣的怪异色彩，可以发现这些人的精神与情绪生活迥异于一般正常人受到控制的举止。正因为如此，如果认为我们可以估算出观看电视报导对个人内在心灵会有什么影响，这种想法似乎过于天真。美国

---

[1] 参见 Brian Masters, *Killing for Company: The Case of Dennis Nilson* (London: Jonathan Cape, 1985).

杰出精神医师盖林（Willard Gaylin）直率地同意，面对精神状态怪异的连续杀人犯，大部分专家注意到在这些案例中，精神治疗工作是多么地琐碎、短暂、描述性与无意义。① 因此即使我们晓得布赖恩特曾详细研究过邓布兰事件，也找不出其中有任何的因果关联。并没有更明显的证据显示这一事实为其狂乱状态的原因。

这一论证可以更广泛地应用。一般人会认为，如果所看到的报纸与电视充满了暴力报导，我们就会对其所引起的恐怖免疫，或者更糟的是对其产生爱好。这或许就是戴利所认为的，残酷画面会使暴力常态化。确实有这种可能性，但暴力事件报导也有可能使人们更加厌恶并断然拒绝之。这些反应或多或少都是可能的，但也都只是理论上的推论。为了发掘大部分人的实际（而非可能）反应，我们需要完整的、大规模的社会研究。这将可以提供某些明确的证据，不过目前为止我们还没有这种证据。对于此论证的研究，最后的结论都是非常不确定且相互冲突的。

我认为我们有理由主张暴力是暴力的根源，但我们不应将此命题与另一种相当不同的论点混淆，亦即对暴力的叙述（不管是事实或虚构的）是暴力的根源。这是一项企图心更大的论点，目前仍有待建立。我们的确可以发现色情刊物与暴力的关联，但事实是，在广播、电视以及全彩杂志出现之前的人类历史，就已充斥各种残酷行为，目前大部分的暴力行为，其与录像带、电视等媒体的关联性并不大。即使在今天那些缺乏上述媒体的国家，仍会发生令人难以置信的暴力、强暴与血腥事件，例如1995年的卢旺达事件。

然而为了突显该论证完全不成立，先让我们假设的确有一些根据，使我们认为色情画面的激增会导致现实世界中此类行为的增加。该论证的第二个预设是，所造成的行为结果必然是有害的。然而事实上，色情刊物中所登载的一些对性行为的不同态度，在某些人眼中是一种解放而非道德上的败坏。② 布兰多（Marlon Brando）与施奈德（Maria Schneider）的声名狼藉的电影《巴黎最后的探戈》（*Last Tango in Paris*）就被《纽约客杂志》（*New Yorker*）批评家凯尔（Pauline Kael）赞誉为"影史上最具解放性的电影"。纵然色情刊物可以被视为一种解放象征，然而也有人可能会响应，这一想法并不能应用于对暴力行为的描述之上。然而这一论点并非如此清晰。很久以前亚里士多德就主张，戏剧描述具有一种洗涤效果（cathartic effect），可以消除那

---

① 引自 Elliot Leyton, *Hunting Humans: The Rise of Modern Multiple Murderer*, (Harmondsworth: Peguin Books, 1989).

② 由 Nadine Strossen 提出论证, *Defending Pornography: Free Speech, Sex and the Fight for Woman's Rights* (London: Abacus, 1996).

些在现实世界中可能造成伤害的情绪。① 如果对暴力的描述果真具有洗涤效果以及煽动性的影响力，那么就意味着透过提供一种虚构式的情绪舒解，可以预防毁灭性的情绪爆发。就此意义而言，它也是一种解放，则接着必须考虑的问题就是，其所带来的好处是否抵得过付出的代价呢？

这种想法可以再加以扩充，现在有许多人由于车祸死亡，此处的因果关系会比暴力与色情之间的关联更容易证实。然而在现代交通工具所带来的便捷性这一利益之下，大众内心反而能够接受它所产生的负面代价。同样道理也可以应用在录像机、卫星电视以及因特网之上。当然，假如可以得到好处却不用付出代价，那么就更完美了，但若事与愿违，接受若干伤害或代价仍是合理的；除非能够指出，我们所试图抑制的社会与文化情境，的确糟糕到不如将之除去的地步。

当然拥护社会控制的人士会认为，这并非他们所预期的结果。他们的构想只是认为在自保的利益之下，社会应该约束个人生产与消费色情刊物的自由。这进一步揭示了两项前提。首先，这种控制会是有效的，但我对这一点非常怀疑，例如控制禁药毒品对社会是一件有益的事，然而西方世界历经多年付出极大代价的强制行动之后，如同一些执法机构自己所宣称的，毒品交易不但没有减少反而更加猖狂。假如有任何类似命令加诸色情刊物之上，黑市一定会再找到其他供应渠道。毒品经验带给我们的教训是，即使立法禁止，但控制方法仍会有所局限，同时我们更会为那些失败的努力过程付出高额代价。这是美国以往禁酒令的经验，宣告酒品为非法的政策尝试，只会使之转入地下而已。

## 伤害原则

但假设有效的控制是可行的，我们可以先将这个问题摆在一边。第二个预设是：对于预防伤害之诉求，足够用来正当化社会强制手段之使用。此处我们遇到了密尔(John Stuart Mill)于其经典著作《论自由》(*On Liberty*)中所提到的"极其简单的原则"(one simple principle)，这一原则对后世公共政策影响深远，例如英格兰与威尔士对同性恋相关法律的改革。密尔这一原则仍广泛受到赞同，然而其弱点在很久以前的哲学讨论中就已被指出来。造成他人的伤害，既非宣告某行为非法的必要条件，亦非充分条件。换言之，指出某一类行为具有危害性，并不足以满足提出合理禁止的基本要求。

---

① Aristotle, *Poetics* 1449b28.

伤害本身也不能作为适当的基础。造成伤害并不能作为某行为非法的必要条件,因为对他人权利的侵犯,有时候并不会造成伤害,例如对他人隐私权的侵犯,对方不一定会觉得受伤。造成伤害也不能作为某行为非法的充分条件,因为某些可能严重伤害他人利益的行为,社会反而会允许,例如自由市场的商业竞争即为明例。我可以侵犯你的隐私,但你不一定觉得受伤害;我可以导致你收入锐减,但我却是合法地凭借能力与效率达成。

最后我们发现该论证所根据的命题几乎都无法成立。我们无法有把握地宣称,色情描写一定与某一种类的行为具有因果关联;即使有所关联,我们也无法明确指出那些行为必然有害;即使是有害的,控制那些有害行为所可能付出的代价又可能高于其所带来的好处;无论如何,某事物是有害的这一事实,并不会自动证明社会对之所采取的禁止手段是正当的。

一旦这些命题摆在一起,结论就十分明了了;我们对这种根据社会伤害的理由而反对色情刊物的论证再怎么乐观,但它终究是很薄弱的。它可能完全不能够成立,这一结论将会令人印象深刻,因为如同我一开始提及的,诉诸于色情刊物所带来的伤害,是人们用来反对它的一般常识看法。

若将这一结论往前推导,时常意味着对色情刊物的反对根本不能成立,而且反对的理由必然来自于个人的反感。接下来的便意味着,纵使人们有权表达其厌恶感,但这多半是老一辈的感受问题,不应因此限制那些持不同感受的人,这是一般对色情文学采取较宽松态度的人的立场。

然而这种主观主义并非唯一的可能性,有些社会问题可以容许不同的思考方式。例如我们可以合理地反对在市中心建造一些单调乏味的建筑物,而不用假设"是否单调乏味的建筑物会造成一些车祸或意外事故"这样一个存在于都市计划中的问题。同样地,我们想要拥有什么样的社会这一问题,也用不着局限于肉体或心理上的伤害。关于色情刊物有害抑或无害的论证主要是带有政治色彩的法律以及社会问题。它将画面报导与对色情内容的要求视为理所当然,然后再去追问内容可以被允许到什么样的程度。这一途径所关心的是对色情刊物的外在控制,有别于从人类行为种类的内在目的探讨色情刊物带来的问题。这是我接下来将要研究的途径。

## 色情刊物与创造性

自从《查泰莱夫人的情人》(*Lady Chatterley Lover*)被指控为淫秽出版物,公众对于色情刊物的看法已历经许多变化。然而在该案中引发的一项议题至今仍相当重要。有人认为《查泰莱夫人的情人》并非色情书刊,因为它是一项艺术创作,这种想法常常被引用在相似的例子之中。这一辩护的含意是,叙述之所以会被视为一种色情描绘,原因并不在于其内容或主题,而是内容的处理方式。换言之,色情刊物就是没有达到一定美学水准的作品。早期的一些色情文学证实了这一点,它们毫无例外地对情节、人物性格或对话毫无兴趣,而只强调交媾的片断,读者不久也都会对此重复单调的情节感到无聊。现在出现在大书局里的一些平装畅销言情小说也有相同征候。虽然人们可能从中获得一些快感,但却没有什么文学价值。色情影片亦复如此,不断重复没有什么故事情节的性行为,只会让人更快地觉得无聊。充斥暴力动作的影片与小说,也有同样的情形。

相对地,具有一定文学标准的书籍或影片,就算含有性爱与暴力情节,但事实上却避开了色情猥亵的指责。色情文学配不上"文学"或"艺术"这一招牌,其理由在于,即使最不具内涵的文学创作,其目的仍在于激起读者崭新的兴趣以及价值观,而非仅是接受与利用他们既存的兴趣与价值观。真正的文学作品其目的不在于服务而是创造其读者。我们以娱乐性作品为例。在20世纪著名但却不具美学意念的作家中,沃德豪斯(P. G. Wodehouse)与安布勒(Eric Ambler)算是个中翘楚。这些作家(尤其是沃德豪斯)的著作并不是想要将单纯的娱乐兴趣导向"艺术",而是想要运用其纯熟的文学技巧创造出一种更高的娱乐典范。因此所有具有创造性的写作,即使其目的在于娱乐,都是具有教育性的(广义而言)。这些作品并非只是迎合读者品味,更尝试教育之。

迎合性的语言并不会造成流行,但教育大众品味的语言也差不多。一般认为对于品味的问题没有什么好争论的,而所有品味高下的推论也仅是对精英分子内心偏见的伪装。这些假设也是一般色情刊物论证所想导出的主观主义。因此令人信服的其他可能性必须挑战这些预设,我认为我们只需要简短地反思相似领域的人类努力,好让大家相信这一挑战。

第一次来到钢琴面前的学生都有学习的潜能。无论多么枯燥,音阶与指法练习,以及一流作曲家所设计的机械式学习步骤,都是掌握演奏技巧的重要因素,若没有习得这些技巧,那些伟大名曲不可能得以演奏出来。但这些技巧上的熟练只是一项基础。音乐老师真正重要的工作并不在此,而在启发学生的音乐鉴赏力以及对伟大音乐作品的了解。这对师生之间的关系是至关紧要的。因为老师拥有一些学生尚未拥有的知识涵养,因此,虽然学生如果能够很快地学会弹奏其所喜爱的音乐,会更快地为其带来成就,但音乐教学真正的目的是要带领学生演奏值得学习的音乐,并了解该音乐值得学习的原因何在。正因如此,音乐的教授才会超越技术层次,而成为所谓的音乐教育。落实此理念的方法之一，就是不仅要教授学生音乐技能，更要使其受到音乐品味的教育。

虽然品味教育这一观念可能有点过时，然而它在现实的音乐世界（以及一般而言的艺术世界）中却是不容否认的。没有音乐老师会将初学者的喜好看得多重要；他们期待着某种陶冶结果，这是他们音乐教育工作的重要职责。相对地，没有一个头脑清楚的学生会将时间金钱花在他们觉得索然无味之处。因此，老师是否优秀、课程是否有用，标准不在于学生喜不喜欢，或他们的好恶是否被满足，而在于他们是否成为优秀的音乐家。进入音乐世界当然是进入了一个欢愉的天地（虽然我认为不仅如此），但也关系到是否习得哪些音乐是值得欣赏的，这一真理不论用在20世纪爵士乐或18世纪巴洛克音乐都相同。这种师生关系的重点在于老师如何培养学生品味，而非以学生的天生品味为核心。

不仅是身为老师者的人拥有这一角色与重要性，作曲者以及其他创作艺术家就此意义而言也是品味的教育者，需要某种纯粹的演奏者可能没有的权威。这并非艺术家保守心态的借口；历史上伟大的艺术家都是具有高度原创性的。然而它却是一种带有歧视眼光的借口，因此是对那些人人均拥有的天生品味的抨击。在群众心理之中潜藏着许多天生的色欲（这是毋庸置疑的），但真正的创造性著作，其内涵并不单纯反映既存的利益与欲求，或甚至将其当成著作的主要诉求基础。

同样的主旨亦可应用于其他媒体之上。性与暴力还是会一直出现在电影、戏剧以及电视之中，但我们也不必过于忧心，莎士比亚作品、北欧传奇小说及《十日谈》（*The Decameron*）中一样也有性与暴力的情节。我们所担忧的是性与暴力是否会成为主流。如果在媒体中工作的艺术家自己放弃了内在目标，那么这种情形的确可能发生。类似收视率战争或票房争夺战等因素都有可能让此事发生。编剧、导演以及制作人很容易就会屈服于观众的爱好，经济压力常常会促成这一可能。尽管如此，内在于优秀著作、电视、戏剧中的品质要求，却也会产生另外一种压力，对大部分不必要的性与暴力描述产生抵制作用。若单单将这种压力看成外在不相干的所谓道德要求，这也不正确。应该说，艺术创作者的特殊使命，就是要向我们展示一些比性与暴力更为有趣、引人入胜且具娱乐效果的事物，并让我们晓得，性与暴力除非被置于更大的背景意义之下，否则其魅力转瞬即逝。

假如对色情刊物的需求呈上升态势，那么艺术家就这一方面而言会令公众失望。我认为他们助长了许多电视时段的低级需求，扩大了高尚艺术与通俗艺术的鸿沟。杞人忧天者常说色情刊物席卷了20世纪末期的大众文化。若果真如此，那么该受批评的对象不仅是社会政策，更包括这些艺术家。有些证据显示，人们对艺术家的失望已成为事实。《玉》(*Jade*)、《美国舞娘》(*Showgirls*)、《脱衣舞娘》(*Striptease*)等影片的票房重挫，已让长久以来备受赞扬的剧作家埃斯特哈斯(Joe Esterhas)丧失市场魅力。

## 媒体伦理

同样的思考方式也可以应用在关于性与暴力的新闻报导以及虚构情节之上。新闻报导亦有其内在目的，因此我们有必要追问新闻报导的目标或重点是什么。最简单的答案就是"充分提供信息"，不过这种说法并不完全妥当。"新闻"并非只是一字不漏地报导发生过的事件，否则一些根本就是琐碎无聊的细节也会被当成是新闻。新闻报导的是处于某个背景中的信息，此背景决定了报导的意义以及信息本身的关联性。

此处写作者所寻求的不仅是服务读者，更在于创造读者。什么样的事件具有新闻价值，是由编辑与报导者所决定的。如同艺术家一样，他们在从事抉择时，也扮演着迎合者或教育者的角色。当然在实践上，即使最好的新闻作品也会是这两个角色的妥协。因而此处的问题是：所应强调的重点到底落于何处？这并非完全属于抉择层面的问题，它更会受到特定出版类型的历史与传统所决定。一份报纸、杂志或电视节目必须开发并维持其阅听众。因此人们对以通俗、八卦或揭人隐私而著名的报刊，就不会期待它会重视深入性的调查报导。我们也不会因为它没有做到深入调查，而认为它是一份失败的刊物。但尽管如此，如果在通俗报刊中工作的编辑与记者还想要保持身为报导者的一定水准，我们还是可以在他们与通俗报刊之间区隔出一条界线。

因此新闻工作应被当成某种光谱，所应考虑的问题是：至少在光谱的较高位置上，内在于新闻工作本身的价值与规范，对于性与暴力事件该如何报导，是否有任何限制。而在光谱的另一端，则是所谓的感官主义(sensationalism)。这就是会令人震惊、恐惧与刺激的新闻条目。意义的标准于此类报导中是完全不相干的：只要能够令人震惊、恐惧与刺激就是新闻价值之所在，它可以完全与周遭背景无关。然而相对地，在更高水平的新闻工作之中，新闻价值的标准具有某种内在关联性。报刊广电媒体中严肃的新闻报导，并非仅是详述事件之经过，其对事件的报导，更着重于揭露并阐释其政治、社会与文化意义。当然，这种新闻工作之实现，需要靠将某些意义概念带进报导之中，同时更进一步带进读者观念之中。

但是，某些性与暴力行为相对而言较缺乏此类意义。事实上，历史上某些最著名且具有重大社会政治影响力的屠杀事件，相对于那些发生在邓布兰与霍巴特的谋杀事件，其所造成的伤亡其实并不多。例如波士顿屠杀事件引爆美国独立战争，并因而促成合众国的创立，但此事件中只有三个人死亡。我们也可以由此观点来看政治领导人物的性生活。无论内情是多么的耸动，一般而言也未必会比其他人的性生活更具影响力。更明确地说，对于连续谋杀案以及名人丑闻的详细报导，一般而言根本不具特殊的社会或文化意义。这种报导可能听起来令人觉得怪诞、震惊，但却没有什么重要性。因此对于性与暴力细节的过度报导是一种病态行为，反而突显出新闻工作在大众文化中的负面而非正面影响力。

当然读者的因素也必须纳入考虑，失去读者或者一直以高姿态口吻教训大众的新闻工作不可能有所成就。即使在所谓"高品质"的报刊之中，仍然有必要诉诸一些既得利益与偏见，而新闻工作者的职责就是在此类需求以及符合道德的新闻工作之间寻求平衡点。尽管如此，在我看来，在某些例子中并未达到此种平衡报导要求。例如这种情形经常发生在对法院审理案件的详细报导上。以往此类报导相当着重于具有法律意义的情节，虽然还是有一些报导除了感官刺激外别无其他意义，例如19世纪克里平（Dr Crippen）的报导。然而近几年，这种着重感官刺激的报导快速增加，甚至连大部分高品质报刊中的相关报导都在极尽耸动之能事，而忽略了其中的法律与社会意义。当新闻工作沦落至此，就等于是败在自己手上。

这一诉求并没有什么特殊的重要性，我之所以引用它，主要是作为新闻报导中内在规范与外在要求之平衡问题的范例，这一问题是任何所谓媒体伦理的核心要素。假如公众对性与暴力情节表现出一副贪得无厌的样子，那么新闻工作者就会被动地照单全收并迎合公众口味，放弃其职业本身所应拥有的主动创造性角色。如同有所谓的艺术家完整性这一事物，同样也存在所谓的新闻工作完整性，它不能单单以精确描述事实或保护消息源头来界定之。总之，假如我们文化中有什么对于性与暴力的描述是值得注意的，我们所寻求的并非由政府或法律保护人们免于伤害，而是要更积极地减少新闻与艺术中的负面因素。

# 13

## 新闻检查与媒体

当权者通常会想要对他人所表达的观点与意见进行规范,因为他们的日子会因为这种规范权力而过得更惬意;这种情形除了发生在政府单位之外,其他任何场合亦是如此。然而西方世界中,政府当局想要规范言论的企图,在过去半个世纪中屡遭挫败。

当我们论及言论自由,所指涉的当然并非只有字面上的言论,也并非只是谈话与出版品。越来越多的人意识到,大部分支持言论自由的论证,也能够普遍应用到其他传播形式。例如美国最高法院最近的一项判例中就主张,酒吧裸舞"虽然很空乏"〔最高法院首席法官伦奎斯特(Chief Justice Rehnquist)如是说〕,但受到第一修正案的某些保障。《欧洲人权公约》第十条则以"表达自由"(freedom of expression)一词替代言论自由。

几乎所有人都同意,至少在某种程度上,言论必须被保障而不受政府限制。但支持言论自由的论证到底是什么? 它们应当如何被呈现出来?

如同众人所预期的,这些问题在比较具体的程度上较少有一致的意见。至于论证所应呈现的内容,我们至少应注意到三点差异。其中之一是范围问题,有人认为论证所呈现出的有效性,其保障范围仅限于政治性的言论;而另外一些人则认为保障范围应该更广泛。第二点差异在于保障的分量,自从20世纪40年代以来,传统上美国司法制度所倾向保障的言论自由,比欧洲还要多。英国不成文法目前似乎接受应该赋予言论自由价值更多分量的原则,但像英国种族关系法案,就不会通过美国那样的宪法标准。第三点差异在于保障的性质,我们可以将保障设想为只是赋予某种消极权利,亦即个人言论不受某些方式的干涉;或者我们可以设想赋予某种积极权利,例如将某种权利加诸于政府身上,要求其积极促进言论自由。就后一种权利而言,媒体就有责任提供空间给那些觉得因报导内容而受委屈的读者,欧洲传统倾向于这一种观点；但以前一种方式而言，就不可能产生这种权利，美国传统就是采取这种观点（美国最高法院拒绝承认用以对抗媒体的"答辩权（right to reply）"）①。让我们来概要地考察一些比较常见的论证。

提供最小范围言论保障的论证，主张言论自由是民主制度得以适当运作的必要条件②，此处可以提供几项理由来说明。其中一项理由认为，政府应该响应所有价值选择，但假如它拒绝某些人展示其价值选择的权利，那么这个理想就几乎不可能实现。其次，在民主制度中，政府有义务向人民说明其施政措施，但唯有政府不试图遏止各种批评意见，才有可能做到这一点，这是一个事实（而非理论）问题。另外一项理由是基于第二项理由而来的版本，稍后会详述。总之，这一项理由认为，我们应该期待，妥当的政治抉择是建立在真实而非错误的判断之上，而言论自由似乎有助于真理之发现。不过这些理由中的某些看法（但现在已经很少见）认为对于言论的保障应予以窄化，且对科学与人文研究不应提供保障，除非它们能证明其政治意涵。

第二种论证则提供较大的保障范围。这或许是最有名的论证，常被用在口号上，宣称真理之展现需要自由的"思想市场"（market-place of ideas）③。此论证有许多表述方式，而且常遭误解；它常被认为建立在明显错误的诉求之上，并因而遭到嘲弄，例如有人认为它假设如果人们总是被允许说出自己的想法，那么正确的思想就必然会战胜错误的思想。但这种观点未能注意到此论证的两个重点：首先，此论证并非建立在真理总是会战胜谬误这一想法之上，也并未认为真理一般而言会胜过谬误。该论证并未依赖某种认为除了被社会所接受的"真理"之外别无其他真理的相对主义观点。这种说法并非要否认该论证的某些拥护者可能会接受这些诉求，而只是想要指出，这些诉求对该论证而言并非不可或缺。的确，为了确保有说服力，该论证并不需要提出过于普遍性的诉求，言论自由的拥护者无须主张，无论何时何地言论非得要受到保障，例如密尔（J. S. Mill）就没有提出这种主张。此论证所必须预设的想法是，在我们当代西方民主社会这一环境中，允许政府对言论保有独断权利，等于对真理的进程设下绊脚石，而这的确也是历史事实。其次，由于我们并不需要根据真理来判断所有传播形式（例如音乐与

---

① *Miami Herald Co. v. Tornillo* 418 US 241 (1974).

② 例如 Aleander Meiklejohn, *Free Speech and its Relation to Self-Government* (New York: Harper and Row, 1948). 他将言论界定于他应受第一修正案的保障。

③ 参见 J. S. Mill, *On Liberty*, ch. 2 (*On the Liberty and Other Writing*, ed. Stefan Collini, (Cambridge, Cambridge University Press, 1989); Oliver Wendell Holmes 在 *Abrams v. US*, 250 US 616 (1919) 的反对意见。

舞蹈)的价值,所以该论证无论如何都不应以真理一词表述,因为这会不必要地限制其论证强度。

广义而言,前两个论证都是一种结果论:主张保障言论可以促进更多的好处。当然,这种想法并非意指任何个别言论所产生的好处,都远多于其所可能产生的伤害;而只是指出,允许政府对言论进行普遍性的限制,其所可能产生的伤害会比放任言论自由来得严重。其他的正当化方式就不太一样①,它们所根据的想法是:为了让政府能够对公民的道德尊严保持尊敬态度,因此必须将广泛且深刻的言论自由权利视为理所当然,即使这么做必须付出一些可预期的代价。

这类论证的其中之一出自于密尔的思想(虽然据称是建立在功利主义的架构之上):说话的自由与思想自由密切相关,而禁止个人思想,又等于攻击其个人的认同感。②

其他非结果论论证,认为否定说话的自由同时也等于否定倾听的自由,而民主政府必须视其公民为负责任的成年人,他们必须有能力倾听危险言论,并因此才拥有权利决定自己想听什么言论。③

另外一个非结果论论证,主张我们每个人都拥有道德义务(相对于他人或真理),将我们自己的观点表达给他人知道;因此只要政府否定我们的言论自由,就形同使我们没有办法完成自身的责任。④

或许哲学家们试图找出无所不包的论证,以便应用在所有需要正当化的立场。但在此处并不需要这种论证,因为所有论证都有一定的相关性。而某些言论自由被广泛接受的这一事实,或许就意味着其诉求可以来自一种以上的观点。

这些论证赋予言论自由不同的范围。着重公民倾听权利的论证,很清楚地可以合理化美国最高法院认为酒吧裸舞有资格获得第一修正案的保障,因为尝试让人民无法消费这种表达形式的专制主义政府,也有可能会去抑制人民接受某些政治言论。⑤ 强调言论自由对民主过程重要性的论证似

---

① 当然,可以靠一些技巧将其他理论陈述为结果论理论,但这并不能隐藏它们与真正的结果论理论之间的明显区别。
② 参见 Mill, *On Liberty*, p. 15;以及 Rodney Smolla, *Free Speech in an Open Society* (New York: Vintage Books, 1993), pp. 10f.
③ 参见 Ronald Dworkin, *Freedom's Law: The Moral Reading of the American Constitution* (Cambridge, MA: Harvard University Press, 1996), p. 200.
④ Dworkin, *Freedom's Law*, pp. 200f.
⑤ 然而,如同 *Miller v. California*, 413 US 15 (1973)的界定,猥亵言论在美国并不受宪法保障。

乎就不会产生这种结果。但这些论证明显赋予言论自由更大的范围。

这些论证赋予言论自由的分量问题更显复杂，而且如果没有考虑到更多政治与法律哲学中的一般议题，是没有办法完善处理的。没有人会认为当中的任何论证可以合理化绝对的自由。以美国为例，假如政府对于预防言论可能造成的伤害具有强制性的利益，那么任何言论都可能被禁止。（像酒吧裸舞或烧毁征集令等具有实质"非言论要素"的言论，必定会受到比较不严谨的检验：必须要有"实质的"政府利益才行。）但是道德与历史会认为，假如这些论证获得严肃的看待，那么它们可以为言论自由提供不小的支持。历史明显支持政府对公民自由表达权利的干扰会产生害处，且会饱受代价；而在民主社会中，我们自然应该强调政府必须尊重公民的自主性，即使双方都可能为这种作法付出代价。

言论自由权的性质本身也是个复杂的问题，如果没有先对一般权利的性质有所了解，是没有办法加以解决的。我所要指出的是：对消极权利的限制是专断不明智的。权利保障利益，而除了一些干扰的原因之外，利益还可能遭受许多的威胁。例如，缺乏表达意见的资源，也会如同他人正面介入一样，使个人利益受到威胁；除了功利主义者反对以外，似乎也没有理由要求政府不要在这一领域中维持某种程度的球场规则。而上述要求会引起更强的理由，来允许某些对抗媒体的权利。

## 言论何时可以被限制？

不管言论自由权利有多么重要，所有人均同意，它仍旧可以被合法凌驾。如同我们所见到的，美国认为在一般言论中存在着所谓"强制性的政府利益"，而在象征性的言论中，也存在着所谓"实质的"政府利益。《欧洲人权公约》第十款提及：

> （表达自由）之运作，由于其本身的责任与义务，因此或许必须从属于法律所规定的某些正式手续、条件、限制或惩罚，为了国家安全、领土完整性或公共安全的利益，以及防止失序或犯罪、维系卫生或道德、保护他人之名誉或权利、预防机密信息遭泄露或维持司法的权威与公正性，这些规定在民主社会中是必要的。

因此，我们的问题是："政府何时可以合法逾越言论自由权？"

## 伤　害

禁止言论自由行为合理化的最直接理由,就是言论可能造成明显的伤害。但什么状况算是伤害呢？什么样的伤害才算是"明显的"呢？假如我们严肃看待第一部分所提出的论证,那么就可以明白一件事情:我们所希望限制的言论自由所造成的伤害,是对他人所造成的伤害;假如言论只是伤害到说话的人自身,那么我们就不会接受政府以专制主义的心态进行言论规范。当然,如果言论伤害到他人,问题就更为复杂了。

此处有一个稍微复杂的状况。言论可能直接对特定的个人造成伤害,例如对个人的诽谤就是这一种情形。另一方面,言论可以只是伤害一般的社会利益而非特定的个人利益,例如对国家安全的伤害性言论即属于此类。对于这两种伤害的防止,政府拥有合法的权益,因此两种情形都可以促使政府合法地限制言论。不过基于一些明显的因素,后一种伤害所面对的问题较前一种伤害来得复杂,稍后我们会处理这些问题。

坦白而论,前面所提到的伤害并未包括言论所可能造成的所有伤害,而仅限于"(政府)有权预防的实质恶行"①。但此处仍保留意见相左的空间,因为对于什么是政府获准可以预防的伤害,人们的意见未必一致。这些触及政治哲学基本议题的不同意见,显然并非此处可以解决的。不过即使没有办法解决这些议题,我们仍然可以进一步讨论一些问题,因为就算人们对抽象层次的伤害意见不一致,但对一些具体的事物是否构成一种伤害,大家还是能够获得一致的看法。因此,会有某些人不赞同政府有权为了以下事项限制言论:国家安全、领土完整、公共安全、公共秩序、公共卫生、他人名誉与权利、预防机密信息遭泄露、维持司法过程的公正性以及保护公众免于受到犯罪行为的伤害(这是《欧洲人权公约》第十款所提出的清单,稍后我们会回来减去一两项)。

因此,对于政府可以借由限制言论方式所保障的伤害种类上,我们理应取得一致意见。当然这并不一定保证在特定议题上产生一致的看法,因为特定议题中所试图预防的伤害,必须与一旦限制言论时所可能造成的伤害相互权衡,而此时人们可能会在权衡结果上意见相左。然而即使在此类状况中,我们还是可以找到一致的意见。例如英国诽谤法较容易让那些觉得受诽谤者胜诉,相对地在美国,1964年的一项判例认为,只有当政治人物可

---

① *Schenck v. US*, 249 US 47 (1919).

以证明诽谤内容被恶意(亦即明知并非事实或刻意忽略那些与事实相关的证据)刊登时,才有可能胜诉。① 这种做法差异的效果是很明显的,英国诽谤法虽然偏袒受诽谤者,但对想要报导政治人物新闻的媒体却会产生寒蝉效应,因为只要几个官司败诉就会使媒体濒临破产边缘,即使大报也一样;但是公众人物因此而获得的利益是否比大众所丧失的新闻权利还要重要,却似乎令人高度质疑,而且事实上大概很少有人会这么认为。②

有一件事也是很明显且广获同意的,即保障国家安全这一需求常常被用来合理化一些人们所难以接受的言论限制。近年来媒体对于军事行动的报导,充分说明了这一现象。一般认为美国之所以输掉越战,部分原因要归咎于电视媒体的批判态度使政府政策丧失民众的支持。而在如今媒体报导较为公平与精确的情形下,以往那种过度刺激人民怨怼心理的作法已然不适当。为了确保军事行动的顺利,大家都同意媒体对军事行动的相关报导需要加以限制;但维持人民的士气问题却又是另外一回事,民主社会中的人民有权知道那些顶着人民名声而进行的战争发生了什么事情,即使知道内情后会使政府支持度降低。这是很明白的道理,不过政府却没有学到教训。在1982年的福克兰战争中,英国政府对媒体进行严格管制,其所使用的手段已到了根本不能借由保障军事行动安全的理由来正当化的地步。媒体也被利用来散布有利于军事行动的反情报内容。③ 美国政府于1991年海湾战争时亦跟随撒切尔夫人的做法。④ 在这两次事件中,人民均被排除在民主社会公民应有权知道的信息之外。

其他一些案例中的问题更加困难,且意见一致之处更少。例如英美两国在是否允许媒体报导司法过程一事上,便有明显的差别:英国比较重视司法程序的完整性,而美国较注重言论自由的保障。欧盟则赞成为了保护司法审判的权威性与公正性,而对言论进行限制⑤;或许我们可以不必理会司法程序的权威性是否得到保护,但却必须在意其公正性的问题。在1996年对辛普森案所进行的冗长审理过程中,陪审团在案件审理期间被强制隔离以确保他们不会得知新闻与娱乐媒体中的相关讨论。对于陪审团的这种隔

---

① *New York Times Co. v. Sullivan*, 376 US 254 (1964).
② "大众对英国诽谤法大都感到不", Eric Barendt, *Freedom of Speech*, (Oxford: Clarendon Press, 1985), p. 178.
③ 对福克兰战争的平衡报导问题,参见'Information Policy and the Falklands conflicts' in Shimon Shetreet (ed.), *Free Speech and National Security* (Dordrecht: nijhoff, 1991), pp. 143—54.
④ 详细说明参见 Smolla, *Free Speech in an Open Society*, ch. 10.
⑤ 《欧洲人权公约》第十款,参见 Barendt, *Freedom of Speech*, pp. 218—23.

离方式,是媒体得以对司法案件自由报导的交换条件之一。但可以理解的是,隔离措施在美国也并非时常运用的手段,一般陪审团成员还是很容易因为看过早报报导而产生偏见,虽然事先他们曾被要求不能接触相关报导。另一方面,我们也很难找到证据支持这一看法,既然如此,我们最好还是以言论自由的价值为重。

不管这些例子是否难以处理,都需要对伤害加以平衡。在难以处理的案例中,人们自然会对平衡的结果有不同看法;也可能同时存在许多难以解决的歧见。

有些歧见是经验性的,例如对媒体(尤其是电视)中性与暴力的争论即是。其中一个论证是,媒体不断提供暴力与性滥交内容,对儿童的态度会造成严重影响,致使其日后容易产生反社会的暴力行为。事实上此论证的证据相当薄弱,常常依赖想象而来的暴力定义,过度奢求测量态度而草率地以短期变化去推论长期效果。但此假设也并非完全不可能,只是它仍必须被严肃看待。只要能够找到令人信服的证据,那么大家就会同意,这一假设与政府是否应该进行相关立法限制这个问题有一定的关联性。这一假设如何可能被拒绝呢? 如果认为出版以及接受特定种类的娱乐信息要比保障人身安全还重要,这很明显是个疯狂的想法。但有个问题仍待解决,那就是暴力性的电视节目是否真的与现实世界中的暴力行为有关系。

这一问题大体而言是经验性的,但也并非全部都是。暴力性的电视节目是否真的与现实世界中的暴力行为有明显关系,这一问题部分可以算是评价性的问题,它要求我们在特定案例中对言论自由价值与其他价值(例如人身安全)加以权衡,像这种情况下,人们可能会有歧见。直截了当地说,此意味着我们应该需要更高的犯罪增加率或更高的犯罪可能性,来证明我们所需要规范的是言论而非酗酒行为。言论(而非酒品)在我们的政治、社会与个人生活中扮演重要角色,需要政府给予更多的空间,即使如此做会对其他价值造成某些牺牲。这是言论自由论证所尝试证明的。

言论自由有其代价,当美国最高法院判决民主社会中的政治生活在言论上应充分地赋与"不受压制、健全与开放"的空间时,除非官方能够提出犯意①,否则不能控以诽谤罪名,然而此时法官并非认为,在每一件特定案例中,对民主过程的伤害比对受诽谤官员的伤害更须被重视,因为这种想法在

---

① *New Yorker Times Co. v. Sullivan*, 376 US 254, 270 (1964). 关于此案之讨论,参见 Anthony Lewis, *Make No Law: The Sullivan Case and the First Amendment* (New York: Vintage books, 1991).

任何正常的伤害意义下都明显是错误的。代价无可避免地是必须付出的①，当以不同观点面对暴力节目是否造成反社会态度这一问题时，这些情形一样会出现。有人认为假如证据不明确，我们应该保持戒心且维持某种程度的检查制度。但重视言论自由者则持不同观点：他们会认为，假如所面对的是言论自由的问题，那么就该严格要求提出证据，证明某言论的确造成伤害。这一观点也会认为，就算伤害果真可以获得证明，但也并非任何程度的伤害都可以合法地要求对言论进行限制。

## 渎神、诅咒、粗鄙、不雅与猥亵用语

如今在美英两国仍有许多人试图要求禁止在公共生活中使用渎神、诅咒、不雅、粗鄙等用语，诚然，英国人对电视节目最常提出的抱怨就是"用语低俗"。

在这里必须举出一些区别，例如反对渎神用语可能就有不同的理由。有人认为咒骂上帝（传统犹太教式的理解）的行为本身根本就是错误的，因此不管它会对其他人产生什么影响，都需要加以禁止。然而相对地，有人认为该行为之所以是错误的，主要在于它可能会有冒犯以及侮辱他人的倾向。同样的区别也可能出现在诅咒、粗鄙以及不雅用语之上。

如今很少人会支持限制那些并不会对他人造成不利侵扰的言论。例如在英国法律中，长久以来渎神被理解为意图侮辱他人情感。② 因此我们可以将渎神此类语言单纯视为造成他人受辱感觉的言论。但此类言论可以使检查制度正当化吗？

## 冒　犯

我们先从不雅与猥亵用语开始讨论。真正的猥亵用语极少出现在媒体上，但不雅用语则不然，因为我认为公开展示女人裸胸造成性刺激就是一种

---

① 参见 Frederick Schauer, 'Uncoupling free speech', *Columbia Law Review*，92（1992），pp. 1321—57. 肖尔指出在美国宪法第一修正案规定下，受保障言论所伤害的人必须忍受所有代价，至少在原则上，因为言论保障获得利益的人们必须忍受这种代价。

② 然而在 1979 年上议院所提出的《同性恋新闻》（*Gay News*）一案中，大多数法官认为冒犯意图并不构成普通法中渎神罪的必要条件。关于此案之说明，参见 Leonard Levy，*Blasphemy: Verbal Offense against the Sacred from Moses to Salman Rushdie*（New York: Alfred A. Knopf, 1993），pp. 534—50.

不雅作法,例如将常常出现在电影中的亲密性爱镜头在电视上播放。我们可以用人们受到这种不雅举动冒犯这一事实,将媒体检查合理化吗?

其中一个反应会是:人们的确有权保障身体不受侵犯;为什么他们不能在心灵受到侵犯时拥有相同权利呢?

这种反应也没错。假如我在你食物中下药让你陷入迷幻狂乱的状态,那么我的确是对你造成某种伤害,这一点不用论证也很明白,但对心灵所造成的伤害则明显与对身体造成的伤害不同。不过我们现在需要作一些区别。

首先要区分造成冒犯的不同方式。① 某种气味会造成冒犯,而展示具有吸引力的裸体也会造成冒犯,但它们的冒犯方式并不相同。所谓"冒犯式骚扰",例如气味、噪音,只是单纯感官上的侵犯(冒犯);这些冒犯行为与前述精神状态受药物侵扰的例子相似。展示具有吸引力的裸体所造成的冒犯则完全不同。这是对展示行为的观点问题;就某些方面而言它在道德上是不恰当的,不管是因为它在脱去某人衣物时,没有想到可能会对牧师的家庭聚会造成尴尬的情形,或只是因为公开裸露行为本身就是错误(羞耻)的。如果因为这些展示行为被视为具有冒犯性而对之进行检查,那么就只是因为某些人认为这些行为是不道德的,便加以检查。这可以算是进行媒体检查的正当理由吗?

此处我们或许必须提醒自己另外一种区别。事物之所以是不道德的,有许多不同方式可以判定,或许最明白的就是看它是否会造成伤害。当某些人反对在报纸上刊载半裸美女图片,其理由可能是因为,这种作法会催化人们更容易地认为对妇女的性侵犯是可以容忍的这一气氛。再者,有时人们反对电视上出现性爱镜头的理由,在于它会鼓励年轻人更加轻易尝试对其无益的性行为。此刻我们并不去讨论这些诉求,因为它们与我们的问题无关;假如这些不雅作法造成伤害,那么它们会遭到反对,先前已简短讨论过了。假如关于冒犯问题的论证想要有任何新意,就必须提及某种不道德的类型,但这种不道德与媒体展示所造成的伤害性结果无关。认为公开裸露是不道德行为的看法必须不管它会带来什么样的恶果而诉诸于该行为本质上就是不道德的。

因此我们的问题是:我们可以单单因为某些人认为某种表现手法本质上是不道德的,就去进行媒体检查吗?

---

① 我曾在另一篇文章中详细讨论这一问题,'Offence and the liberal conception of the law', *Philosophy and Public Affairs* 13 (1984), pp. 1—23.

前面我提到过,很少有人赞成对那些并不会造成对他人不利侵扰的言论进行限制。假如这种看法成立,就意味着言论不会单单因为他人持不赞成的观点而对他人造成不利侵扰。假如没有这种含意的话,我们就必须接受言论可以单单因为某些人(或许是很大一部分)对其不赞同而受到检查,即使它并没有对任何人造成不利的侵扰结果。我认为那些主张在公共生活中采较高行为准则的人的确会接受此类想法,虽然他们常常并未对之充分理解(因为公共生活中占主流地位的结果论思维模式,对于那些非结果论者而言是很难理解的)。不过这种观点当然无法被接受。

首先我们必须先认清,该论证不可能毫不专断地对具有不雅色彩的言论进行限制;它一定会带来某些不受欢迎的意涵,即使那些接受该主张的人亦会觉得如此。那些人的想法认为公开裸露就是不道德的行为,不应该被容忍。然而这种想法除非能透过民主机制,形成社会普遍认为公开裸露是不道德的且不应被容忍的这样一个共识,否则就是对我们的社会认识不清;它必须经过这一机制,来决定公开裸露是否就是不道德,而这一决定必须透过某种民主方式来进行(例如民意机构)。当然,一种必然的结果会自动导出:包括上述不容忍观点在内的任何意见表达,假如大多数人并不赞同,就可以合法地对之进行检查。这种想法导出一个事实:只有多数人可以决定个人可以说什么话。因此言论自由的价值就消失了,因为当我们提及言论自由之价值时,至少我们会认为个人的说话权利,不应建立在大多数人的赞同之上,这就是为什么言论自由权会在美国与欧盟被加载于宪法中,用以限制政府的立法权力。

即使我们目前讨论的那种立场还是想要限制具有不雅色彩的言论,我们会发现这还是很难被接受的。请再想一想支持言论自由的若干论证。

其中之一可以用在艺术创作的自由上,亦即"意见市场"这个概念。艺术创作是否会有所谓的进步历程,这一点我们并不清楚,但可以确定的是它会有某些变化,亦即不断尽其所能于其时空中寻求最佳表现。这意味着它必须探索疆界何在,而在此过程中它时常会停顿在某种愚蠢且具伤害性的困境之中;同样地,它也可能时常需要通过似乎愚蠢且具伤害性的途径到达某个重要的目的地。但这种愚蠢与伤害是我们追求艺术崇高历程中所必须付出的代价,因为最伟大的艺术创作不是在一堆人(或甚至少数人)指挥下完成的。当然,说此代价是值得付出的,这是一种价值判断。不过如果我们否定这种价值判断,那么我们必须很清楚我们否认的究竟是什么。

专制主义论证在此处亦有关联。我会常常在媒体中碰到我所不赞成的事物,但整体而言我不会希望我所处的社会为了保护我而对之进行压制,即使我可以因此远离那些事物而过得更好。因为在以保护我为理由而对言论进行压制的社会中，不可避免的是由他人决定我该暴露在什么样的言论之下。这并非由于我需要在我知道那些我不想碰的言论之前，应先去试着接触那些言论的问题，因为个人常常可以事先指出哪些他不想接触的事物。真正的理由在于，我所生活的社会中，并非由我自己决定哪些事物可以看与不可以看，那些决定是由政府因应大多数人意见所作出来的①，即使我不想要接触那些我不赞同的事物，我也不应该期待这些事物是他人所不赞同，而且认为我也不应赞同的。因此，某些人（即使是多数人）对某些表达行为的不赞同，并不能作为媒体检查的合理根据。

现在可以思考我对冒犯论证的诠释是否有误。我说过被某事物所冒犯意味着对之不赞同。但或许所谓被冒犯所蕴涵的意义还要更深，需要纳入一些远超过观点上不赞同的不悦影响。因此伤害论证并非因人们认为某事物具有冒犯性质，来正当化检查制度；其正当化的理由应来自于他们确实遭到冒犯的事实，例如产生愤怒与受辱的感觉。因此且让我们将注意力限定于造成屈辱感的冒犯事实上，对论证会有任何改变吗？可以根据某些人被屈辱的感觉来正当化检查制度吗？

此处又有一些区别必须注意。对造成屈辱感的言论进行检查的理由之一，在于保障公共秩序。这当然是一条具有高度危险性的原则，通常没有政府会鼓励这一原则，因为它会造成"诘问者否决权"的困扰：即诘问者以恐吓某言论将会有暴力产生为由使之噤声。② 无论如何，这一理由于此并不相干；其所诉求的是言论所可能造成的伤害，我们已处理过此问题。目前所讨论的理由只是，人们有权不受侮辱。但此原则并不具有强制性。我们的公共生活被侮辱性言论所破坏，非常多的人对此抱怨或找到申诉的理由，且似乎没有理由以法律保障之。然而反之，对公民德性的尊重不仅要求我们不得无故冒犯他人，同时更要在别人冒犯我们时学习控制情绪。

在此有一种更进一步的区别值得一提。被冒犯与感到困窘并非同一件事，虽然两者经常遭到混淆，因为使行为具有冒犯性的要素之一，是在于行为明显造成他人的困窘处境。现在许多人认为电视播放性爱镜头让同时在场的小孩子看到，这会使人困窘。这种困窘感并非完全不合理，但也不应因此排除某言论。它不会使任何检查制度的论证正当化，最多只能正当化对分级制度的要求。它可以透过许多方式完成，英国广播公司的"九点分界制

---

① 尤其是少数族群更是如此。
② 参见 Harry Kalven, Jr, *A Worthy Tradition: Freedom of Speech in America* (New York: Harper and Row, 1988), pp. 89ff.

度"就实施了许多年。九点之前不播放任何明显带有性暗示的节目,那时一般小孩都应该上床睡觉了。许多人声称这种措施对许多很晚才上床的小孩并不适合。但毕竟观众接收到了警告;假如他们不想面对困窘状态,可以将孩子赶回房间。但或许有其他更好的方法。例如美国一些有线电视台就将播放的影片区分为 N(有裸露镜头)、BN(短暂裸露镜头)、SSC(重度性爱内容)等级数。当然个人还是有可能在影片开始之后才将频道转到该台而遗漏了分级标志,不过如果还会因此觉得困窘,那就是个人的责任了,就如同一个人没有看标签就喝下灭草剂,他必须自己负责。

至此我们讨论了不雅言论的问题,我们可以看看要怎么处理其他议题,先由渎神言论开始。

在美国,禁止渎神言论的法律以往从未被制定为违宪,然而如今大家都晓得禁止渎神言论的法律违反了第一修正案中的两项条款:禁止国家立某宗教为国教,以及禁止国家剥夺言论自由。因此自从 1971 年之后,美国不再起诉渎神言论。

英国并没有对渎神言论进行保障,在英格兰与威尔士境内它仍是一种刑事罪。① 不过英国最后一次起诉渎神言论罪名发生于 1976 年。鼓吹严格要求广播电视媒体中言行举止的沃特豪斯(Mary Whitehouse),指控《男同志新闻》(*Gay News*)杂志刊载一篇颂扬基督与同性恋者紧密结合的诗句。虽然这一指控于诉讼中获得支持,但许多人认为这一事件宣告了渎神法律的终结。然而相似的两则事件又在 1988 年出现,其中之一是斯柯西斯(Martin Scorsese)的电影《基督最后的诱惑》,剧中指出耶稣曾与抹大拉的玛利亚(Mary Magdalene)生子。"报导指出这部影片是娱乐事业史上对教会与耶稣基督最亵渎的事件"②,它在许多国家引起相当多的愤慨〔先前泽菲雷利(Franco Zeffirelli)的作品《拿撒勒的耶稣》(*Jesus of Nazareth*)也被认为渎神,甚至在威尼斯影展中遭到抵制〕。另外一则事件是拉什迪(Salman Rushdie)的《撒旦诗篇》(*The Satanic Verses*),该部长篇小说被许多穆斯林视为对神明的亵渎。它遭到大规模查禁与焚毁,甚至霍梅尼(Ayatollah Khomeini)还祭出高额赏金下令追杀拉什迪(以及出版者)。但随后拉什迪

---

① 议会于 1967 年废止 1698 年制定的渎神法,但在英格兰与威尔士的普通法中,仍保留一些处理冒犯行为的法律。苏格兰与北爱尔兰则没有渎神法。

② *The Economist*, 13 August 1988, p. 77.

却因本书的销售量而致富，不过却从此必须在警方保护下过着隐居生活。①

这些电影与书籍的确造成冒犯结果，并被控以渎神罪名，对拉什迪事件的歇斯底里反应，更包含一些政治因素，亦即由穆斯林激进分子的反西方浪潮所激起。也因此这本在正常情况下不会有太多人阅读的小说，反而因事件发展而成为国际畅销书。此处最有趣的方面是，它推动了英国渎神法律中的扩大解释趋势，许多政坛人士、教会领袖以及其他人士因而主张，渎神法律的保护对象应扩及所有宗教而非仅限于基督教。此论证具有两种层面。首先，在文化日渐多元化的社会之中，预防某种会导致公民意见不合的冒犯行径是一种公共利益；其次，人民有权不让自己的情感遭受攻击其宗教信念或所信奉神祇的言论所侮辱。

但我们已然看到这些论证的问题。上述第一层面的论证会使"诘问者否定权"合法化。然而它也会在现实中引起其他难题。首先，它与宗教没有多大关系，因此没有办法专门对渎神法律再提供太多的支持。任何有意冒犯来自不同文化的人，在只禁止侮辱自己宗教的法律中，并不会遇到太大的阻碍。其次，它会过度扩大言论限制的范围，可以想见的是，它在言论表达自由上所付出的代价，远大于可以从他处可以回收的利益。第三，我们可以预期这种法律本身就会在公民之间造成意见不合的局面，自始至终厌恶多元文化社会的人，可以借此发泄其情绪，将他人的文化差异当成对之设限的原因。

我们也可以于此简要处理该论证的第二个层面。这一论证不能与另外一种将侮辱神明视为本质上不道德的论证相混淆；那个论证或许是对的，但我们已经指出，并不能单单由言论在本质上是不道德的这一命题，作为言论检查的正当根据。这也并非我们现今所想执行的。此处所讨论的是，人民有权受保护，不使其情感受侮辱性言论所伤害。但这种想法是不对的。首先，假如我们认可这一权利，那么可能会在宗教领域中造成言论被任意禁止的结果，我们将因此完全不能谈及任何带有丝毫渎神色彩的言论。其次，某些信念(包括宗教信念)要求严厉处分造成其信众受辱感的言论；但如果只为了这些信众的情感而对言论进行检查，这是完全不恰当的做法。我们也

---

① 亵渎神祇曾引起很多不同形式的众怒；如我所述，位于弗吉尼亚州且可能是非宪法体制下所建立的里士满城(Richmond)，很失望地与魔鬼摇滚乐团(Satanistic rock group)解约，该乐团以玛里琳·曼森(Marilyn Manson)为名走红；签约的当时，该城签约人员对此团体表演本质一无所知。该城的市议员亦引起了他城的同仇敌忾，南卡罗来纳大学(University of South Carolina)则在不久前向该团体支付一笔四万元的违约金。

不应允许政府决定哪些信念要以哪些方法进行,以及是否主张哪些信念。①第三,如同我已经说过的,不管在任何情况下,只因为某些人的反对情绪,而禁止某些具有侮辱色彩的言论,似乎并没有什么道理可言。

---

① 杰克逊(Robert Jackson)法官如此说道:"天体运行轨道中若有任何一颗星星是静止不动的,那么任何一位政府官员,无论其职位高低,便无从判断出对于政治、民族主义、宗教或其他事情的看法在言论上是否正统。"[西弗吉尼亚州教育局控告巴尼特(West Virginia State Board of Education v. Barnette (319 US 624(1943)]

# 参考书目

Altman, I., 'Privacy: a conceptual analysis', *Environment and Behavior* 8 (1976): 7–8.
Aristotle, *Nichomachean Ethics*, Harmondsworth: Penguin Books, 1953.
Aristotle, *Poetics*, Ann Arbor, MI: University of Michigan Press, 1970.
Attorney General's Commission on Pornography, *Final Report*, 2 vols, Washington DC: US Government Printing Office, 1986.
Barendt, Eric, *Freedom of Speech*, Oxford: Oxford University Press, 1985.
Barker, Martin and Petley, Julian (eds), *Ill Effects: The Media/Violence Debate*, London: Routledge, 1997.
Baudrillard, Jean, *In the Shadow of the Silent Majorities . . . or the End of the Social*, New York: Semiotext, 1983.
Baudrillard, Jean, *Selected Writings*, ed. Mark Poster, Cambridge: Polity, 1988.
Beauchamp, Tom L. and Pinkard, Terry P. (eds), *Ethics and Public Policy*, Englewood Cliffs, NJ: Prentice-Hall, 1983.
Bell, Martin, *In Harm's Way: Reflections of a War Zone Thug*, London: Hamish Hamilton, 1995.
Belsey, Andrew and Chadwick, Ruth (eds), *Ethical Issues in Journalism and the Media*, London: Routledge, 1992.
Belsey, Andrew and Chadwick, Ruth, 'Ethics as a vehicle for media quality', *European Journal of Communication* 10 (1995): 461–73.
Benn, Piers 'Pornography, degradation and rhetoric', *Cogito* 7 (1993): 127–34.
Bennett, T., Boyd-Bowman, S., Mercer, C. and Woollacott, J. (eds), *Popular Television and Film*, London: British Film Institute.
Berlin, Isaiah, *Four Essays on Liberty*, Oxford: Oxford University Press, 1969.
Bernays, E., *Crystallising Public Opinion*, New York: Boni and Liveright, 1923.
Bernstein, Carl and Woodward, Bob, *All the President's Men*, New York: Secker and Warburg.
Bezanson, Randall P., Cranberg, Gilbert and Soloski, John, *Libel Law and the Press*, New York: Free Press, 1987.
Birkenshaw, Patrick, *Freedom of Information: The Law, the Practice and the Ideal*, London: Weidenfeld and Nicolson, 1988.
Bok, Sissela, *Lying: Moral Choice in Public and Private Life*, London: Quartet, 1980.
Bok, Sissela, *Secrets: On the Ethics of Concealment and Revelation*, Oxford: Oxford University Press, 1982.

Bryant, Jennings and Zillman, Dolf (eds), *Perspectives on Media Effects*, Hillsdale, NJ: Erlbaum, 1986.
Calcutt, David, *Report of the Committee on Privacy and Other Matters*, Cmnd. 1102, London: HMSO, 1990.
Calcutt, David, *Review of Press Self-regulation*, Cmnd. 2135, London: HMSO, 1993.
Capa, Robert, *Slightly out of Focus*, New York: H. Holt, 1947.
Caputi, Mary, *Voluptuous Yearnings: A Feminist Theory of the Obscene*, Lanham, MD: Rowman and Littlefield, 1994.
Carroll, Noël, 'Conspiracy theories of representation', *Philosophy of the Social Sciences* 17 (1987).
Carroll, Noël, *The Philosophy of Horror*, New York: Routledge, 1990.
Carroll, Noël, *A Philosophy of Mass Art*, Oxford University Press, 1998.
Chomsky, Noam, *Necessary Illusions*, Toronto: CBC Enterprises, 1989.
Chomsky, Noam and Hermann, Edward, *Manufacturing Consent*, London: Vintage, 1994.
Christians, Clifford G., Ferré, John and Fackler, Mark, *Good News: A Social Ethics of the Press*, New York: Oxford University Press, 1993.
Christians, Clifford G., Fackler, Mark and Rotzoll, Kim B., *Media Ethics: Cases and Moral Reasoning*, 4th edn, New York: Longman, 1995.
Cohen, Elliot D. (ed.) *Philosophical Issues in Journalism*, New York: Oxford University Press, 1992.
Commission on Freedom of the Press, *A Free and Responsible Press*, Chicago: University of Chicago Press, 1947.
Cooper, Thomas W., *Communication Ethics and Global Change*, New York: Longman, 1989.
Crewe, I. and Gosschalk, B. (eds), *Political Communications: The General Election Campaign of 1992*, Cambridge: Cambridge University Press, 1995.
Curran, James (ed.), *The British Press: A Manifesto*, London: Routledge, 1978.
Curran, James and Seaton, Jean (eds), *Power without Responsibility: The Press and Broadcasting in Britain*, 4th edn, London: Routledge, 1991.
Dahlgren, Peter and Sparks, Colin (eds), *Communication and Citizenship*, London: Routledge, 1991.
Dahlgren, Peter and Sparks, Colin (eds), *Journalism and Popular Culture*, London: Sage, 1992.
Day, Louis A., *Ethics in Media Communication: Cases and Controversies*, Belmont, CA: Wadsworth, 1991.
Denton, Robert E. Jr. (ed.), *Ethical Dimensions of Political Communication*, New York: Praeger, 1991.
Deppa, Joan, *The Media and Disasters: Pan Am 103*, London: David Fulton, 1993.
Devlin, Patrick, *The Enforcement of Morals*, Oxford: Oxford University Press, 1965.
Dworkin, Andrea, *Letters from a War Zone*, London: Secker and Warburg, 1988.
Dworkin, Ronald, *A Matter of Principle*, Oxford: Clarendon Press, 1985.
Dworkin, Ronald, *Freedom's Law: The Moral Reading of the American Constitution*, Cambridge, MA: Harvard University Press, 1996.
Dyson, Kenneth and Homolka, Walter (eds), *Culture First/Promoting Standards in the New Media Age*, London: Cassell, 1996.

Eason, David L., 'On journalistic authority: the Janet Cooke scandal', *Critical Studies in Mass Communication* 3/4 (1988): 313–34.
Elliot, Deni (ed.), *Responsible Journalism*, Beverly Hills, CA: Sage, 1986.
Ellis, Anthony, 'Offense and the liberal conception of the law', *Philosophy and Public Affairs* 13 (1984): 1–23.
Ellis, John, *Visible Fictions*, London: Routledge and Kegan Paul, 1982.
Engel, Matthew, *Tickle the Public: One Hundred Years of the Popular Press*, London: Gollancz, 1996.
Ettema, James S. and Glasser, Theodore L., 'On the epistemology of investigative journalism', *Journal of Communication* 8/2 (1985): 183–206.
Evans, Harold, *Eyewitness: 25 Years Through World Press Photos*, London: Quiller Press, 1981.
Fairclough, Norman, *Media Discourse*, London and New York: Edward Arnold, 1995.
Fallows, James, *Breaking the News*, New York: Pantheon, 1996.
Feinberg, Joel, *Social Philosophy*, Englewood Cliffs, NJ: Prentice-Hall, 1973.
Feinberg, Joel, *Rights, Justice and the Bounds of Liberty: Essays in Social Philosophy*, Princeton, NJ: Princeton University Press, 1980.
Feinberg, Joel, *The Moral Limits of the Criminal Law*, vol. 2: *Offense to Others*, New York: Oxford University Press, 1985.
Feldman, D., *Civil Liberties and Human Rights*, Oxford: Clarendon Press, 1993.
Fink, Conrad, *Media Ethics*, New York: McGraw-Hill, 1988.
Fiske, John, *Television Culture*, New York: Routledge, 1987.
Fiske, John, 'Popularity and the politics of information', in P. Dahlgren and C. Sparks (eds) *Journalism and Popular Culture*, London: Sage, 1992, pp. 45–63.
Fiske, John, *Media Matters: Everyday Culture and Political Change*, Minneapolis, MN: University of Minnesota Press, 1994.
Franklin, Bob, *Newszak and News Media*, London: Arnold, 1997.
Freund, Gisèle, *Photography and Society*, London: Gordon Fraiser, 1980.
Gauntlett, David, *Moving Experiences: Understanding Television's Influences and Effects*, London: John Libbey, 1995.
Gitlin, Todd, *The Whole World is Watching*, Berkeley, CA: University of California Press, 1980.
Gluckman, Max, 'Gossip and scandal', *Current Anthropolgy* 4/3 (June 1963): 307–16.
Goldman, Alan, *The Moral Foundations of Professional Ethics*, Totowa, NJ: Rowman and Littlefield, 1980.
Goldstein, Tom, *The News at Any Cost*, New York: Simon and Schuster, 1985.
Goodman, Robert F. and Ben-Ze'ev, Aaron (eds), *Good Gossip*, Lawrence, KS: University of Kansas Press, 1994.
Goodwin, H. Eugene and Smith, Ron F., *Groping for Ethics in Journalism*, 3rd edn, Ames, IA: Iowa State University Press, 1994.
Gosschalk, B. (ed.) *Political Communications*, Cambridge: Cambridge University Press, 1995.
Graham, Gordon, *Contemporary Social Philosophy*, Oxford: Blackwell Publishers, 1988.
Gripsund, J., 'The aesthetics and the politics of melodrama', in P. Dahlgren and C. Sparks (eds) *Journalism and Popular Culture*, London: Sage, 1992, pp. 84–95.

Gross, Larry, Katz, John Stuart and Ruby, Jay (eds), *Image Ethics*, New York: Oxford University Press, 1988.

Habermas, J., *The Structural Transformation of the Public Sphere*, Cambridge: Polity, 1988.

Hargrave, Andrea Millwood, *Sex and Sexuality in Broadcasting*, London: John Libbey, 1992.

Hart, H. L. A., *Law, Liberty and Morality*, Oxford: Oxford University Press, 1963.

Hartley, John, *Understanding News*, London: Methuen, 1982.

Hausman, Carl, *Crisis of Conscience: Perspectives on Journalism Ethics*, New York: HarperCollins, 1992.

Hewitt, Patricia, *Privacy: The Information Gatherers*, London: National Council for Civil Liberties, 1977.

Hiebert, Ray Eldon (ed.), *Impact of Mass Media*, 3rd edn, New York: Longman, 1995.

Hooper, David, *Official Secrets: The Use and Abuse of the Act*, London: Secker and Warburg, 1987.

Howitt, D. and Cumberbatch, G., *Pornography: Impacts and Influences*, London: HMSO, 1990.

Hulteng, John L., *The Messanger's Motives: Ethical Problems of the Mass Media*, 2nd edn, Englewood Cliffs, NJ: Prentice-Hall, 1985.

Jones, J. Clement, *Mass Media Codes of Ethics and Councils: A Comparative International Study on Professional Standards*, Paris: Unesco, 1980.

Jones, Nicholas, *Soundbites and Spindoctors*, London: Cassell, 1995.

Kalven, Harry, Jr, *A Worthy Tradition: Freedom of Speech in America*, New York: Harper and Row, 1988.

Kant, Immanuel, *Groundwork of the Metaphysics of Morals*, in H. J. Paton (ed.) *The Moral Law*, London: Hutchinson, 1948.

Kant, Immanuel, *The Philosophy of Immanuel Kant*, Chicago: University of Chicago Press, 1949.

Karnow, Stanley, *Vietnam: A History*, New York: Viking Press, 1983.

Keane, John, *The Media and Democracy*, Oxford: Polity Press, 1991.

Keeble, Richard, *The Newspapers Handbook*, London: Routledge, 1994.

Kellner, Douglas, *Television and the Crisis of Democracy*, Boulder, CO, San Francisco and Oxford: Westview Press, 1990.

Kieran, Matthew, 'Violent films: natural born killers?', *Philosophy Now* 12 (1995): 15–18.

Kieran, Matthew, 'Art, imagination and the cultivation of morals', *Journal of Aesthetics and Art Criticism* 54 (1996): 337–51.

Kieran, Matthew, *Media Ethics: A Philosophical Approach*, Westport, CT: Praeger, 1997.

Kieran, Matthew, 'News reporting and the ideological presumption', *Journal of Communication* 47/2 (1997): 79–96.

Kieran, Matthew, Morrison, David and Svennevig, Michael, *Regulating for Changing Values: A Report for the Broadcasting Standards Commission*, London: BSC, 1997.

Klaidman, Stephen and Beauchamp, Tom L., *The Virtuous Journalist*, New York: Oxford University Press, 1987.

Knightley, Phillip, *The First Casualty: From the Crimea to Vietnam: The War*

*Correspondent as Hero, Propagandist, and Myth Maker*, New York: Harcourt Brace Jovanovich, 1975.

Knowlton, Steven R. and Parsons, Patrick R. (ed.), *The Journalist's Moral Compass*, Westport, CT: Praeger, 1995.

Koch, Tom, *The News as Myth*, New York: Greenwood, 1990.

Kurtz, Howard, *Media Circus*, New York: Random House, 1994.

Lambeth, Edmund B., *Committed Journalism*, 2nd edn, Bloomington, IN: Indiana University Press, 1992.

Lee, Alan, *The Origins of the Popular Press in England 1855–1914*, London: Croom Helm, 1976.

Lemert, J. B., *Criticizing the Media*, Newbury Park, CA: Sage, 1989.

Lester, Paul, *Photojournalism: An Ethical Approach*, Hillsdale, NJ: Erlbaum, 1991.

Levy, Leonard, *Blasphemy: Verbal Offense against the Sacred from Moses to Salman Rushdie*, New York: Alfred A. Knopf, 1993.

Lewis, Anthony, *Make No Law: The Sullivan Case and the First Ammendment*, New York: Vintage Books, 1991.

Lichtenberg, Judith (ed.), *Democracy and the Mass Media*, Cambridge: Cambridge University Press, 1990.

Limburg, Val E., *Electronic Media Ethics*, Boston, MA: Focal Press, 1994.

Locke, John, *Two Treatises of Government*, Cambridge: Cambridge University Press, 1963.

Locke, John, *A Letter Concerning Toleration*, New York: Prometheus, 1990.

Machiavelli, Niccolò, *The Prince*, New York: Dover, 1992.

MacKenzie, John, *Propaganda and Empire: The Manipulation of British Public Opinion 1880–1960*, Manchester: Manchester University Press, 1984.

MacKinnon, Catherine, *Only Words*, Cambridge, MA: Harvard University Press, 1993.

McLuhan, Marshall, *Understanding Media: The Extensions of Man*, London: Routledge and Kegan Paul, 1964.

McLuhan, Marshall and Fiore, Quentin, *The Medium in the Message*, Harmondsworth: Penguin Books, 1967.

McNair, Brian, *Glasnost, Perestroika and the Soviet Media*, London: Routledge, 1991.

McNair, Brian, *An Introduction to Political Communication*, London: Routledge, 1995.

McNair, Brian, *News and Journalism in the UK*, 2nd edn, London: Routledge, 1996.

McNair, Brian, 'Performance in politics and the politics of performance: public relations, the public sphere and democracy', in J. L'Etang and M. Pieczke (eds) *Critical Perspectives in Public Relations*, London: International Thomson Business Press, 1996, pp. 35–53.

McQuail, Denis, *Media Performance: Mass Communication and the Public Interest*, Newbury Park, CA: Sage, 1992.

Mander, Jerry, *Four Arguments for the Elimination of Television*, New York: Quill, 1978.

Marshall, W. L., 'Pornography and sex offenders', in D. Zillman and J. Bryant (eds) *Pornography: Research Advances and Policy Considerations*, Hillsdale, NJ: Erlbaum, 1989, pp. 185–214.

Meiklejohn, Alexander, *Free Speech and its Relation to Self-government*, New York: Harper and Row, 1948.
Merill, John C. and Barney, Ralph D. (eds) *Ethics and the Press*, New York: Hastings House, 1975.
Metz, Christian, *Psychoanalysis and Cinema: The Imaginary Signifier*, London: Methuen, 1982.
Meyer, Philip, *Ethical Journalism*, New York: Longman, 1987.
Meyerwitz, Joshua, *No Sense of Place*, Oxford: Oxford University Press, 1985.
Mill, John Stuart, *On Liberty*, Harmondsworth: Penguin Books, 1982.
Mitchell, William J., *The Reconfigured Eye: Visual Truth in the Post-photographic Era*, Cambridge, MA: MIT Press, 1992.
Moore, Roy L., *Mass Communication Law and Ethics*, Hillsdale, NJ: Erlbaum, 1994.
Morris, D., *Behind the Oval Office*, New York: Random House, 1996.
Morrison, David E. and Tumber, Howard, *Journalists at War: The Dynamics of News Reporting during the Falklands Conflict*, London: Sage, 1988.
Mulvey, Laura, *Visual and Other Pleasures*, London: Macmillan, 1989.
Newsome, Elizabeth, 'Video violence and the protection of children', Child Development Research Unit, University of Nottingham, March 1994.
Nozick, Robert, *Anarchy, State and Utopia*, Oxford: Blackwell Publishers, 1974.
Olen, Jeffrey, *Ethics in Journalism*, Englewood Cliffs, NJ: Prentice-Hall, 1988.
Paik, Haejung and Comstock, George, 'The effects of television violence on antisocial behavior: a meta-analysis', *Communication Research* 21 (1994): 516–46.
Pally, Marcia, *Sex and Sensibility: Reflections on Forbidden Mirrors and the Will to Censor*, Hopewell, NJ: Ecco Press, 1994.
Patterson, Philip and Wilkins, Lee (eds), *Media Ethics: Issues and Cases*, 2nd edn, Dubuque, IA: Wm. C. Brown, 1994.
Paul, Noel S., *Principles for the Press: A Digest of Council Decisions, 1953–1984*, London: Press Council, 1985.
Perse, Elizabeth M., 'Uses of erotica and acceptance of rape myths', *Communication Research* 21 (1994): 488–515.
Philo, Greg, *Seeing and Believing*, London: Routledge, 1990.
Plato, *Republic*, trans. D. Lee, Harmondsworth: Penguin Books, 1974.
Powes, Lucas A., Jr, *The Fourth Estate and Constitution: Freedom of the Press in America*, Berkeley and Los Angeles, CA: University of California Press, 1991.
Press Complaints Commission, *Code of Practice*, London: Press Complaints Commission, September 1994.
Press Complaints Commission, *Annual Report 1995*, London: Press Complaints Commission, 1995.
Rachlin, Allan, *News as Hegemonic Reality*, New York: Praeger, 1988.
Rawls, John, *A Theory of Justice*, Oxford: Oxford University Press, 1972.
Ricoeur, Paul, *Hermeneutics and the Human Sciences*, trans. J. B. Thompson, Cambridge: Cambridge University Press, 1981.
Ritchin, Fred, *In Our Own Image*, New York: Aperture, 1990.
Robertson, Geoffrey, *Freedom, the Individual and the Law*, Harmondsworth: Penguin, 1989.
Rodgerson, G. and Wilson, E. (eds) *Pornography and Feminism*, London: Lawrence and Wishart, 1993.

Rorty, Richard, *Contingency, Irony and Solidarity*, Cambridge: Cambridge University Press, 1989.
Rosenblum, Mort, *Who Stole the News?*, New York: John Wiley and Sons, 1993.
Rubin, Bernard, *Questioning Media Ethics*, New York: Praeger, 1978.
Schaner, Frederick, 'Uncoupling free speech', *Columbia Law Review* 92 (1992): 1321–57.
Schlesinger, Philip, *Media, State and Nation: Political Violence and Collective Identities*, London: Sage, 1991.
Schlesinger, Philip and Tumber, Howard, *Reporting Crime: The Media Politics of Criminal Justice*, Oxford: Clarendon Press, 1994.
Schoeman, Ferdinand David (ed.), *Philosophical Dimensions of Privacy: An Anthology*, Cambridge: Cambridge University Press, 1984.
Schostak, John, *Dirty Marks: The Education of Self, Media and Popular Culture*, London: Pluto, 1993.
Scruton, Roger. *The Aesthetic Understanding*, Manchester: Carcanet, 1983.
Seib, Philip, *Campaigns and Conscience: The Ethics of Political Journalism*, Vancouver, BC: University of British Columbia Press, 1994.
Seymour-Ure, Colin, *The British Press and Broadcasting Since 1945*, Oxford: Blackwell, 1991.
Shearer, Anne, *Survivors and the Media*, London: Broadcasting Standards Council and John Libbey, 1992.
Shetreet, Simon (ed.), *Free Speech and National Security*, Dordrecht: Nijhoff, 1991.
Singer, Jerome L. and Singer, Dorothy, G., *Television, Imagination and Aggression*, Hillsdale, NJ: Erlbaum, 1981.
Slater, Michael D., 'Processing social information in messages: social group familiarity, fiction versus nonfiction, and subsequent beliefs', *Communication Research* 17 (1990): 327–43.
Smith, Anthony, *The Newspaper: An International History*, London: Thames and Hudson, 1979.
Smith, Anthony (ed.), *Newspapers and Democracy: International Essays on a Changing Medium*, Cambridge, MA: MIT Press, 1980.
Smith, Anthony (ed.), *Television: An International History*, Oxford: Oxford University Press, 1995.
Smolla, Rodney, *Free Speech in an Open Society*, New York: Vintage Books, 1993.
Snoddy, Raymond, *The Good, The Bad and the Unacceptable*, London: Faber, 1992; pbk edn 1993.
Snyder, Joel and Allen, Neil Walsh, 'Photography, vision and representation', *Critical Inquiry* 2 (1975): 143–69.
Sorell, Tom, 'Art, society and morality', in O. Hanfling (ed.) *Philosophical Aesthetics*, Oxford: Blackwell Publishers, 1992, pp. 297–347.
Stephenson, Hugh, *Media Freedom and Media Regulation*, London: Association of British Editors, 1994.
Stocking, S. Holly and LaMarca, Nancy, 'How journalists describe their stories: hypotheses and assumptions in newsmaking', *Journalism Quarterly* 67 (1990): 295–301.
Strossen, Nadine, *Defending Pornography: Free Speech, Sex and the Fight for Women's Rights*, London: Abacus, 1996.
Tester, Keith, *Media, Culture and Morality*, London: Routledge, 1994.

Thompson, M. P., 'Confidence in the press', *The Conveyancer and Property Lawyer* 57 (1993): 347–58.
Thomson, J. J., 'The right to privacy', *Philosophy and Public Affairs* 4 (1975): 295–314.
Tuchman, Gaye, *Making News: A Study in the Construction of Reality*, New York: Free Press, 1978.
Tunstall, Jeremy, *The Media in Britain*, London: Constable, 1983.
Van den Haag, E., 'On Privacy', in J. R. Pennock and J. W. Chapman (eds) *Privacy: Nomos XIII*, New York: Atherton Press, 1979, p. 149.
Vaux, Kenneth L., *Ethics and the Gulf War: Religion, Rhetoric and Righteousness*, Boulder, CO: Westview, 1992.
Wacks, R., *Privacy and Press Freedom*, London: Blackstone Press, 1995.
Wakeham, J., 'The Conservative campaign: against the odds', in I. Crewe and B. Gosschalk (eds) *Political Communications: The General Election Campaign of 1992*, Cambridge: Cambridge University Press, 1995, pp. 3–8.
Waldron, Jeremy, *Liberal Rights*, New York: Cambridge University Press, 1993.
Walton, Kendall, 'Transparent pictures: on the nature of photographic realism', *Critical Inquiry* 11 (1984): 246–77.
Warburton, Nigel, 'Photographic communication', *British Journal of Aesthetics* 28 (1988): 173–81.
Warburton, Nigel, 'Seeing through "Seeing through" photographs', *Ratio* NS 1/1 (1988): 64–74.
Warburton, Nigel, 'Varieties of photographic representation', *History of Photography* 15 (1991): 203–10.
Warren, Samuel and Brandeis, Lewis, 'The right to privacy', *Harvard Law Review* 4 (1890): 205.
Weaver, Paul, *News and the Culture of Lying*, New York: Macmillan, 1994.
Williams, Bernard (ed.), *The Williams Report: Report of the Committee on Obscenity and Film Censorship*, Cmnd. 7772, London: HMSO, 1979.

# 索 引

(本索引页码系英文版页码,同中文版边码)

abortion 堕胎 43
absolute privilege 绝对权利 100
accusations 指责 44—5
action: emotion detached from 情绪状态是与行动分离的 143—4;
  impact of portrayed sex and violence on 154—7, 158
Adair, Gilbert 阿代尔 76
Adams, Eddie 亚当斯 124
Aggressive interviewing 侵略性的访问方式 61—2
Ahmici massacre 阿米奇大屠杀 18, 19
alcohol 酒品 157
Ali, Rashid 阿里 74
alternative lifestyle 不同的生活形态 135—6
Ambler, Eric 安布勒 159
Amiel, Barbara 埃米尔 121
analogue photographs 模拟影像 125
animals 动物 45
apartheid 种族隔离政策 37
Appleyard, Brian 阿普尔亚德 61
Aristotle 亚里士多德 157
artistic freedom 艺术创作 174; 参看 creativity
Ashdown, Paddy 阿什当 85
Association of British Editors (ABE) 英国编辑协会 119
attachment: to causes 产生归属感 46;
  journalism of 投入式的新闻工作 15—22
attention: television and 电视和注意力 146—9, 150
Avoidance 逃避 142

Ba'ath Party 社会复兴党 74
Banks, David 班克斯 116
Baudrillard, Jean 鲍德里亚 23, 64
Bauwens, Mona 鲍文斯 89
Bazoft, Farzad 巴佐夫特 71—2
BBC (British Broadcasting Corporation) 英国广播公司 2, 17, 18; 9 o'clock watershed 九点分界制度 175; Simpson fax 辛普森案传真事件 55
beliefs, fundamental 基本信念 23—4; 参看 objectivity
Bell, Martin 贝尔 12, 18; election as MP 1—2, 8, 11
Bell, Tim 贝尔 54
Belsen, liberation of 贝尔森获得解放 18
Bennett, Lance 贝内特 74
Bentham, Jeremy 边沁 119
Bernays, Edward 伯奈斯 50
betrayal of principles 背弃原则 52—3
bias, political 政治偏见 23, 57—8; 参

索 引 181

看 impartiality
biography 传记文学 40，41
Black，Conrad 布莱克 58，121
Blair，Tony 布莱尔 53，55
blasphemy 渎神 172，176—7，178
'bomber on the moon' photograph 轰炸机登陆月球的影像 130
Bosnian War 22；low-technology conflict 15；massacres 大屠杀 18，19，26；role of Bosnian War 波斯尼亚内战的角色 22；role of reporting in intervention 介入性报导的角色 20—1；Sarajevo sniper 萨拉热窝狙击手 16—17
Boston Massacre 波士顿屠杀事件 162—3
Bottomley，Peter 博顿利 38
Bourdieu，Pierre 布尔迪厄 54
bovine spongiform encephalitis (BSE) scandal 疯牛病事件 33，44
Bowen，Jeremy 鲍恩 18
Bradlee，Benjamin 布拉德利 69
Brandeis，Louis 布兰代斯 86—7
Brando，Marlon 布兰多 157
*Bright Lights Big City*（McInerney）《灿烂不夜城》（麦金纳尼）28
British Broadcasting Corporation (BBC) 英国广播公司 2，17，18；9 o'clock watershed 九点分界制度 175；Simpson fax 辛普森案传真事件 55
broadcasting 广电媒体 113；ethics of broadcast style 广电媒体风格的伦理问题 61—2；political journalism 政治新闻 60—2；参看 television
Broadcasting Act 1996 1996 年广电法 105
Broadcasting Complaints Commission 广电申诉委员会 105
Broadcasting Standards Commission (BSC) xi，广播电视规范委员会 105—6
Broadcasting Standards Council 广电规范会议 105—6
broadsheets 大幅的印刷品 113—14
Brown，Divine 布朗 114
Brown，Malcolm 布朗 124
Brown，Nicole 布朗 27
Bruce，Brendan 布鲁斯 54
Bryant，Martin 布赖恩特 153，155
BSE (bovine spongiform encephalitis) scandal 疯牛病事件 33，44
Buckalew，Bob 巴卡柳 78
Bush，George 布什 75，76
bystanders' journalism 旁观式的新闻工作 15—16

Cable News Network (CNN) 美国有线电视新闻网 20
cable television 有线电视 175
Calcutt Committee 卡尔库特委员会 xiii，97—8，112，118，119；Calcutt I 卡氏第一报告 97—8，101，102—3；Calcutt II 98，卡氏第二报告 103
Cameron，James 卡梅伦 3
campaigners/reformers 改革者 37，39，40—1，41
campaigning journalism 新闻改革 16
Campbell，Alistair 坎贝尔 54，55—6，64
Capa，Robert：'Republican soldier at the very moment of his death' 卡帕的共和国士兵瞬间死亡 126
Carlyle，Thomas 卡莱尔 37
Carmona，Manuel Dominguez 卡尔莫纳 71
Carville，James 卡维尔 54
'cash for questions' scandal "用金钱买质询"的丑闻 56，58
ceasefire：Northern Ireland 北爱尔兰停火 25—6
censorship 新闻检查 xiv—xv，165—78；Gulf War 海湾战争 67—8，170；harm

伤害 168—72, offence 冒犯 172—7
Central Intelligence Agency (CIA) 中央情报局 67, 77
charities 慈善捐款 45—6
Charles, Prince 查尔斯王子 38
Charles Ⅱ, King 查理二世 55
Chesterton, G. K. 切斯特顿 16
children: court reporting 孩童: 法庭报导 102; cruelty to 虐待儿童 45
Chomsky, Noam 乔姆斯基 58
CIA (Central Intelligence Agency) 中央情报局 67, 77
citizens 公民 64
civil commotion 群众暴动 19
civil law 民法 99—102; proposed new tort 提议制订侵权法令 103, 104, 112, 119
civilian casualties 平民死亡 20
Clinton, Bill 克林顿 49, 52—3
CNN (Cable News Network) 美国有线电视新闻网 20
Cobbett, William 科贝特 16
Cockerell, Michael 科克雷尔 62
codes of practice 实践规约 8, 104—6; Press Complaints Commission 新闻申诉委员会 8, 103, 104, 114
cognitive powers 认知能力 147—8
Collins, John M. 柯林斯 69—70
Combs, James 库姆斯 68
Communication Group 传播团体 56
community: gossip and 八卦和社群 91—3
Complainant's Charter 申诉规章 110
compromise 妥协 12
confidence, breach of 违背职务保密 83, 101—2
consequentialism 结果论 167
Conservative Party 保守党 57—8; 58—9
consistency 一致性 43—4; and shame 和谴责 46—8

context 背景 28—9
control of access to personal information 管制私人信息的取得 84
conventions, photojournalistic 传统影像新闻 126, 129—30, 131, 132—4
Coote, Anna 库特 54
copycat crimes 犯罪模仿 155
corruption 腐败 1—3, 56
Cottingley Fairies 科丁利精灵事件 126
counter-accusations 反批评 44—5
court reporting 法庭报导 102, 163, 170
creativity 创造性 159—61
crimes: copycat 犯罪模仿 155; war 19—20
Crimewatch 刑案监视 155
criminal law 刑法 99, 102—3, 104
Crippen, Dr 克里平 163
critical powers 批评能力 148
Cronkite, Walter 克朗凯特 61
crusading journalism 新闻改革运动 16
cultural studies 文化研究 141
culture, journalistic 新闻文化 xii, 40
Curran, James 柯伦 72
Currey, Cecil 柯里 69
Cynicism 犬儒主义 xii, 37—48

Dahmer, Jeffrey 达默 155
Daily Express 《每日快报》 75
Daily Mail 《每日邮报》 57; Gulf War 海湾战争 72, 73, 75, 75—6; and John Prescott 普雷斯科特 120—1
Daily Mirror 《每日镜报》 57, 73, 75; 'Di Spy' case 戴安娜王妃个案 116
Daily Telegraph 《每日电讯报》 73
Daley, Janet 戴利 154, 156
dancing, nude barroom 酒吧裸舞 165, 167
deception 欺骗 6; photojournalism 影像新闻 127, 129—32

defamation 诽谤 100
defence, myth of 防卫神话 69—70
democracy: ethical journalism and democratic process 新闻伦理和民主过程 9—11; freedom of speech 言论自由 166—7
democratic filter 民主机制 173—4
denigration 诋毁、损贬 xii, 37—42, 48
denunciation 指责 37—8
Descartes, René 笛卡尔 123
detachment 超然公正 15—16
Diana, Princess of Wales xiii, 戴安娜王妃 59, 113—14; 'Di Spy' case 戴安娜王妃个案 83, 109, 116
digital photographs 数字影像 125
Dimbleby, Richard 丁布尔比 18
diplomacy 外交事务 20—1
disapproval 不赞成 172—5
dispassionate reporting 沉默的写作 18
documentary photographs 影像纪录 126—7, 129; as evidence 作为证据的影像纪录 132—3
Doisneau, Robert 杜瓦诺 128
doorstepping 守株待兔 105
double effect, doctrine of 双重效果的定律 12
doubts 怀疑 28
Douglas, Angus 道格拉斯 72
drugs 药物 43, 157
Dunblane tragedy 邓布兰事件 153, 155
Dworkin, Andrea 德沃金 152

ease of manipulation 容易操纵 125—6
Eden, Sir Anthony 艾登爵士 73
education: media 媒体教育 64, 150—1; of taste 教育品味 160—1
Edward VIII, abdication of 爱德华八世逊位事件 59
egalitarian demystification 基于平等观去剥除 92
Einstein, Albert 爱因斯坦 41
elections, general 大选 1—2, 57—8
electronic photography 电子影像 123, 124—6; 参看 photography
embarrassment 困窘 175—6
emotive imagining 情绪性想象 143—4, 145—6
ends and means 目的和手段 6—7, 85
English, Sir David 英格利希 116
escapism 避世主义 137, 142—6, 148
essence: of journalism 新闻工作的本质 1, 9; of professions 专业的本质 8—9
Esterhas, Joe 埃斯特哈斯 161
ethical age 重视伦理的时代 4—5
ethical journalism 新闻伦理 8—11; co-existence with the industry of journalism 新闻伦理和新闻产业共存 11—13
ethics: and journalism 新闻与伦理 xi, 1—14
European Commission 欧洲执行委员会 107
European Convention on Human Rights and Fundamental Freedoms: freedom of expression《欧洲人权与基本自由公约》: 表达自由 165, 168, 169, 170; protection of privacy《欧洲人权与基本自由公约》: 隐私权 xiii, 106—8
European Court of Human Rights 欧洲人权法院 107—8
Europhobia 恐欧症 44
evaluation: objective constraints 评价的客观限制 30—3; subjectivity of 评价的主观性 27—8
Evans, Harold 埃文斯 133
evidence: photographs as 作为证据的影像 126—9, 132—3
evil 邪恶 75—6
explanatory value 解释性的价值 31—3

facilitators, journalists as 新闻记者作为促进者 9—10
facts：evaluation of 对事实进行评价 30—2
failings：preoccupation with 将焦点集中于公众人物的缺失 xii, 37—42, 48
fairness 公平 87—8
Falklands War 福克兰战争 67, 69, 170
Fallows, James 法洛斯 60, 61
fantasy 幻想 142—6
fatalism 宿命论 142
Fayed, Dodi al- 法耶兹 xiii
Featherstone, Donald 费瑟斯通 68
Feldman, D. 费尔德曼 98
Ferguson, Sarah 萨拉王妃 83
film labels 影片分级 175
First World War 第一次世界大战 15
Fisk, Robert 菲斯克 34
Fiske, John 菲斯克 59
Foot, Michael 富特 34, 35, 41—2
Forbes, Archibald 福布斯 68
Fore, William F. 福尔 76
fourth estate 第四权 23, 119
Freedman, Robert 弗里德曼 70
freedom of information 信息自由 10, 64
freedom of the press 出版自由 85—6
Freedom and Responsibility of the Press bill 媒体自由与责任法案 119
freedom of speech 言论自由 165—8；参看 censorship
Freud, Sigmund 弗洛伊德 40, 41

Gandhi, Mohandâs Karamchand 甘地 39, 41
Gannett Foundation 甘尼特基金会 73
*Gay News*《男同志新闻》176, 178
Gaylin, Willard 盖林 156
gaze, the 凝视 149
general elections 大选 1—2, 57—8

Gibbons, T. 吉本斯 105
Gladstone William Ewart 格拉德斯通 41
glance, the 瞥视 149
Glasser, Theodore L. 格拉瑟 23
gossip 八卦 114, 120；privacy and interest of the public 隐私权和公共利益 xii—xiii, 90—3, 90—4
Government Policy Consultants 政府政策顾问公司 56
governments/nations：hypocrisy and 伪善和政府/国家 42—3, 44—5
Grant, Hugh 格兰特 114
Greenslade, Roy 格林斯莱德 76, 113, 119—20
Grenada 格林纳达 67, 70
Gripsund, J. 59
*Guardian*《卫报》56, 75, 114
Gulf War 海湾战争 15, 18, 23, 24, 34；censorship 新闻检查制度 67—8, 170；media spectacle 媒体眼中的神话战争 67—8；media's role and myth of Saddam Hussein xii, 媒体角色和萨达姆神话 66—81

Habermas, Jurgen 哈贝马斯 52
Halabja bombing 哈拉比亚化学武器攻击 70—1
Hamilton, Neil 汉密尔顿 1, 56
Hamilton, Thomas 汉密尔顿 153
harassment 骚扰 82—3
harm 伤害 173；and pornography 伤害与色情文学 154—9；principle 伤害原则 157—9；restriction of speech and 言论限制和伤害 168—72
Harvey, Robert 哈维 73
Hayes, Jerry 海斯 58, 59
hearing, freedom of 倾听的自由 167
Heffer, Simon 赫弗 54—5

Heikal, Mohamed 海卡尔 77
*Hellewell* v. *Chief Constable of Derbyshire* 海勒威尔案 102
helpline 电话咨询专线 104
Henderson, Simon 亨德森 72
Henty, G. A. 亨蒂 68
history 历史 74
Hitler, Adolf 希特勒 22; Saddam Hussein portrayed as new Hitler 将萨达姆比拟为新希特勒的代表 73—5
human interest 人情趣味 72—3
human right 人权 44
Human Right Watch 人权观察组织 71
Hume, David 休谟 154
Humphrys, John 汉弗莱斯 61, 62
Hurd, Douglas 赫德 20
Hussein, Saddam 萨达姆 参看 Saddam Hussein
Huyn Cong Ut 黄幼公 124
hypnotism 催眠主义 137, 146—51
hypocrisy 伪善 58—9, 89; evolution of cynicism 犬儒主义的演进 xii, 37—48

Ian Greer Associates 格里尔协会 56
idealization 理想化 42—3, 46—8
'ideas, market-place of' 意见市场 166, 174
illusion 幻觉 143—4, 145; 参看 deception
image: politicians and 政治人物和形象 52—4
image track 影像轨迹 146—9
images of journalism 新闻形象 1—3, 11
imagination 想象力 148—9; emotive imagining 情绪性的想象 143—4, 145—6
immoralism 无道德主义 47
impartiality 公正性 xi—xii, 23—36; 参看 attachment
indecency 不雅 172, 172—6
*Independent*《独立报》73, 74

Independent Television Commission (ITC) 独立电视委员会 106
indifference 漠不关心 22
industry of journalism 新闻产业 3—8; co-existence with ethical journalism 新闻产业与新闻伦理共存 11—13
information: freedom of 信息自由 10. 64; personal 私人信息 83—4
*Infringement of Privacy* 侵犯隐私权 98
interlocutory injunctions 言论禁令 100—1, 109
Internet 因特网 152
interpretation: objective constraints 诠释的客观限制 28—30; subjectivity of 诠释的主观性 24—7
intervention, political 政治介入 20—1
interviewing, aggressive 侵略性的访问方式 61—2
invasion of privacy 侵犯隐私 82—6, 111—12, 114—15, 119—20
investigative journalism 调查报导 3, 5, 6—7
Iran 伊朗 70, 71, 152
Iran-Iraq War 两伊战争 67, 70
Iraq 伊拉克 66, 70, 70—1; 参看 Gulf War, Saddam Hussein
Ireland 爱尔兰 42; Northern Ireland 北爱尔兰 25—6

Jabbar, Faleh Abd al- 贾巴尔 67
*Jade*《玉》161
Jones, Nicholas 琼斯 60
journalism: co-existence of ethical journalism and industry of 新闻产业与新闻伦理共存 11—13; culture of 新闻文化 xii, 40; essence of 新闻工作的本质 1, 9; ethical 新闻伦理 8—11; and ethics 新闻与伦理的关系 xi, 1—14; images of 新

闻形象 1—3，11；industry of 新闻产业 3—8；journalists and politics 新闻记者与政治的关系 50—1，57—62，62—4；objectivity, impartiality and good journalism 客观性、公正性与有道德的新闻工作 33—5；responsibilities of journalists 新闻记者的责任 10；as a spectrum 新闻工作作为一种光谱 162—3
judges 法官 40
juries, sequestration of 隔离陪审团 170

Kael, Pauline 凯尔 157
Kay, John 凯 75
Kaye, Gorden 凯 83，97，100—1
Keays, Sarah 凯斯 90
Kellner, Douglas 凯尔纳 70
Kennedy, Paul 保罗·肯尼迪 72
Khomeini, Ayatollah 霍梅尼 176
King-Thomson consensus 金-汤姆森合议 115
Kurdish revolt 库尔德族人叛变 67，77
Kurdistan 库尔德斯坦 20
Kuwait 科威特 69

labels, film 电影分级标志 175
Labour Party 工党 23，49；press bias against 反对工党的新闻偏见 57—8；spin-doctors 媒体公关幕僚 55—6；style and substance 工党的风格与实质内容 53—4
*Lady Chatterley's Lover*（Lawrence）《查泰莱夫人的情人》（劳伦斯）159
Laffing, John 拉芬 73
land-mines 地雷 43
language 语气 18
*Last Tango in Paris*《巴黎最后的探戈》157
*Last Temptation of Christ, The*《基督最后的诱惑》176
Layne, Christopher 莱恩 74—5
legal proceedings：reporting 司法程序的报导 102，163，170
legal protection for privacy interests 法律对私人利益的保障 99—104，112，117—18；proposals for reform 改革的目的 102—3，118—19；response of Major government 梅杰政府的响应 104；参看 civil law, criminal law, libel law
legitimacy 合法性 51—2
libel law 诽谤法 118，121，169—70
Libya 利比亚 67，70
'lifestyle' misconduct 生活方式的缺失 58—9
L!ve TV 生活电视台 114
Lloyd George, David 乔治 42
lobbyists 游说团体 5，56
McAlpine, Lord 麦卡尔平爵士 57—8
Macarthur, John R. 麦克阿瑟 73
Macaulay, Thomas Babington 麦考利 119
McGregor, Lord 麦格雷戈 116
MacGregor, Sue 麦格雷戈 61
McInerney, Jay：*Bright Lights Big City* 麦金纳尼《灿烂不夜城》28
Mackay, Lord 麦凯 112，119
MacKenzie, John 麦肯齐 68—9
MacKenzie, Kelvin 麦肯齐 113，116
MacKinnon, Catherine 麦金农 152
McLuhan, Marshall 麦克卢汉 136
McNair, Brian 麦克奈尔 53
MacWhirter, Iain 麦克沃特 55
madness 狂人 75—6
Mafia 黑手党 47
*Mail on Sunday*《星期日邮报》38
Major, John 梅杰 29，77；government of 梅杰政府 97—8，104

malicious falsehood 恶意中伤 100—1
Mandelson, Peter 曼德尔森 53—4, 54, 55, 56
manipulation of photographs 影像操控 123, 125—6
Marilyn Manson 玛丽琳曼森乐团 176
market: creativity and pornography 市场中创造性与色情的关系 161; pressures 市场压力 113—14; profit maximization 商业利益极大化 3—5, 17
'market-place of ideas' 思想市场 166, 174
massacres 大屠杀 19—20, 26
Maxwell, Robert 马克斯韦尔 13, 117—18
meaning, context and 内容与意义 28—9
means and ends 手段与目的 6—7, 85
media: interlinked nature of 媒体互相连结的本质 4
media codes of practice 实践媒体规约 参看 codes of practice
media consultants 媒体顾问 参看 public relations advisers
media education 媒体教育 64, 150—1
Media Freedom and Regulation《媒体自由与规范》119
media ownership restrictions 媒体所有权限制 64
mediacentrism 媒体中心主义 68
Mellor, David 梅勒 85, 89, 118
mentality, bizarre 精神状态古怪 155—6
militarism, new 新军国主义 68—9, 74—5, 78
Mill, John Stuart 密尔 39, 85—6, 158, 166, 167
Milligan, Stephen 米利根 58
Mirror Group Newspapers (MGN) 镜报集团 116
mirror to nature 大自然的一面镜子 18, 139

Miss Evers' Boys《埃弗斯小姐的孩子》144, 145
Mitchell, William J. 米切尔 124
modernism 现代主义 41
Montgomery, David 蒙哥马利 58, 116
Morgan, Piers 摩根 111—12, 113, 114—15, 119
Morris, Dick 莫里斯 52—3, 54
Morton, Andrew 莫顿 59
Mossad 以色列摩萨德情报局 75
motives, mixed 复杂的动机 38—9
multi-cultural society 文化多元化的社会 176—7
Murdoch, Rupert 默多克 58, 112, 114, 115, 116
music teaching 教授音乐 160
Muslims 穆斯林 176
mystique 神秘感 92
myths 神话 41; Gulf War and Saddam Hussein 海湾战争与萨达姆 xii, 66—81

Nahdi, Fuad 那地 67
narratives 叙事 142
National Enquirer《国家询问报》 114
National Heritage Committee 国家文献委员会 103, 119
naturalization effect 同化效果 139—42, 148
Naughtie, James 诺蒂 61
naughty schoolboy 顽皮小孩 77
Neil, Andrew 尼尔 59
'New Labour' 新工党 53; 参看 Labour Party
news photography 新闻影像 参看 photography
News of the World《世界新闻》111—12, 113, 114—15
Nicol, Andrew 尼科尔 105
Nietzsche, Friedrich Wilhelm 尼采 47
Nightingale, Florence 南丁格尔 41

Nilson, Dennis 尼尔森 155
nine o'clock watershed 九点分界制度 175
*Nineteen Eighty-four*（Orwell）《一九八四》(奥韦尔) 30
normalization of violence 暴力常态化 154, 156
Norris, Steven 诺里斯 58
Northern Ireland 北爱尔兰 25—6
Nozick, Robert 诺齐克 133
nude barroom dacing 酒吧裸舞 165, 167

objectivity 客观性 xi—xii, 12—13, 16, 18, 23—36; constraints upon evaluation 对于评价的客观限制 30—3; constraints upon interpretation 对于诠释的客观限制 28—30; impartiality, good journalism and 客观性、公正性与有道德的新闻工作 33—5; subjectivity of evaluation 评价的主观性 27—8; subjectivity of interpretation 诠释的主观性 24—7; 参看 attachment
obscenity 猥亵 172, 172—6
*Observer*《观察家》73
offence 冒犯 172—7
Official Secrets Acts 公务机密法 117
ordinariness 平凡 92
Orwell, George 奥韦尔 3, 16; *Nineteen Eighty-four*《一九八四》30
outrage 愤怒或受辱 175, 177
Outrage 败德揭发组织 89
ownership restrictions 媒体所有权 64
Ozal, Turgut 奥扎尔 77

Panama 巴拿马 67, 70
*Panorama*《新闻纵览》55
Parish, Daphne 帕里什 71
Parkinson, Cecil 帕金森 90
Parnell, Charles Stewart 帕内尔 42
Partia Karkairs Kurdistan 库尔德工人党 (PKK) 77
passive smoking 二手烟 154—5
paternalism 专制主义 174
Paxman, Jeremy 帕克斯曼 61
PCC 媒体申诉委员会 参看 Press Complaints Commission
Peak, Steve 皮克 69
Pepys, Samuel 佩皮斯 55
perceptual realism 知觉写实主义 138—42
personal information 私人信息 83—4
personalities 性格 40—2
photography 影像 xiii—xiv, 123—34; conventions 影像传统 126, 129—30, 131, 132—4; deception 影像的欺骗手段 127, 129—32; ethics of news photography 新闻影像技术的伦理 126—7; evidence 影像证据 126—9, 132—3; invasion of privacy 侵犯隐私权 82—3; new era of photography 影像技术的新时代 124—6
photo-opportunities 引用政客的话语 60
pictorial photographs 129, 132—3
Pilger, John 皮尔格 16, 72
pioneers 先趋者 40—2
Plato 柏拉图 139
plausibility 合理性 31—3
plurality of reports 报导的合理性 23—4, 31—3
*point, Le*《观点》128
political bias 政治偏见 23, 57—8; 参看 impartiality
political intervention 政治介入 20—1
political parties 政党 45; 参看 Conservative Party, Labour Party
political process: journalism and 新闻与政治过程 9—10
politicians 政治人物 50—1, 51—4, 61—2, 62—4
politics 政治 xii, 49—65; journalists 新闻

记者 57—62；politicians 政治人物 51—4；spin-doctors 媒体公关幕僚 54—6

popular culture 大众文化 76

pornography 色情刊物 xiv, 152—64；controlling production 规范色情刊物 152—3；and creativity 色情刊物与创造性 159—61；harm and 伤害与色情文学 154—7；harm principle 伤害原则 157—9；media ethics 媒体伦理 161—3

practice：theory and 理论与实践 46—8

Prescott, John 普雷斯科特 120—1

press 报导 2；construction of the Kurdish myth 媒体报导对库尔德神话的建构 77；freedom of the press 自由报导的权利 85—6；and political bias 报导与政治偏见 57—8；propaganda function 媒体报导的宣传功能 68—9

Press Complaints Commission（PCC）媒体申诉委员会 60, 112, 117；Calcutt Reports 卡氏报告 98, 103, 118；Code of Practice 实践规约 8, 103, 104, 114；'Di Spy' case and Mirror Group Newspapers "监视小戴"案例与镜报集团 116, 116—17；Spencers and the *News of the World* 斯宾塞与《世界新闻》111—12, 114—15

Press Council 媒体委员会 115—16, 118

press officers 新闻官员 54—5

press ombudsman 媒体报导申诉官 119

Prevention of Terrorism Act 反恐怖活动法 1989 117

Prince, Stephen 普林斯 76

principles, betrayal of 背弃原则 52—3

priorities 优先性 43—4, 45—6, 46—7

prisoner exchanges 交换战俘 19

privacy 隐私 xii—xiii, 82—100；defining 定义隐私 83—4；European Convention 隐私权与欧洲公约 106—8；gossip and interest of the public 八卦新闻与公共利益 xii—xiii, 90—3, 93—4；importance of 隐私的重要性 98；industrial journalism 新闻产业与隐私 5, 7—8；invasion of 侵犯隐私 82—6；111—12, 114—15, 119—20；legal protection 法律对私人利益的保障 参看 legal protection；loss of as serving public interest 为了公共利益而损失的个人隐私 88—90；media codes of practice 媒体守则 104—6；public figures as not entitled to 公众人物不被赋予隐私权利 86—8

Privacy Commissioner 隐私权调查委员 104

*Privacy and Media Intrusion*《隐私权与媒体入侵行为》98, 104

private nuisance 妨害私人利益 100

privilege：absolute and qualified 绝对权利与相对权利 100

profanity 诅咒 172, 176—7

profession：journalism as 新闻工作作为一项专业 3, 8—9

profit maximization 商业利益极大化 3—5, 17 参看 market

Prohibition 禁酒令 157

projects 计划 40—2

propaganda 宣传 29；Gulf War 海湾战争 68—9, 72—3

proprietorial pressures 老板的压力 115—17

protection of privacy interests 私人利益的保障 xiii, 97—110；European Convention 欧洲公约对私人利益的保障 xiii, 106—8；extra-legal 法律之外的私人利益保障措施 104—6；legal 法律对私人利益的保障 参看 legal protection

psychology of looking at relics 观看遗迹的心理 133—4

public figures：no entitlement to privacy 公

众人物不被赋予隐私权利 86—8
public interest 公共利益 xii—xiii, 82—96; ethical journalism and serving 新闻伦理与公共利益服务 10—11; gossip and the interest of the public 八卦新闻与公共利益 xii—xiii, 90—3, 93—4; loss of privacy as serving 为了公共利益而损失的个人隐私 88—90
public interest defence 维护公共利益 101
public officials 公职人员 88—90, 171
public opinion management 公共意见的操控 52
public order 公共秩序 175
public relations（PR）advisers 公共关系顾问 50—1, 54—6, 62—4; 参看 lobbyists
public service broadcasting 公共服务广电媒体 64

qualified privilege 相对权利 100

rational coherence 理性上的一致性 31—3
Rawls, John 罗尔斯 46
realism 写实主义 137, 138—42, 148
reality/truth 真实 23—4, 29—30, 34—5, 133
recording, television and 电视与纪录 138—9
Reese, Stephen D. 里斯 78
reflective equilibrium 均衡的反思 32
reformers 改革者 37, 39, 40—1, 41
reformism 改革主义 141
regulation 规范 xiii, 111—22; directions for reforms 规范改革的方向 117—20; pornography 规范色情刊物 152—3, 157—8; self-regulation 自我规范 参看 self-regulation; 参看 tabloids
relics: psychology of looking at 观看遗迹的心理 133—4

religion 宗教 172, 176—7
resistance 抗争 141
responsibilities of journalists 新闻记者的责任 10
Reuters 路透社 17, 25—6
Ridley, Nicholas 里德利 73
rights: freedom of speech 言论自由权 165—8; human rights 人权 44; 参看 censorship
riots 暴动 19
Robertson, Geoffrey 罗伯逊 105, 115, 117, 118, 121
Robinson, Nick 鲁滨逊 23
Rodwell, Crispin 罗德韦尔 25—6, 28—9
Rortian journalists 罗蒂式的新闻记者 27—8
Rorty, Richard 罗蒂 24, 27, 29, 30, 33, 35
Rose, Stephen 罗斯 69
royal family 皇室 59, 92
Rushdie, Salman: The Satanic Verses 拉什迪：《撒旦诗篇》176
Russell, William 罗素 68
Rwanda 卢旺达 156

Saddam Hussein 萨达姆 xii, 66—81; Hitler Hussein 希特勒萨达姆 73—5; madman Saddam 狂人萨达姆 75—6; transformation into naughty schoolboy 萨达姆被转化成一个顽皮的小孩 77; trapped within frame of popular culture 陷入大众文化结构中的萨达姆 76
Salih, Shafiq al- 萨里赫 75
Sancha, Antonia de 桑沙 89
Sarajevo 萨拉热窝 19
Satanic Verses, The (Rushdie)《撒旦诗篇》（拉什迪）176
Scargill, Arthur 斯卡吉尔 57
Schauer, Frederick 肖尔 178
Schneider, Maria 施奈德 157

Schostak, John 薛斯塔克 76
Schweitzer, Albert 施韦策 41
Scorsese, Martin 斯柯西斯 179
Scott, Nicholas 斯科特 58
Scott, Selina 斯科特 120
*Scott v. Scott* 斯科特案 102
Searle, Chris 瑟尔 70
secrecy 秘密 7—8
self-regulation 自我规范（自律）103, 104, 111—12, 116—17, 117; costs and rewards 自律的代价与奖赏 120—1; 参看 Press Complaints Commission
sensationalism 感官主义 162
sequestration of 隔离陪审团 170
service provision 服务提供 9—10
sex: impact of representations of sex and violence 性与暴力再现的影响 xiv, 152—64, 171
sexual misconduct 性丑闻 42, 58—9, 113; privacy and public interest 隐私与公共利益 88—90, 93
shame 谴责 46—8
Shi'ite revolt 什叶教派叛乱 67, 77
Short, Clare 克莱尔·肖特 55, 64
*Showgirls*《美国舞娘》161
significance 意义 162—3
Simpson, O. J.: trial 辛普森案 27, 31—2, 33, 55, 170
Singapore 新加坡 152
slavery 奴隶 37, 42—3
'sleaze' 恶例 1—3, 56
slippery slope 滑坡效应 127, 132
smoking, passive 二手烟 154—5
sniper 狙击手 16—17
Snoddy, Raymond 斯诺迪 38
Snow, Jon 斯诺 61
Social relations 社会关系 139—40
Socialism 社会主义 53

soldiers: impact of Bosnian War on 波斯尼亚战争对士兵的影响 22; offers to fire for camera 提议开枪让摄影机拍摄 17
Soley, Clive 索利 119
soundbites 电视新闻引用的话语 60, 61
South Africa 南美 37
Soviet Union 苏联 74, 135—6
Sparks, Colin 斯帕克斯 72
specialization 专门化 46
speech, freedom of 言论自由 165—8; 参看 censorship
Spencer, Earl and Countess 斯宾塞伯爵及伯爵夫人 111—12, 114—15
spin-doctors 媒体公关幕僚 50—1, 54—6, 62—4
Srebrenica massacre 斯雷布雷尼察大屠杀 19, 20
Stanley, H. M. 斯坦利 68
'star' presenter, cult of 明星主播的吹捧 61—2
state 条款 106—8
statutory complaints tribunal 法律申诉裁决 103
Stephanopoulos, George 斯特凡诺普洛斯 54
Stockwell, John 斯托克韦尔 69
Strachey, Lytton 斯特雷奇 39—40, 41
*Striptease*《脱衣舞娘》161
structural articulations 结构性连结 146—9
style: and image in politics 政治风格与形象 52—4; political journalism 政治新闻 60—2
subjectivity: of evaluation 评价的主观性 27—8; of interpretation 诠释的主观性 24—7
*Sun*《太阳报》57, 113, 116; Gulf War 海湾战争 70, 72, 73, 75
*Sunday Sport*《周日体育报》83, 97, 130
*Sunday Telegraph*《星期日电讯报》72

*Sunday Times*《星期日泰晤士报》34, 35, 41—2, 56, 73

suspension of disbelief 暂时停止怀疑感 143—4, 145

tabloidisation 报业娱乐化（小报化）113—14; political journalism 政治新闻 58—60, 61

tabloids 小报 xiii, 111—22; defence of intrusion into privacy 防止隐私权受侵犯 114—15; market pressures 市场压力 113—14; proprietorial pressures 老板的压力 115—17; 参看 regulation

Tasmania: multiple murders 澳大利亚塔斯马尼亚连续杀人犯 153, 155

taste: education of 品味教育 160—1

Tatton constituency 塔顿选区 1—2

technology 技术 6; electronic photography 电子影像技术 123, 124—6

television 电视 2; cable 有线电视 175; moral significance of the medium 媒体伦理重要性 xiv, 135—51; war reporting 战争报导 17, 18—21

Temourian, Hazhir 特姆良 74

Thatcher, Margaret 撒切尔 170

theory: and practice 理论与实践 46—8

thought, freedom of 思想自由 167

time 时间 136

'Time for Peace, Time to Go' slogan 标语 "和平来临,是该滚的时候了！" 25—6, 28—9

Timmerman, Kenneth R. 蒂默曼 70—1

*Today*《今日报》72

Toynbee, Polly 托因比 120, 120—1

transmissibility 可传递性 125

trespass 非法入侵罪 99—100

trust 信任感 128—9, 131—2

truth/reality 真实 23—4, 29—30, 34—5, 133

truth-telling 说实话 9

Turkey 土耳其 77

types 形式 141

undetectability of manipulation 难以找出破绽 125—6

United Kingdom (UK) 英国 165; blasphemy 英国对渎神言论的规范 176—7; court reporting 英国的法庭报导 102, 170; Falklands War 福克兰战争 67, 69, 170; involvement in wars 英国卷入战争中 69; libel law 英国诽谤法 169—70

United Nations 联合国 21

United States (USA): blasphemy 美国对渎神言论的规范 176; Constitution 美国宪法 10; cruelty to children 美国对受虐儿童的保护 45; film labels 美国的影片分级 175; freedom of speech 美国的言论自由 165, 167—8, 168; Gulf War 海湾战争 67, 67—8, 78, 78—9, 170; libel law 美国诽谤法 169; low intensity conflicts 低强度冲突 69—70; O. J. Simpson trial 辛普森案 170; Supreme Court 美国最高法院 165, 167; Vietnam War 越战 33, 67, 67—8, 170

Universal Declaration of Human Rights 世界人权宣言 10

Utilitarians 功利主义者 46

Uzdol massacre 乌兹朵尔大屠杀 19

Values: fundamental 基本价值 23—4; shared and gossip 共享与八卦新闻 92—3; 参看 objectivity

Victorian militarism 维多利亚时代的军国主义 68—9

Vietnam War 越战 33, 67, 67—8, 124, 170

violence: impact of representations of sex

and violence 性与暴力再现的影响 xiv, 152—64, 171; normalization 154, 156; representation of real-world violence 现实世界的暴力再现 21—2
virtue 德行 10—11, 13
visibility 可见度 52
vocabularies 语汇 24, 27, 28
vulgarity 粗鄙 172, 172—6

Wakeham, Lord 韦克厄姆爵士 57, 111, 112, 114, 117, 118
Waldegrave, William 沃尔德格雷夫 117
Walker, Mike 沃克 114, 120
war crimes 战犯 19—20
war photography 战争影像 124
war reporting 战争报导 15—22; 参看 Bosnian War, Gulf War, Vietnam War
Warnock, G. J. 沃诺克 131
Warren, Samuel 沃伦 86—7
Westminster Strategy 威斯敏斯特策略公司 56
Whannel, Gary 华纳尔 72
Whitehouse, Mary 怀特豪斯 176
Wilde, Oscar 王尔德 92
*Winer* v. *United Kingdom* 威纳案 107
Wirthlin, Dick 沃思林 54
Wodehouse, P. G. 沃德豪斯 54
*Woodward* v. *Hutchins* 伍德沃德与哈钦斯案 87
working classes 劳工阶级 53
World War, First 第一次世界大战 15

X-Files《X档案》143
XψY v. *Netherlands* XψY 与荷兰案 107

York, Duchess of 莎拉王妃 83
young people 青少年 102

Zeffirelli, Franco 泽菲雷利 176